Wer will das noch hören?

T0401929

Andreas Heinen

Wer will das noch hören?

Besucherstrukturen bei
niedersächsischen Sinfonieorchestern

 Springer VS

Andreas Heinen
Mannheim, Deutschland

ISBN 978-3-658-00302-9 ISBN 978-3-658-00303-6 (eBook)
DOI 10.1007/978-3-658-00303-6

Die Deutsche Nationalbibliothek verzeichnet diese Publikation in der Deutschen National-
bibliografie; detaillierte bibliografische Daten sind im Internet über http://dnb.d-nb.de
abrufbar.

Springer VS

Gedruckt auf säurefreiem und chlorfrei gebleichtem Papier

Springer VS ist eine Marke von Springer DE. Springer DE ist Teil der Fachverlagsgruppe
Springer Science+Business Media.
www.springer-vs.de

Danksagung

Der Abschluss dieser Forschungsarbeit erfüllt mich mit großer Dankbarkeit gegenüber den vielen Menschen, die das Gelingen möglich gemacht haben. Ich durfte große Solidarität und Unterstützung von allen Seiten erfahren und war über den vorbehaltlosen Rückhalt bei Kollegen und Freunden immer wieder überrascht. So ist es mir ein besonderes Bedürfnis, an dieser Stelle all denjenigen meinen Dank auszusprechen, die mich auf dem naturgemäß holprigen und zum Teil unbekannten Weg begleitet haben.

Allen voran möchte ich meine »Doktoreltern« Prof. Dr. Ursula Weisenfeld und Prof. Dr. Egbert Kahle danken, die mich *pari passu* intensiv betreut haben. Sie standen mir jederzeit mit Rat und Tat zur Seite. In allen Phasen der Promotion nahmen sie sich Zeit für Gespräche und Diskussionen, haben mir Mut gemacht und mich mit fundierter Kritik konstruktiv über den gesamten Zeitraum begleitet. Immer wieder halfen ihre Anstöße und Impulse, unter den vielen Möglichkeiten eine sinnvolle Option zu finden und weiter zu verfolgen.

Meinen Kollegen vom Lehrstuhl, allen voran Eeva Korjamo, Constanze Sörensen, Antoniya Hauerwaas, Jens Schmid und Cristina Blohm danke ich für eine wunderbare Zeit im regen Austausch. Sie haben die Höhen eines solchen Projektes mit mir gefeiert und fanden bei den Tiefen immer Zeit für die Tasse Kaffee, bei der man im Gespräch neue Lösungen entwickeln kann. Sie haben um mich herum ein geschütztes Umfeld aufgebaut, in dem ich mich meiner Thematik ungestört zuwenden konnte. Dazu haben auch Kollegen von anderen Lehrstühlen beigetragen, namentlich Katrin Obermeit, Marcus Falke, Tobias Blask, Christian Gade und Jörg Sikkenga. Wann immer ich einen Diskussionspartner suchte, dem ich meine Ideen und Einfälle zur Prüfung vorstellen konnte, ich wurde fündig. An dieser Stelle müssen auch Susanne Weerda und Beate Hackbarth genannt werden. Sie haben mich während meiner Zeit am Lehrstuhl in jeder erdenklichen Weise unterstützt meine bisweilen unorthodoxe Organisation der Forschung und Lehre uneingeschränkt mitgetragen und mir viele Aufgaben stillschweigend abgenommen. Prof. Dr. Ursula Weisenfeld verdanke ich nicht nur eine optimale Betreuung der Promotion, sie hat auch für das außergewöhnliche Arbeitsklima an unserem Lehrstuhl gesorgt. Die Herzlichkeit im gegenseitigen Umgang schafft eine produktive Atmosphäre, in der jeder seinen persönlichen Weg finden kann.

Bei der Forschung habe ich auch von vielen anderen Mitgliedern der Universität Unterstützung erhalten und wichtige inhaltliche Impulse bekommen: Prof. Dr. Volker Kirchberg gab manchen wertvollen Tipp aus dem Bereich der Sozialwissenschaften, Prof. Dr. Markus Reihlen verdanke ich den Hinweis auf das Konzept der Disruptive Innovation und die statistischen Berechnungen durfte ich unter den kritischen Augen von Dr. Peter Mnich durchführen. »Meine« Studierenden versorgten mich immer wieder mit kritischen Rückfragen und einer großen Bereitschaft, meine wissenschaftlichen Fragestellungen zu diskutieren. Einige haben sich von meiner Begeisterung für das Thema anstecken lassen und eigene Beiträge geliefert. So weist das Literaturverzeichnis einige Magisterarbeiten auf, die in wechselseitigem Austausch entstanden sind.

Das vorliegende Buch ist von vier aufmerksamen Korrektorinnen mit Argusaugen auf Fehler durchgesehen worden: Allen voran hat Stefanie Zander unglaubliches geleistet: Der Text entstand mithilfe einer Spracherkennungssoftware, die nicht ausreichend kalibriert war. Aus den apokryphen Rohtexten hat sie die ursprüngliche Bedeutung herausgelesen und in mühevoller Kleinarbeit Kapitel für Kapitel in eine lesbare Sprache zurückübersetzt. Die nachfolgenden Korrekturgänge übernahmen Evelyn Marien und meine Mutter Sibylle Heinen, vor allem aber Sabine Arendt, die mit Unterstützung von Benjamin Elbers jeden Punkt und jede Fußnote bis ins Detail prüfte.

Der wichtigste Dank schließt alle vorgenannten ausdrücklich mit ein: In der »heißen Phase« bin ich von Freunden, Kollegen und Studierenden auf Händen getragen worden. Die breite uneigennützige Unterstützung, der Zuspruch, der Rat und auch mal Trost bei »Hängern« haben mich überrascht und sind für mich neben der wissenschaftlichen Erkenntnis die schönsten Erfahrungen dieser Arbeit.

Mannheim, im Juli 2012

Inhalt

1. Ouvertüre   9
   1.1. Aufbau der Arbeit   10
   1.2. Relevanz des Themas   12

2. Die Krisen der Orchester   13
   2.1. Aufbaujahre   13
   2.2. Die erste Finanzkrise der Orchester   14
   2.3. Die Atempause   19
   2.4. Die zweite Finanzkrise der Orchester   20
   2.5. Die Legitimitätskrise der Orchester   22

3. Orchester in Niedersachsen   25
   3.1. Exkurs: Der Tarifvertrag für Kulturorchester   26
   3.2. Die Orchester im Überblick   27

4. Durchführung der Studie   33
   4.1. Die Knight-Studie im Vergleich   34
   4.2. Der Fragebogen   38

5. Deskriptive Ergebnisse   41

6. Orchestertypen   63

7. Besuchertypen   75
   7.1. Segmentierung der Knight-Studie   75
   7.2. Segmentierung nach Schulze   79
   7.3. Segmentierung nach Adorno   80
   7.4. Besuchertypen nach Keuchel   83
   7.5. Clusteranalyse   85
     7.5.1. Intensivnutzer   90
     7.5.2. Mitläufer   92
     7.5.3. Gelegenheitsbesucher   93
     7.5.4. Vergleichende Analyse der Besuchertypen   94

8. Intermezzo   105

9. Musikalische Präferenzbildung   109
  9.1. Das Modell von LeBlanc   109
  9.2. Das Modell von Hamann   113
  9.3. Das Elaboration Likelihood Model   116

10. Audience Development   127

11. Stakeholder   139

12. Disruptive Innovation   145
  12.1. Kundentypen   146
    12.1.1. Nonconsumer   146
    12.1.2. Overshot consumer   147
    12.1.3. Undershot consumer   148
    12.1.4. Well-served consumer   149
  12.2. Kennzeichen für eine drohende Disruptive Innovation   151
  12.3. Mit Zitronen gehandelt?   158
  12.4. Triebkräfte des Marktes   160
  12.5. Disruptive Innovation bei klassischen Radiosendern   163
  12.6. Die Postmoderne – eine Disruptive Innovation?   164
  12.7. Disruptive Innovation im Konzertbetrieb   165

13. Finale   167

Literatur   173
Fragebogen   189
Abbildungsverzeichnis   201
Tabellenverzeichnis   203
Abkürzungsverzeichnis   204

1. Ouvertüre

Die Orchesterlandschaft in Deutschland steht vor großen Umbrüchen. Schreibt man den Trend der letzten 20 Jahre fort, werden in einigen Jahren nur noch in den Metropolen Sinfonieorchester[1] existieren können. Überraschend ist diese Erkenntnis deshalb, weil zeitgleich beim Neubau von Konzerthäusern ein Boom ausgebrochen ist.[2] Die Akteure in dem Feld sind verunsichert, lassen sich die demographischen Rahmenbedingungen doch nicht wegdiskutieren.[3] In anderen europäischen Ländern sowie in den USA ist die Situation weniger dramatisch, können diese doch durch Ausweitung ihres Aktionsradius weiteres Publikum und zusätzliche Geldgeber gewinnen. Deutschland weist im Verhältnis zu den Einwohnern die weltweit höchste Orchesterdichte auf.[4] Dieses kulturelle Vermächtnis ist Segen und Fluch zugleich. Segen, weil die Orchester jeweils eigene Charakter entwickelt haben und so eine einzigartige Angebotsvielfalt entstanden ist. Der Ruf nach einem besonderen Schutz dieser Orchesterlandschaft als UNESCO-Weltkulturerbe kommt nicht von ungefähr.[5] Fluch, weil der Unterhalt von Orchestern Kosten verursacht und die öffentlichen Haushalte in überproportional steigendem Maße belastet.[6] Spätestens seit Baumols und Bowens Untersuchungen aus den sechziger Jahren ist den Verantwortlichen klar, dass die Schere zwischen notwendigen Kosten und möglichen Erlösen kontinuierlich weiter auseinander gehen wird.[7]

In den USA hat vor wenigen Jahren die *Knight Foundation* in einer groß angelegten Untersuchung die Verbundenheit der Bevölkerung mit dem jeweiligen Sinfonieorchester am Ort untersucht.[8] Die Ergebnisse dieser

---

1 Unter Sinfonieorchester werden hier Klangkörper gemäß der Definition des Tarifvertrages für Kulturorchester (TVK) sowie Radio-Sinfonieorchester verstanden. (vgl. auch Mahling / Rösing 1997)
2 Boss 2009, auch Kirchberg 2009, S. 161
3 Hausmann / Körner 2009
4 Mertens 2010b, S. 1
5 http://www.miz.org/artikel/UNESCO_Resoultion_Weltkulturerbe_130509.pdf (abgerufen am 15. Mai 2011)
6 siehe Kapitel 2.1.
7 Baumol / Bowen 1967
8 Knight Foundation 2002

Untersuchung werden von den amerikanischen Orchestern für ihre strategische Planung bewusst eingesetzt.[9] Gesellschaftliche Strukturen und Kulturrezeption unterscheiden sich aber zwischen Deutschland und den USA fundamental. Die Erkenntnisse lassen sich keinesfalls eins zu eins auf die hiesige Situation übertragen. Befinden sich die Orchester in den USA fast ausschließlich in Metropolen mit über einer Millionen Einwohnern, ist in Deutschland eine flächendeckende Infrastruktur von kleinen und großen Orchestern gewachsen. 2009, zum Zeitpunkt der hier vorgelegten Untersuchung gab es in Deutschland 133 Sinfonieorchester.[10] Auch kleinere Städte wie Lüneburg mit seinen 72.000 Einwohnern leisten sich einen eigenen Klangkörper. Doch seit der deutschen Wiedervereinigung sind 54 Orchester von der Landkarte verschwunden.[11] Sie wurden entweder mit einer benachbarten Institution fusioniert oder aus Kostengründen endgültig abgewickelt. Orchester-Neugründungen sind derzeit nicht zu erwarten. Auch wenn die Lage in Niedersachsen gegenwärtig nicht so bedrohlich ist, sind auch hier nach Auflösung zum Beispiel der Wilhelmshavener Sinfoniker in den siebziger Jahren weiße Flecken auf der Landkarte entstanden. Zurzeit unterhalten die Städte, Kommunen und der öffentlich-rechtliche Rundfunk in Niedersachsen gemeinsam mit dem Land acht Klangkörper in Hannover (Staatsorchester und NDR), Braunschweig, Göttingen, Oldenburg, Osnabrück, Hildesheim und Lüneburg. Bislang konnten Sparauflagen ohne Substanzverlust umgesetzt werden. Für die dauerhafte Absicherung des Spielbetriebes ist jedoch der Rückhalt beim Publikum und in der Kulturpolitik notwendig.

1.1. Aufbau der Arbeit

Der Aufbau der Arbeit ist hermeneutisch angelegt und stellt einen empirischen Teil an den Anfang. Die Grundlage bildet eine Replikationsstudie auf Basis der genannten Knight-Studie; daher wurden zunächst die theoretischen Annahmen sowie die Ausgangshypothesen der Originalstudie übernommen. Zum einen konnten so Daten gewonnen werden, die sich direkt mit den Ergebnissen aus den USA vergleichen lassen, zum anderen steht damit den Orchestern in Niedersachsen geeignetes Datenma-

---

9 Gespräch mit Theodore Wiprud (New York Philharmonic Orchestra) am 16. Februar 2006 und Jane Camp (Philadelphia Orchestra) am 21. Februar 2006
10 Mertens 2010b, S. 6
11 http://www.miz.org/intern/uploads/statistik95.pdf (abgerufen am 16. Mai 2011)

terial für eine strategische Zukunftsplanung zur Verfügung, wie es auch von den US-amerikanischen Orchestern der Knight-Studie genutzt wird.

Das zweite Kapitel gibt einen Einblick in die Situation der Orchester in Deutschland. Dabei werden fünf verschiedene Phasen seit Gründung der Bundesrepublik unterschieden. Der jeweilige Zustand der Orchesterszene spiegelt sich auch im wissenschaftlichen Diskurs wider, der parallel zu den kulturpolitischen und ökonomischen Entwicklungen dargestellt wird.

Ein Überblick über die niedersächsischen Orchester sowie ein Exkurs über die tariflichen Besonderheiten deutscher Orchester finden sich im dritten Kapitel.

Die Befragung des Publikums fand im April und Mai 2009 statt. Den Besuchern wurde der aus dem Englischen übersetzte und bei einem Festival getestete Fragebogen angeboten. Der Rücklauf, der bis Dezember 2009 anhielt, erreichte schließlich n = 2.941. Dieser Datensatz bildet die Grundlage für die vorliegende Untersuchung zu sozialen Strukturen des Publikums und einer Zufriedenheitsmessung. Daneben wurden auch allgemeine kulturelle Aktivitäten und spezielle musikalische Interessen erfasst und ausgewertet. Die genaue Durchführung der Befragung ist im vierten Kapitel dokumentiert.

Im fünften Kapitel dieser Arbeit werden die Befunde in deskriptiver Form vorgestellt und mit den Originaldaten aus den USA verglichen. Das sechste und siebte Kapitel widmen sich Strukturanalysen innerhalb des Datensatzes, um die derzeitigen Orchester- und Besucherstrukturen genauer zu beschreiben.

Im Verlauf der Datenerhebung und -auswertung zeigten sich gravierende Unterschiede zur Originalstudie aus den USA. Die dort eingesetzten Analyseinstrumente konnten in der Replikation entweder nicht eingesetzt werden oder führten zu keinen sinnvollen Ergebnissen.[12] Daher war es notwendig, den deskriptiven Befund mit anderen theoretischen Ansätzen zu beleuchten, um die Ergebnisse sinnvoll zu deuten.

So wird im neunten Kapitel neben klassischen Modellen der musikalischen Präferenzbildung von LeBlanc und Hamann das Elaboration Likelihood Model (ELM) eingeführt. Es bietet Erklärungsansätze, weshalb die Vielzahl von Anstrengungen, einen Strukturwandel im Publikum einzuleiten (Kapitel 10), bislang nicht von nachhaltigem Erfolg gekrönt ist.

Ein Zwischenschritt, der anhand des Stakeholder-Ansatzes das Spannungsfeld aufzeigt, in dem sich Orchester bewegen (Kapitel 11), führt schließlich zu dem Modell der Disruptive Innovation (Kapitel 12). Es be-

---

12 siehe Kapitel 8

leuchtet zum einen die derzeitige Situation der Orchester aus einer Kundenperspektive, zum anderen zeigt es in Verbindung mit dem Elaboration Likelihood Model mögliche strategische Ansätze für die Orchester.

1.2. Relevanz des Themas

Die Präsenz des Themas und das Problembewusstsein wird durch die zahlreichen Symposien und Tagungen, die in den letzten Jahren veranstaltet wurden, deutlich. Die Aufsatzsammlungen von Martin Tröndle »Das Konzert«[13] und der Kulturpolitischen Gesellschaft »publikum.macht. kultur«[14] machen exemplarisch deutlich, dass intensiv um Lösungen und Konzepte gerungen wird, diese sich aber noch nicht abzeichnen. Dabei wäre ein radikales Umdenken, wie es die Theaterwelt durch die Einführung des Regietheaters Ende der siebziger Jahre erlebt hat, notwendig. Doch das ist vom ästhetischen Gegenstand her kaum möglich. Sinfoniekonzerte funktionieren vor allen Dingen dann, wenn das Publikum still, leise und konzentriert dem musikalischen Geschehen folgt. Je größer der Konzertsaal, desto wichtiger ist die Vermeidung von Nebengeräuschen durch die Besucher. Aktivierende oder interaktive Konzertformen ziehen daher zwangsläufig eine Limitierung der Besucherzahlen nach sich und vergrößern damit den Zuschussbedarf pro Konzert. So gilt es, breitere Bevölkerungsschichten für das klassische Konzert zu begeistern, um so die großen Säle zu füllen und den kleinen Orchestern das Überleben zu sichern.

Diese Arbeit geht von der Annahme aus, dass es grundsätzlich wünschenswert ist, dass die Orchester in ihrer derzeitigen Form auch in Zukunft das Konzertleben in Deutschland bereichern. Das ist natürlich eine Frage der gesellschaftlichen Akzeptanz und des politischen Willens. Ohne die Grundannahme, dass Orchester *per se* jenseits aller ökonomischen Überlegungen einen relevanten kulturellen Beitrag zu unserer Gesellschaft leisten können, wären die nachfolgenden Überlegungen jedoch obsolet.

---

13 Tröndle 2009
14 Sievers 2006

2. Die Krisen der Orchester

Immer stärker zeigt sich in den letzten Jahren ein ökonomisches Dilemma der Orchester: Die Kosten für Orchester liegen schon jetzt auf hohem Niveau und machen mit 30,4 % einen beachtlichen Anteil der Kulturetats aus.[15] Gleichzeitig sinkt die Reichweite der Orchester, und der Anteil der Bevölkerung, der diese Angebote nutzt, schmilzt dahin.[16] Eine rückläufige Auslastung der einzelnen Konzerte sorgt nicht nur für sinkende Einnahmen, sondern auch für politische Legitimationsprobleme bei der Gewährung öffentlicher Subventionen. Allerdings konnten die Orchester ihre Konzertaktivitäten in den vergangenen zwanzig Jahren vor allem im Bereich von Festivals erheblich ausweiten; damit ist auch ein leichter Anstieg der Gesamtbesucherzahlen verbunden. Das Konzertangebot ist aber im Vergleich zur Nachfrage überproportional gestiegen.[17]

2.1. Aufbaujahre

Sowohl in der Bundesrepublik als auch in der Deutschen Demokratischen Republik (DDR) begann der Aufbau der musikalischen Infrastruktur unmittelbar nach dem Zweiten Weltkrieg, also noch vor den offiziellen Staatengründungen unter Aufsicht und mit Unterstützung der jeweiligen Besatzungsmächte. So unterhielten in der sowjetischen Zone bereits 1946 wieder 76 Theater einen regelmäßigen Spielbetrieb, der auch sinfonische Konzerte der Orchester mit einschloss.[18] Auch in den drei westlichen Besatzungszonen nahmen die Institutionen schnell wieder ihre Tätigkeit auf. Darüber hinaus gründeten die späteren ARD-Rundfunkanstalten bereits in der zweiten Hälfte des Jahres 1945 eine Reihe neuer Orchester, um den Sendebetrieb aufnehmen zu können.[19] Das wirtschaftliche Wachstum in

---

15 http://www.miz.org/intern/uploads/statistik17.pdf (abgerufen am 26. April 2011), vgl. Kapitel 2.5
16 Szirota 1999, S. 143
17 Mertens 2010b, S. 11 und Gembris 2009, S. 65
18 Mehner 1995, Sp. 1188
19 http://web.ard.de/ard-chronik/index?year=1945 (abgerufen am 30. April 2011)

der Bundesrepublik sowie die politische Unterstützung in der Planwirtschaft der DDR ermöglichten das Anknüpfen an die kulturelle Blüte des 19. Jahrhunderts.

2.2. Die erste Finanzkrise der Orchester

Spätestens seit den ökonomischen Untersuchungen von Baumol und Bowen aus dem Jahre 1966 ist das grundsätzliche Dilemma der *live-performance-arts* in der Literatur bekannt und wird viel diskutiert.[20] Die beiden Autoren wiesen nach, dass Orchester ebenso wie Theater auf stetig steigende Subventionen angewiesen sind. Dabei müssen Subventionen hier als Ressourcen verstanden werden, die eine Institution erhält, ohne dafür eine konkrete Gegenleistung erbracht zu haben. Die Umsatzerlöse (in den USA mit *earned money* umschrieben) decken nur einen Teil der Kosten, die für die Aufrechterhaltung des Spielbetriebes notwendig sind. Die Lücke zwischen den Einnahmen aus Ticketverkäufen, Merchandising sowie Gastronomie (wenn diese nicht verpachtet ist) und den Gesamtkosten muss mit externen Mitteln aufgefüllt werden. Dabei unterscheidet sich das US-amerikanische System fundamental vom deutschen. In den USA werden zwar seit den siebziger Jahren über den *National Endowment of Art* (NEA) direkte Subventionen für einzelne Projekte von Kultureinrichtungen gewährt (insbesondere für *Audience Development*-Programme), doch machen diese nur einen marginalen Anteil an der Gesamtfinanzierung aus und dienen eher als Hilfe zur Selbsthilfe. So sind die Orchester in den USA darauf angewiesen, eine wesentlich höhere Einspielquote[21] zu erzielen, als dies in Deutschland möglich und auch politisch gewünscht[22] ist. Während in den USA der Anteil bei etwa 46 % des Budgets liegt,[23] erzielen erfolgreiche deutsche Orchester eine Einspielquote von durchschnittlich 17 %.[24] Für den übrigen Teil sorgt in Deutschland die öffentliche Hand, indem sie durch zusätzliche Geldtransfers die Lücke zwischen Einnahmen und

---

20 Hohenemser (1984) gibt einen Überblick über die verschiedenen Ansätze aus volkswirtschaftlicher Perspektive.
21 Einspielquote bezeichnet den prozentualen Anteil der Ticketerlöse an den Gesamteinnahmen.
22 Eintrittspreise müssen in der Regel vom Träger des Orchesters genehmigt werden. Dabei spielt die soziale Verträglichkeit eine wichtige Rolle. In Deutschland wird Hochkultur als meritorisches Gut verstanden, das die kommunalen Gebietskörperschaften im Rahmen ihrer Daseinsfürsorge vorhalten müssen.
23 Hamann 2004, S. 25
24 Mertens 2010b, S. 10

Ausgaben schließt. In den USA hingegen muss das Defizit über privates Mäzenatentum – also über eine Art Markt – ausgeglichen werden.

Erika Wahl-Zieger unterscheidet in ihrer umfassenden Studie drei Typen von Kultureinrichtungen:[25] Typ 1 kann sich vollständig am Markt behaupten und wird wie ein gewöhnlicher wirtschaftlicher Geschäftsbetrieb mit einer Gewinnerzielungsabsicht geführt. Als Beispiel führt sie die Broadway-Musicals an, die sich am privaten Kapitalmarkt bei sogenannten *angels* mit Risikokapital versorgen und ihre Produktionen nach kommerziellen Vorgaben optimieren. Allerdings stellt sich in der Praxis heraus, dass die wenigsten Produktionen die Gewinnzone erreichen und damit den angels ermöglichen, ihr eingesetztes Kapital mit entsprechender Verzinsung zurückzuerhalten. Somit sind auch viele Broadway-Musicals eigentlich dem Typ 2 zuzuordnen, der die Mittel zur Schließung der Lücke zwischen Einnahmen und Ausgaben aus privaten Transfers, also mäzenatischer Unterstützung, generiert. In den USA entstand ein differenziertes System von Instrumenten zum Einwerben privater Mittel (*Fundraising*). Damit wird bis heute die Finanzierungslücke geschlossen. Die Voraussetzungen dafür sind sowohl im gesellschaftlichen Wertekanon (Philantropie) als auch im Steuerrecht angelegt. In Deutschland existieren nach dem Start der Stella GmbH (heute Stageholding) mehrere Anbieter, die sich mit kommerziellen Theaterproduktionen erfolgreich am Markt halten können[26], also dem Typ 1 entsprechen. Sieht man genau hin, werden aber auch diese Häuser zumindest in Deutschland über den verminderten Mehrwertsteuersatz für Theaterkarten ein wenig entlastet. Die traditionellen öffentlichen Kulturbetriebe in Deutschland entsprechen Typ 3 – unabhängig von ihrer tatsächlichen Rechtsform. Bei ihnen übernimmt die öffentliche Hand das anfallende Defizit. Verschiedene Abstufungen haben sich dabei je nach finanzieller Potenz der jeweiligen Gebietskörperschaft herausgebildet. Handelt es sich um einen Regiebetrieb, ist die *Vollfinanzierung* aus dem kommunalen oder Landeshaushalt vorgeschrieben.[27] Bei allen anderen Rechtsformen ist auch eine *Teilfinanzierung* möglich, bei der öffentliche Zuschüsse zum Spielbetrieb gewährt werden. Diese müssen je nach Planung entsprechend beantragt werden. Der übrige Bedarf muss aus den verschiedenen Eigeneinnahmen gedeckt werden. Bei der *Fehlbetragsfinanzierung* wird am Ende des Haushalts- oder Rechnungsjahres das aufgelaufene Defizit in voller Höhe vom Träger übernommen. Damit ist bei privaten Rechtsformen das

---

25 Wahl-Zieger 1978, S. 56ff.
26 Die spektakuläre Pleite der Stella GmbH 2002 wird nicht nur auf den Spielbetrieb zurückgeführt, sondern auch auf ruinöse Immobilienspekulationen in den neuen Bundesländern.
27 Zu den Finanzierungsformen siehe Heinrichs 1998, S. 11.

Risiko des Konkurses formal abgewendet, da ein solcher »Blankoscheck« der öffentlichen Hand eine Überschuldung per se verhindert und der Institution jene Kreditwürdigkeit verleiht, die alle Liquiditätsengpässe überbrückt. Die Gemeinden und Städte tun sich aber mit diesem finanziellen Risiko zunehmend schwerer und legen mit der *Festbetragsfinanzierung* eine Summe fest, die der Einrichtung zugewiesen wird. Die Kultureinrichtung hat damit in gewissem Maße Planungssicherheit, trägt aber ein gewisses wirtschaftliches Risiko mit, da sich weder Einnahmen noch Ausgaben zuverlässig planen lassen.[28] Insbesondere wenn sich mehrere Körperschaften an der Finanzierung einer Einrichtung beteiligen, ist die *Anteilsfinanzierung* üblich. Dabei werden zwischen den Trägern feste Anteile an der Gesamtfinanzierung vereinbart. Eine Etatkürzung bei einem Beteiligten hat eine analoge Kürzung bei den anderen Partnern zur Folge; Etataufstockungen werden in der Regel gemeinschaftlich beschlossen.

Das Dilemma, in dem sich Orchester nach Baumol und Bowen ebenso befinden wie Theater, resultiert aus dem gesamtwirtschaftlichen Umfeld, in dem sie sich befinden – unabhängig von der genauen Zusammensetzung ihrer Finanzmittel. Durch technische Innovationen steigt in den Industrieländern die Produktivität pro Kopf. Die Wertschöpfung, die ein Mensch unter Zuhilfenahme von Maschinen und anderer Technik erzielen kann, unterliegt im produzierenden Gewerbe einem permanenten Wachstum. Der Trend gilt auch, wenn auch nicht in gleichem Umfang, für viele Dienstleistungen. Gekoppelt an die steigende Produktivität hat sich das Lohnniveau an die durchschnittliche Produktivitätssteigerung angepasst. Steigende Realeinkommen auf breiter Basis sind die Folge. Auch die Einkommen von Orchestermusikern müssen an diese Entwicklung angepasst werden, will man einen schleichenden sozialen Abstieg dieser Berufsgruppe verhindern. Zudem sind Orchestermusiker traditionell in hohem Maße gewerkschaftlich organisiert.[29] Im Gegenzug lässt sich aber die Produktivität kaum steigern. Die Besetzung für ein Orchesterwerk ist mehr oder minder vorgeschrieben (bei den Streichern sind Variationen in gewissem Rahmen möglich). Das Orchester kann nur an einem Ort zugleich spielen und kann Programme nur dann wiederholen, wenn es neues Publikum (zum Beispiel an einem anderen Ort) generieren kann. Zudem müssen Konzerte zu einem Zeitpunkt stattfinden, an dem die potenziellen Besucher Freizeit

---

28 Weder die Ticketerlöse noch der Erfolg bei einer Sponsorensuche lassen sich genau vorhersagen. Gerade bei Theatern und Orchestern ist auch mit unvorhergesehenen Kosten zu rechnen, zum Beispiel, wenn bei Erkrankung von Musikern kurzfristig Aushilfen bezahlt werden müssen, um Aufführungen sicherzustellen.

29 siehe Kapitel 3

haben, also am Abend oder am Wochenende. Ausnahmen sind Schul- und Kinderkonzerte sowie Aktivitäten in allgemeinen Ferien – zum Beispiel Festivals. Ein neues Programm erfordert eine Mindestanzahl an Proben, insbesondere wenn man sich mit einem Solisten oder Gastdirigenten »zusammenraufen«[30] muss. Ist das Orchester noch im Theaterdienst, müssen die Erfordernisse des Opernbetriebs mit berücksichtigt werden.

In einem Orchester bestehen die Gesamtkosten zu 85 bis 90 % aus Personalkosten[31], beschäftigt doch ein B-Orchester[32] 66 bis 98 Musiker. Somit wirken sich Gehaltsanpassungen massiv im Gesamtbudget aus. Wollte man diese Kostensteigerung über die Eintrittspreise ausgleichen, so müssten diese überproportional steigen. Und ob die Erlöse tatsächlich im erwünschten Maße steigen, hängt von der Preiselastizität ab. Zudem werden Eintrittspreise in der Regel auch nach sozialen Gesichtspunkten festgelegt. Der Preis soll keine Barriere für den Zugang zur Kultur darstellen und Teile der Bevölkerung nicht systematisch ausschließen. So muss mit steigendem Einkommen der Musiker die Transfersumme, in der Regel also die öffentliche Unterstützung, steigen. Und das nicht nur in absoluten Werten, sondern auch prozentual bei den Gesamteinnahmen. Diese Schere wird – so Baumol und Bowen – unaufhaltsam weiter auseinandergehen. Die Richtigkeit dieser Analyse lässt sich an der Entwicklung der deutschen Orchesterlandschaft ablesen.

Wahl-Zieger nennt fünf Ursachen, die im deutschen Repertoire-System das baumolsche Dilemma verschärfen:[33]

(1) Durch die notwendige Ensemblegröße sind die Fixkosten extrem hoch. Um künstlerische Qualität sicherzustellen, ist es notwendig, den Musikern ein ausreichendes Einkommen zu garantieren, da diese sich sonst über Nebentätigkeiten wie Unterrichten, Muggen[34] oder branchenfremde Tätigkeiten absichern müssen. Das schränkt auch die Flexibilität bei der Disposition ein.

(2) Die räumliche Mobilität ist angesichts der Größe des Apparates begrenzt. Je größer ein Ensemble, umso größer ist auch der Reiseaufwand. Das hängt zum einen mit dem Instrumentarium (Harfe, Pauken, Schlagzeug, Kontrabässe) und der notwendigen Ausrüstung (Pulte, Pultleuchten, Podeste) bei großen Orchestern zusammen, zum anderen auch mit et-

---

30 »Don´t be frightened, Mr Gould is here...« Ansprache von Leonard Bernstein am 6. April 1962 in der Carnegie Hall (New York) an das Publikum. Mitschnitt als CD bei Sony Classical 1963 (SK 60675)
31 Mertens 2010a, S. 46
32 Der Buchstabe steht für die tarifliche Eingruppierung des Orchesters (siehe Kapitel 3).
33 Wahl-Zieger 1978, S. 25
34 Mugge = **Mu**sikalisches **G**elegenheits**g**eschäft, oder auch **Mu**sik **g**egen **G**eld

waigen Übernachtungskosten. Die Erlöse sind hingegen in der Regel nicht an die Orchestergröße gekoppelt.[35] Orchester sind daher auf die »Mobilitätswilligkeit der Bürger«[36] angewiesen. Diese ließ sich aber in der dieser Studie zugrunde liegenden Befragung nur sehr begrenzt nachweisen.[37]

(3) Die Orchester – respektive die Dirigenten und Dramaturgen – verfolgen einen künstlerischen Anspruch, der sich nicht konfliktfrei aus der Nachfrage des Publikums ableiten lässt. Adorno wird hinsichtlich des kulturpolitischen Selbstverständnisses folgender Aphorismus zugeschrieben: »Das Publikum hat ein Recht darauf, nicht angeschmiert zu werden, auch wenn es darauf besteht, angeschmiert zu werden.«[38]

(4) Der Musik fehlt aufgrund ihrer Immaterialität ein Mehrwert, den zum Beispiel bildende Kunst am Markt realisieren kann. Ein gegenständliches Kunstwerk (Bild, Plastik, Grafik) kann als Wertanlage oder sogar als Spekulationsobjekt genutzt werden. Musik ist am Ende des Konzertes unwiderruflich verklungen. Damit verbunden sind auch alle Probleme der Disponibilität – ein Konzert kann nicht auf Vorrat gespielt werden.

(5) Die Auswirkungen der sich ständig wandelnden Medienlandschaft, wie wir sie heute durch die Digitalisierung erleben, waren 1978 nicht prognostizierbar. Wahl-Zieger vermutete, dass die Massenmedien als Substitut für den Konzertbesuch dienen. Zudem schreibt sie vor allem Tonträgern den »Wasserhahn-Effekt«[39] zu: Sie können nach individuellem Bedarf an- und abgestellt werden und reduzieren den Aufwand einer mit dem Konzertbesuch verbundenen Entscheidung. Die Reichweite von Orchestern ist verschwindend gering gegenüber derjenigen der technischen Medien – damals vor allem Hörfunk und Fernsehen.

Wahl-Zieger datiert den Beginn der von ihr untersuchten (Finanz-)Krise auf das Jahr 1974.[40] Das ist überraschend, da sich Theater und Orchester historisch gesehen von jeher in einer permanenten Krise befinden.[41] Infolge der Ölkrisen 1973 und 1979 wurde es für die öffentlichen Haushalte jedoch immer schwieriger, den steigenden Subventionsbedarf zu befriedigen. Aus der Zeit liegen neben der grundlegenden Arbeit von Wahl-Zieger

---

35   Wahl-Zieger 1978, S. 21
36   Nath 1965, zitiert nach Wahl-Zieger 1978, S. 25
37   siehe Kapitel 5
38   Adorno, hier zitiert nach Siebenhaar 2009, S. 67. Die Echtheit des Zitates konnte nicht [!] bestätigt werden.
39   Wahl-Zieger 1978, S. 26
40   Die Finanzkrise der Orchester, wie sie Wahl-Zieger beschreibt, dürfte aus der allgemeinen Wirtschaftskrise infolge der Ölkrise von 1973 resultieren.
41   Vgl. dazu die Ausführungen von Michael Walter (1997), die einen Einblick in die Ökonomie des Theaters im 18. und 19. Jahrhundert gewähren.

eine Reihe weiterer vor allem *volkswirtschaftlicher Studien* zur Ökonomie von Theatern und Orchestern vor.[42] 1977 wurde auch das *Journal of Cultural Economics* gegründet, das bis heute Plattform für den Diskurs zwischen den Künsten und der Ökonomie (im weitesten Sinne) geblieben ist.

2.3. Die Atempause

In den achtziger Jahren waren die öffentlichen Kassen infolge des allgemeinen wirtschaftlichen Aufschwungs gut gefüllt. Den damals noch überwiegend als Regiebetrieb geführten Orchestern standen ausreichend Ressourcen zur Verfügung. Wirtschaftliche »Erfolgskriterien« wie die Einspielquote spielten keine Rolle, wie sich schon an der vorherrschenden Rechtsform erkennen lässt.[43] Der nachlassende ökonomische Druck verschaffte den Klangkörpern eine Atempause.

Zudem kam es nach dem erklärten Ende der *Neuen Kulturpolitik*[44] zu einer Umverteilung der Ressourcen. Die Kulturpolitik legte die Verantwortung für kulturelle Daseinsfürsorge[45] wieder stärker in die Hände der bestehenden Institutionen, statt durch Förderung von Einzelprojekten und soziokulturellen Einrichtungen selbst gestaltend einzugreifen. Die traditionellen Institutionen erhielten mehr Autonomie und eine entsprechende finanzielle Ausstattung. Die Erkenntnisse, die man aus der Krise von 1974 hätte gewinnen können, gingen so verloren und notwendige Weichenstellungen, die zum Erhalt des einen oder anderen Klangkörpers hätten beitragen können, wurden zu spät oder gar nicht vorgenommen.

---

42 Eine Übersicht gibt Peter Hohenemser (1984), der in einer Meta-Studie verschiedene Studien zur Verteilungswirkung von Kultursubventionen zusammenfasst. Dabei bezieht er sich vor allem auf die Studie von Frey und Neubauer (1976) zu »Theater und Ökonomie«, die Untersuchung von Clemens-August Andreae (1976) zur »Verteilungswirkung der Theaterfinanzierung« sowie Alan T. Peacocks (1969) »Welfare Economics and Public Subsidies to the Arts«.

43 Einem als klassischer Regiebetrieb geführten Orchester wird vom Träger ein fester Etat zur Verfügung gestellt. Alle Einnahmen werden im übergeordneten Gesamthaushalt verbucht und stehen dem Orchester nicht zur Verfügung. Die Mittelzuweisungen sind unabhängig von den erzielten Einnahmen.

44 Unter der Neuen Kulturpolitik wird die Hinwendung zur Soziokultur durch Hilger Hoffman, Hermann Glaser und Olaf Schwenke verstanden, die mit ihrem neuartigen Kulturverständnis in den siebziger Jahren unter dem Motto »Kultur für alle« ein fundamentales Umdenken in der Kulturpolitik der BRD auslösten. Bereits 1980 machte sich Ernüchterung breit, und es erfolgte eine kulturpolitische Umorientierung. Das endgültige Scheitern der Neuen Kulturpolitik wurde 1993 von der damaligen Bremer Kultursenatorin Helga Trüpel proklamiert. (vgl. Guhl 2007, S. 50ff. und 96ff.)

45 In Niedersachen ist diese Aufgabe in Art. 6 der geltenden Landesverfassung festgeschrieben und in Art. 57 an die Kommunen übertragen.

In der DDR waren die Orchester ohnehin unangefochten, war doch die Pflege des kulturellen Erbes politisch gewollt[46] und wurde jenseits ökonomischer Überlegungen umgesetzt.

2.4. Die zweite Finanzkrise der Orchester

In der aktuellen Literatur wird nichtsdestotrotz ein neuer Krisenbeginn festgelegt – er fällt mit der deutschen Wiedervereinigung zusammen. Die Orchesterdichte auf dem Gebiet der DDR war um ein Vielfaches höher als in der alten BRD. Jacobshagen nennt für die neuen Bundesländer über 80 Orchester, die in eine neue Trägerschaft überführt und in den bekanntermaßen wirtschaftsschwachen Regionen finanziert werden mussten.[47] Zwar gab es im Einigungsvertrag eine Art Bestandsgarantie für die Kulturorganisationen[48], dennoch setzte Mitte der neunziger Jahre das Orchestersterben vor allem in den neuen Bundesländern ein. Aber auch in den alten Bundesländern führten die Transferzahlungen und die allgemein schwierige wirtschaftliche Lage zu »Streichkonzerten«. So ist die Krise tatsächlich am Beginn der neunziger Jahre zu verorten. Die Mechanismen sind dieselben, die schon bei der ersten Finanzkrise wirksam waren. Die Antworten auf die zwar bekannten aber nun wieder aktuellen Herausforderungen suchte man diesmal verstärkt im *Instrumentarium der Betriebswirtschaftslehre*. Aus dieser Zeit stammt eine Reihe von Studien, die sich mit Fragen des kaufmännischen Rechnungswesens, Personalmanagements und des Marketing für Theater und Orchester befassen.[49]

46 Heinen 2001, S. 21
47 Jacobshagen 2000, S. 19
48 Art. 35 Abs. 2 Einigungsvertrag:»Die kulturelle Substanz in dem in Artikel 3 genannten Gebiet [neue Bundesländer] darf keinen Schaden nehmen.« Dabei war sogar ausnahmsweise eine Mitfinanzierung durch den Bund möglich (Art. 35 Abs. 4).
49 Michael Schugk (1996) hat eine grundsätzliche Aufstellung über »Betriebswirtschaftliches Management öffentlicher Theater und Kulturorchester« auf theoretischer Basis zusammengestellt. Jan Giller (1995) konzentriert sich in seiner Arbeit ganz auf das »Marketing für Sinfonieorchester«. Er überträgt in theoretischen Überlegungen eine Vielzahl klassischer Marketing-Techniken auf den Konzertbereich und prüft deren Wirksamkeit mittels eines Fragebogens, den er an Konzertorchester verschickte. Ausführlicher ist die Arbeit von Thomas Schmidt-Ott (1998), der die »Orchesterkrise und [das] Orchestermarketing« anhand eines Vergleichs zwischen den USA und Deutschland aufarbeitet. Er konzentriert sich dabei auf die unterschiedlichen Finanzierungsformen und die Praxis im Marketing. Henrike Hermann (2000) befasst sich mit »Budgetkürzungen im Kulturbereich, untersucht am Beispiel deutscher Orchester«, wobei sie mittels Experteninterviews am Beispiel von sechs unterschiedlichen Orchestern eine Reihe von betriebswirtschaftlichen Instrumenten auf ihre Wirksamkeit hin untersucht. Das reicht von den Rechtsformen über mögliche Fusionen bis zu Lean Management und Kaizen. Eine Reihe weiterer Autoren

Der ökonomische Druck, der nach der Wiedervereinigung nach und nach auf die kulturellen Institutionen zukam, führte zu einer Professionalisierung des Kulturmanagements für alle Sparten in Deutschland. Wegbereiter waren Peter Bendixen[50], Armin Klein und Werner Heinrichs[51]. Ihr Paradigma war es, den Kulturschaffenden einen Rahmen zu organisieren, innerhalb dessen kulturelle Produktion vonstattengehen konnte. Dabei galt es, das Primat der kulturellen Autonomie so wenig wie möglich anzutasten. Diese Forderung wurde auch von den ausübenden Künstlern erhoben, die den Professionalisierungstendenzen skeptisch gegenüberstanden. Die Angst vor einer Ökonomisierung der Kultur wurde im Feuilleton engagiert diskutiert. Dennoch hat die Professionalisierung zum effizienteren Einsatz von Ressourcen beigetragen und Einsparungseffekte erzielt. Mit Blick auf die Besucher fanden klassische Marketinginstrumente Eingang in das Kulturmanagement. Markenbildung und Serviceorientierung waren die neuen Stichworte, mit denen um das Publikum gebuhlt wurde.

Die theoretischen Überlegungen zeigen in der Praxis Wirkung: 74 Orchester, also mehr als die Hälfte, sind seit 1990 in privatwirtschaftliche Rechtsformen wie zum Beispiel die GmbH überführt worden.[52] Sie erhalten damit eine größere Autonomie bei der Ressourcenverwaltung, tragen allerdings auch einen Teil des kaufmännischen Risikos.

Die Anstrengungen im Marketing zeigen Wirkung. So stellt Birgit Mandel fest: »Erkennbar ist, dass [...] in jüngerer Zeit vor allem stärker indirekte Vermittlungsleistungen durch Marketing und PR erfolgreich sind, indem sie Institutionen öffentlichkeitswirksam positionieren und indem sie auch weniger eingängige kulturelle Positionen durch die Gestaltung attraktiver Rahmenbedingungen zugänglich machen.«[53] Es konnten zudem große Effizienzsteigerungen erzielt werden. So ist die Anzahl der Konzerte in der Spielzeit 2007/08 im Vergleich zur Spielzeit 1993/94 um 63 % gestiegen.[54]

Allerdings dürften die Potenziale zu weiteren Effizienzsteigerungen weitgehend ausgeschöpft sein, da der TVK einer Ausweitung der Konzerttätigkeit enge Grenzen setzt. Auch größere Konzertsäle sind nur bedingt eine Lösung, erfordern sie doch in der Regel auch größere Klangkörper

wie zum Beispiel Matthias Nowicki (1999) und Holger Mühlenkamp (1998) befassen sich mit dem Medium »Theater«, das gemäß der Untersuchung von Baumol und Bowen aus ökonomischer Sicht analogen strukturellen Problemen unterworfen ist wie die Orchester,

50 Bendixen 1998 und 2002
51 Werner Heinrichs und Armin Klein gaben von 1997 bis 2003/04 jährlich das *Deutsche Jahrbuch für Kulturmanagement* heraus, das über den Stand der Forschung berichtete.
52 http://www.miz.org/intern/uploads/statistik77.pdf (abgerufen am 30. April 2011)
53 Mandel 2008, S. 39
54 Mertens 2010a, S. 11

für ihre Bespielung. Zudem ist keinesfalls sichergestellt, dass die zusätzliche Platzkapazität auch verkauft werden kann und damit zu einer höheren Reichweite (und damit Produktivität) führt. Das aktuelle Beispiel der Elbphilharmonie zeigt zudem, dass die notwendigen Investitionssummen sich über die Mehreinnahmen aus Ticketerlösen sicher nicht realisieren lassen. Für den Betrieb einer Mehrzweckhalle mit entsprechender Eignung in Lüneburg (Nachfolge Nordlandhalle) wurde ein jährlicher Fehlbetrag von ca. zwei Millionen Euro prognostiziert.[55]

2.5. Die Legitimitätskrise der Orchester

Dem genannten Anstieg der Konzertveranstaltungen um 63 % steht das Besucherwachstum von 20 % im gleichen Zeitraum gegenüber.[56] Dadurch sank die durchschnittliche Anzahl der Konzertbesucher pro Aufführung von 625 auf 462. Die Orchester in den neuen Bundesländern stehen dabei unter besonderem Druck. Nicht nur, weil die Kommunen mit der Finanzierung überfordert sind, sondern auch, weil durch die Schul- und Sozialpolitik in der DDR das Bildungsbürgertum – im Westen Hauptnutzer von klassischen Konzertveranstaltungen – einen viel kleineren Anteil an der Bevölkerung ausmacht. Die kollektiven Aktivitäten der Betriebe, die sich auch um die Organisation von Kulturbesuchen kümmerten, entfielen im marktwirtschaftlichen System, sofern die Betriebe überhaupt überlebensfähig waren. Die rasant steigende Arbeitslosigkeit und die daraus folgende Unsicherheit auch bei den noch Beschäftigten ließen die Orchester den bisherigen Rückhalt verlieren.

Seit den Untersuchungen und Computersimulationen von Thomas Klaus Hamann geht die Mehrheit der Autoren davon aus, dass die Altersentwicklung des Publikums überwiegend als Generationeneffekt[57] und nicht als Kohorteneffekt[58] gedeutet werden muss.[59] In seiner Simulation

---

55 Carl Peter von Mansberg, Gespräch am 20. Februar 2011 im Theater Lüneburg
56 http://www.miz.org/intern/uploads/statistik77.pdf (abgerufen am 30. April 2011)
57 Unter *Generationeneffekt* werden hier Verhalten oder Einstellungen verstanden, die an bestimmte Jahrgänge geknüpft sind. So durchlebt eine Generation mit ihren Werthaltungen nach und nach alle Altersstufen. Wer also als Kind eine Präferenz für klassische Musik entwickelt hat, trägt diese durchs Berufsleben ins Rentenalter hinein.
58 Als *Kohorteneffekt* werden hier Verhalten oder Einstellungen verstanden, die typischerweise in einer Altersstufe auftauchen, davor oder danach aber keine Rolle mehr spielen. So durchlebt jeder Jahrgang als Kohorte verschiedene Lebensabschnitte. Die Altersstruktur bei klassischen Konzerten nährte lange die Vermutung, dass das tiefere Interesse an dieser Musikrichtung erst nach dem 40. Lebensjahr erwacht.
59 Hamann 2004 und Gembris 2009

geht Hamann von einem Publikumsrückgang von 36 % bis 2035 (auf Basis der Werte von 2003) aus, wobei er für die nächsten Jahre noch einen leichten Anstieg der Besucherzahlen prognostiziert.[60]

Der Diskurs wird seitdem von kultursoziologischen Überlegungen zur langfristigen Publikumsgewinnung und -bindung sowie zur gesellschaftlichen Bedeutung von Kultur geprägt. Unter dem Schlagwort *Audience Development* werden dabei die unterschiedlichsten Instrumente zur Publikumsgewinnung zusammengefasst. [61]

---

60   Hamann 2005
61   siehe Kapitel 10

3. Orchester in Niedersachsen

Das Land Niedersachsen wurde am 1. November 1946 aus den zuvor eigenständigen Ländern Hannover, Oldenburg, Braunschweig und Schaumburg-Lippe gebildet. Zurzeit leben knapp acht Millionen Einwohner auf 47.624 km²; damit beträgt die Einwohnerdichte 167 Personen pro km².[62]

Aus den Repräsentationsaufgaben des Königshauses in Hannover, des Großherzogs von Oldenburg sowie des Herzogs von Braunschweig sind in den alten Residenzstädten Orchester entstanden, die bis heute Bestand haben. Niedersachsen hat damit eine gewachsene und dezentrale kulturelle Infrastruktur. Für die Sparte Theater bestehen weitere Standorte, so zum Beispiel das Schlosstheater in Celle und die Landesbühne Nord in Wilhelmshaven. Nach Bayern ist Niedersachsen in seiner geographischen Ausdehnung das zweitgrößte Bundesland und steht als sogenanntes »Flächenland« bei der kulturellen Versorgung der Einwohner vor besonderen Herausforderungen. Die flächendeckende Bereitstellung einer kulturellen Infrastruktur ist, zumindest was die Orchester angeht, bisher nicht erfolgt. Der Bereich westlich einer gedachten Linie zwischen Osnabrück und Oldenburg hat kein eigenes Orchester; auch der Bereich der Lüneburger Heide in dem Dreieck zwischen Hannover, Bremen und Hamburg hat nur einen einzigen Orchesterstandort aufzuweisen und wird allenfalls durch die benachbarten Stadtstaaten Hamburg und Bremen von den dort ansässigen sechs Orchestern mit versorgt. Die ungleiche Verteilung der Orchester hat historische Gründe. Neugründungen von Klangkörpern sind derzeit nicht geplant. Die Orchester sind überwiegend in kommunaler Trägerschaft, nur das Niedersächsische Staatsorchester Hannover befindet sich in direkter Trägerschaft des Landes Niedersachsen. Die NDR Radiophilharmonie wird aus den Gebühren der Rundfunkteilnehmer finanziert. Bei allen anderen Orchestern ist das Land finanziell mit bis zu 50 % der öffentlichen Zuwendungen beteiligt und teilt sich so die Subventionen mit den jeweiligen Kommunen.

---

62 http://www.nls.niedersachsen.de/html/basisdaten_niedersachsen.html (abgerufen am 13. April 2011)

3.1. Exkurs: Der Tarifvertrag für Kulturorchester

Die Orchester in Deutschland unterliegen einem besonderen Tarifvertrag, der nicht nur die Vergütung der Orchestermusiker regelt, sondern weit in das künstlerische Geschehen hinein wirkt. Die Tarifpartner dabei sind der Deutsche Bühnenverein für die Arbeitgeberseite und die Deutsche Orchestervereinigung (DOV) als Gewerkschaft. Der Organisationsgrad der Orchestermusiker beträgt 95 %; damit ist die DOV nach eigener Auskunft die Gewerkschaft mit dem weltweit höchsten Organisationsgrad.[63]

Der *Tarifvertrag für Kulturorchester* (TVK) unterteilt die Orchester in vier Größenklassen von A bis D. Die frühere Tarifklasse E, zu der auch Lüneburg gehörte, wurde abgeschafft und in D überführt. Die Tarifgröße gibt an, wie viele Musiker ein Orchester mindestens haben muss.[64] Zudem regelt sie – abgestuft nach Stimmgruppen und Funktionen im Orchester – die Vergütung. Konzertmeister, Stimmführer und Soloinstrumentalisten werden höher vergütet als Tuttisten[65]. Bei den Tarifklassen A und B sind über sogenannte Fußnoten im Tarifvertrag (F1 und F2) in bestimmten Orchestern Zulagen für die Musiker festgeschrieben. Einige Orchester haben mit ihren Musikern Haustarifverträge (HTV) in Anlehnung an die bestehenden Tarifklassen abgeschlossen. Für Rundfunkorchester gelten traditionell eigene Tarifverträge, deren Regelungen sich aber am TVK orientieren.

Neben den Gehältern regelt der TVK auch die Arbeitszeiten der Musiker. Diese haben zunächst Anspruch auf mindestens einen freien Tag pro Woche. Die übrige Arbeitszeit wird in sogenannten *Diensten* verrechnet. Pro Woche dürfen im Schnitt knapp acht[66] Dienste von jeweils maximal drei Stunden gespielt werden, bei Proben ohne Bühnengeschehen nur zweieinhalb Stunden. Sowohl Proben als auch Aufführungen gelten als Dienst. Mehr als zehn Dienste sind in einer Kalederwoche nicht zulässig. Dauert eine Aufführung länger als drei Stunden und fünfzehn Minuten, so wird sie als Doppeldienst gewertet, wobei es dabei auf die tatsächliche Spielzeit des Orchesters ankommt. So können zum Beispiel bei einer Oper, die länger als drei Stunden dauert, die gesprochenen Dialoge auf der Bühne und die Pause von der Aufführungsdauer abgezogen werden. Bei

---

63 Telefonische Auskunft des Geschäftsführers der DOV (Gerald Mertens) am 12. April 2011
64 TVK A = ab 99 Musikern, TVK B = 66 bis 98 Musiker, TVK C = 56 bis 65 Musiker, TVK D = weniger als 56 Musiker.
65 Als Tuttisten werden diejenigen Streicher bezeichnet, die nicht am ersten Pult sitzen (tutti = alle).
66 Die Regelung verpflichtet die Musiker zu 183 Diensten in einem Ausgleichszeitraum von 24 Wochen. Das sind durchschnittlich 7,625 Dienste pro Woche.

den Proben sind auch die Pausen genau vorgeschrieben. Der Orchestervorstand ist berechtigt, die Probe unabhängig von künstlerischen Notwendigkeiten für vorgeschriebene Pausen zu unterbrechen oder nach Ablauf der Zeit zu beenden. Im Gegenzug sind die Musiker zu Strafzahlungen verpflichtet, wenn sie unabhängig vom Verschulden zu spät zu einer Probe oder einer Aufführung kommen. Nach Aufführungen oder Abendproben haben die Musiker Anspruch auf eine Nachtruhe von elf Stunden, unabhängig davon, wie lange eine Aufführung gedauert hat. Dienste dürfen nur in sehr seltenen Ausnahmefällen mit Einverständnis des Orchestervorstandes geteilt werden.[67] Der Tarifvertrag enthält darüber hinaus spezielle Regelungen für den Tourneebetrieb sowie für Abstecher. Ebenfalls im Tarifvertrag geregelt ist der Umgang mit den Instrumenten. Stellt das Orchester keine Instrumente, so sind die Musiker verpflichtet, eigene Instrumente in gutem Zustand zu Proben und Aufführungen mitzubringen. Die Nutzung der Instrumente wird gesondert vergütet. Verbrauchsmaterialien (Saiten, Felle, Rohrblätter) werden erstattet. Einen schwarzen Anzug oder ein entsprechendes Abendkleid müssen die Musiker selbst vorhalten. Für Dienste, die im Frack gespielt werden, ist eine gesonderte Vergütung zu zahlen. So hat es sich eingebürgert, dass Konzerte am Abend im Frack gespielt werden, die Aufführungen am Nachmittag oder vormittags hingegen »nur« im Anzug.[68]

3.2. Die Orchester im Überblick

Die nachfolgende Tabelle gibt in der Reihenfolge ihrer Gründung eine Übersicht über die Orchester in Niedersachsen und ihre Eingruppierung in den TVK. Zudem sind die Anzahl der Musiker, die Generalmusikdirektoren (GMD) als künstlerische Leiter (Chefdirigenten), die Anzahl der Abonnementkonzerte und gegebenenfalls zu leistende Operndienste aufgeführt. Von den sechs Lüneburger Meisterkonzerten werden nur drei vom Orchester des Hauses bestritten.

---

67 Eine Ausnahme bilden zum Beispiel Kinder- und Schulkonzerte mit gleichem Programm, sofern sie zusammen nicht länger als drei Stunden dauern.
68 Im Rahmen der Befragung traf das auf die Konzerte am Sonntag Vormittag in Oldenburg (26. April) sowie Braunschweig und Osnabrück (10. Mai) zu.

Orchester	Gründungs-jahr	TVK	Musi-ker	GMD	Abo-konzerte	Opern-dienste
Staatsorchester Braunschweig	1571	TVK A	85	Alexander Joel	10	ja
Niedersächsisches Staatsorchester Hannover	1689	TVK A/ F2 + Zulage	111	Wolfgang Bozic	8	ja
Oldenburgisches Staatsorchester	1768	TVK B	68	Alexander Rumpf	8	ja
Göttinger Symphonieorchester	1862	TVK B (HTV)	50	Christian-Ma-thias Mueller	8	nein
Osnabrücker Symphonieorchester	1919	TVK B	66	Hermann Bäumer	8	ja
TfN Philharmonie Hildesheim	1920	TVK D	30	Werner Seitzer	5	ja
Lüneburger Sinfoniker	1948	bes. TV (unter D)	29	Urs Michael Theus	3 + 3	ja
NDR Radio-philharmonie	1950	bes. TV	85	Eiji Oues	9	nein

Tabelle 1: Orchester in Niedersachsen

Staatsorchester Braunschweig

1571 von Herzog Julius von Braunschweig in Wolfenbüttel als Hofkapelle gegründet, gehört das Staatsorchester zu den ältesten Kulturorchestern der Welt. Als Kapellmeister wirkten unter anderem Michael Prätorius, Heinrich Schütz, Karl Heinrich Graun, Louis Spohr, Felix Mendelssohn Bartholdy, Hector Berlioz, Franz Liszt und Richard Strauss. Insbesondere unter den beiden letztgenannten Komponisten und Dirigenten gelangte das Orchester zu überregionalem Ansehen.[69] Zurzeit wird das Orchester von Alexander Joel geleitet. Das Orchester verfügt über eine eigene Konzertreihe mit zehn sinfonischen Konzerten pro Jahr; dazu kommen Sonderkonzerte und Gastspiele an anderen Orten. Hauptaufgabe sind die Operndienste am Staatstheater Braunschweig.

---

69   Sievers 1995

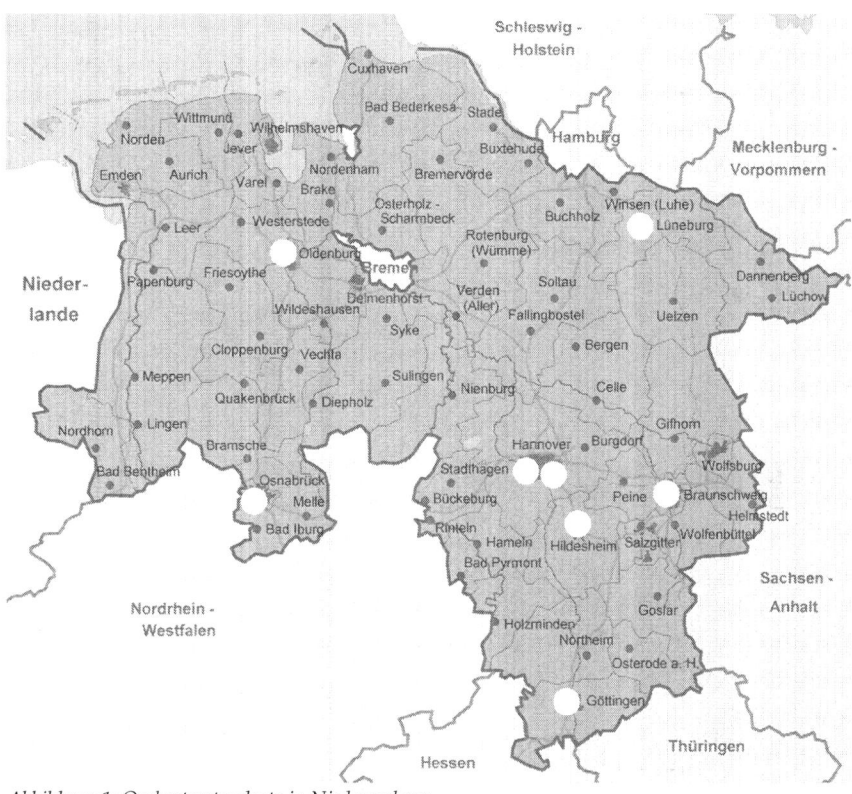

Abbildung 1: Orchesterstandorte in Niedersachsen

Niedersächsisches Staatsorchester Hannover

Das Staatsorchester Hannover verdankt seine Entstehung der Prunksucht der Hannoverschen Herzöge, die alljährlich zum Karneval und zur Opernsaison mit einem großen Hofstaat nach Venedig reisten, um dort mehrere Monate zu residieren und in den sechs Theatern den Vorstellungen zu folgen. Um die Kosten für die Staatskasse zu reduzieren, wurde 1689 eine eigene Schlossoper in Hannover eröffnet. Unter Leitung von Agustino Steffani wurde die Oper »Enrico Leone« mit entsprechendem Pomp uraufgeführt. Später wirkte an dieser Stelle unter anderem Georg Friedrich Händel als Kapellmeister.[70] Zurzeit wird das Orchester von seinem GMD Wolfgang Bozic künstlerisch geleitet. Das Staatsorchester Hannover ist das größte Orchester in Niedersachsen und spielt neben dem Opernbetrieb jährlich acht Sinfoniekonzerte sowie eine Reihe Sonderkonzerte.

70 Katzenberger 1996

Oldenburgisches Staatsorchester
Die Ursprünge der Oldenburger Hofkapelle reichen in das 17. Jahrhundert zurück. Für den Winter 1768/69 sind erste öffentliche Aufführungen vor bürgerlichem Publikum dokumentiert. Zu den bekanntesten Kapellmeistern gehörte Albert H. Dietrich, der mehrfach Johannes Brahms nach Oldenburg einlud und sich für die Aufführungen der Werke Robert Schumanns einsetzte.[71] Anfang des 20. Jahrhunderts wurde aus der Staatskapelle mit Auflösung des Großherzogtums Oldenburg das heutige Staatsorchester.[72] Die Stelle des GMD hatte zum Zeitpunkt der Befragung Alexander Rumpf inne, der wenige Monate später aus dem Amt ausschied und dessen Position nicht neu besetzt wurde. Das Orchester unterhält eine Konzertreihe mit acht Abonnementkonzerten, ist aber hauptsächlich in den Opernbetrieb eingebunden.

Göttinger Symphonieorchester
Die Anfänge des Göttinger Symphonieorchesters liegen in die Mitte des 19. Jahrhunderts. Göttingen genoss als Universitätsstadt einen bedeutenden Ruf, kulturell war es hingegen auf durchreisende Musiker sowie die am Ort stationierte Garnisonsmusik angewiesen. 1862 wurde August Ferdinand Schmacht (1826-1886) als Göttinger »Stadtmusikus« mit dem Auftrag eingestellt, Musiker für ein Orchester zu engagieren. Durch die Aufhebung des Musikprivilegs, das dem Orchester ein Monopol auch bei privaten Feierlichkeiten verschafft hatte, geriet das Orchester schon kurz nach seiner Gründung in finanzielle Schwierigkeiten und musste kurzzeitig aufgelöst werden. Rudolph Bullerjahn (1856-1911) richtete 1886 das Orchester wieder in voller Größe ein. Am Theater spielte es Operetten und große Opern, zum Beispiel 1932 den Rosenkavalier unter der Leitung des Komponisten. Nach dem Zweiten Weltkrieg war zunächst der GMD auch Intendant des Theaters, aber schon 1949 endete die Opern-Ära in Göttingen. Das Theater wurde zu einem reinen Schauspielhaus, das Orchester konstituierte sich 1951 als Göttinger Symphonieorchester neu. Die musikalische Leitung liegt derzeit bei Christian-Mathias Mueller. Das Abonnement umfasst jährlich acht Aufführungen; daneben spielt das Orchester zahlreiche Gastspiele und unternimmt Abstecher und Tourneen.[73]

---

71 Daraus erklärt sich auch das Programm des Konzerts, bei dem die Befragung durchgeführt wurde.
72 Braun 1997
73 Wiechert 1995

Osnabrücker Symphonieorchester

Das heutige Osnabrücker Symphonieorchester wurde 1919 auf Beschluss des Magistrats gegründet. Erste Aufführungen eines Orchesters sind für das Jahr 1767 in Osnabrück dokumentiert. Ende des 19. Jahrhunderts verfügte Osnabrück sogar über zwei sinfonische Orchester: das Stadt- und Conzertorchester Küttner sowie das Philharmonische Orchester Hohmann. Als das Theater Osnabrück 1909 sein neues Domizil am Domhof bezog, wurden die Operndienste vom Regimentsorchester 78 übernommen. Diese Musiker bildeten auch den Grundstock für die spätere Gründung des Osnabrücker Symphonieorchesters. Das Orchester versieht auch heute vor allem den Operndienst an den städtischen Bühnen Osnabrück, ist aber auch mit acht sinfonischen Konzerten pro Saison zu hören. Mit dem derzeitigen Leiter Hermann Bäumer konnte das Orchester überregional Aufmerksamkeit erregen. So erhielt es 2009 einen ECHO Klassik-Preis – für ein Orchester in dieser Größenordnung eine ungewöhnliche Auszeichnung. Das Orchester hat sich in seiner Diskographie dem Repertoire um 1800 verschrieben.[74]

TfN Philharmonie Hildesheim

Das Theater Hildesheim wurde 1909 als Aktiengesellschaft gegründet. Bis 1919 versah das Regimentsorchester 79 wie in Osnabrück die Operndienste. Nach der Auflösung dieses Klangkörpers gründete die Stadt Hildesheim 1920 ein eigenes Ensemble.[75] Das Theater für Niedersachsen (TfN) entstand 2007 aus der Fusion des Stadttheaters Hildesheim und der Landesbühne Hannover. Das Orchester wird im neuen Haus weitergeführt, spielt pro Jahr neben den Operndiensten fünf Abonnementkonzerte und wird von Werner Seitzer geleitet. Die TfN Philharmonie Hildesheim hat an der vorliegenden Untersuchung nicht teilgenommen.

Lüneburger Sinfoniker

Interessanterweise wird in dem historischen Abriss des Theaters Lüneburg das Gründungsdatum der Lüneburger Sinfoniker unterschlagen. Während die städtischen Bühnen Lüneburgs 1946 ihren Spielbetrieb aufnahmen, sind die ersten Hinweise auf ein Orchester erst zwei Jahre später zu finden. Seine Aufgabe bestand zunächst in der Begleitung von Operetten.[76] Das Orchester, das kleinste Tariforchester in Deutschland, war lange Zeit nur vom Orchestergraben aus im Operndienst tätig. Erst Mitte

---

74   Jaschinski / Bösken 1997
75   Keil 1996
76   Hünke von Podewils 1990

der neunziger Jahre wagte der damalige Musikdirektor Michael Dixon den Sprung aus dem Orchestergraben und beteiligte sich an den Lüneburger Meisterkonzerten, die sonst von externen Gastorchestern bestritten wurden. Eine umfassende Meisterkonzertreihe mit verschiedenen Zyklen und auswärtigen Orchestern fiel vor zehn Jahren dem Rotstift zum Opfer. Die Lüneburger Sinfoniker übernehmen pro Saison drei der Konzerte; die übrigen drei sind nach wie vor Gastspiele von anderen Klangkörpern. Die künstlerische Verantwortung liegt beim Musikdirektor Urs Michael Theus, der derzeit musikalischer Leiter am Lüneburger Theater ist.

NDR Radiophilharmonie
Die Radiophilharmonie wurde 1950 als *Orchester des Senders Hannover* eingerichtet. 1980 in *Rundfunkorchester* umbenannt, erhielt sie 1992 ihren heutigen Namen. Sie unterhält verschiedene Konzertzyklen, die im großen, am Maschsee gelegenen, Sendesaal veranstaltet werden. Neben der Konzerttätigkeit in Hannover ist das Orchester vor allem für die Einspielung von Werken des Rundfunkprogramms des NDR zuständig. Das Orchester ist das einzige in Niedersachsen, das von Barockkonzerten über das klassisch-romantische Repertoire bis zu Popularkonzerten das gesamte Œuvre abdeckt. Zum Zeitpunkt der Untersuchung war Eiji Oues musikalischer Leiter der Radiophilharmonie, schied aber zum Ende der Saison aus dem Amt aus. Als Ehrendirigent ist er aber nach wie vor in Hannover präsent.[77]

---

77 http://www.ndr.de/orchester_chor/radiophilharmonie/rphgeschichte100.html (abgerufen am 18. April 2011)

4. Durchführung der Studie

Auf Basis der Untersuchung von Susanne Seitz[78] wurde im April/Mai 2009 bei den niedersächsischen Orchestern eine Replikationsstudie des US-amerikanischen Originals durchgeführt. Dazu wurde bei jeweils einem Symphoniekonzert auf jedem Platz ein Fragebogen samt Freiumschlag hinterlegt. Die Besucher wurden gebeten, den Fragebogen zuhause auszufüllen und an die Universität Lüneburg zurückzuschicken. Das Ausfüllen des Fragebogens nahm etwa 30 Minuten in Anspruch. Die Fragebögen wurden im Vorfeld mit Datum und Orchester gekennzeichnet. Die Befragung fand anonym statt. Auf Wunsch der Intendanz wurde in Göttingen nur jeder zweite Platz mit einem Fragebogen belegt. In der Staatsoper Hannover wurden die Fragebögen am Eingang an die Besucher ausgegeben. Obwohl dies zu einer Verzerrung innerhalb der Stichprobe führt, wurde aus pragmatischen Gründen den Wünschen der Veranstalter entsprochen, um die beiden Orchester nicht grundsätzlich von der Studie ausschließen zu müssen. Insbesondere beim Staatsorchester Hannover führte dies jedoch zu einer signifikant geringeren Rücklaufquote. Eine Rockband, die aus Anlass des autofreien Sonntags direkt vor den Türen der Staatsoper spielte, machte eine Kommunikation mit den ankommenden Besuchern fast unmöglich und behinderte so die Verteilung der Fragebögen an die einströmenden Besucher. Zudem hatte eine Reihe von Konzertbesuchern den Fragebogen bereits beim NDR erhalten. Die Ergebnisse für das Staatsorchester Hannover sind daher mit besonderer Vorsicht zu deuten.

Insgesamt wurden 13.000 Fragebögen ausgegeben, etwa die Hälfte davon wurde von den Besuchern mitgenommen.

Die Befragungstermine, Programme sowie die Aufführungsorte sind Tabelle 2 zu entnehmen. Außer in Göttingen und Lüneburg wurde das gleiche Programm mehrfach gespielt. In diesen Fällen wurden alle Aufführungen für die Befragung genutzt. In Osnabrück und bei der NDR Radiophilharmonie standen Gastdirigenten am Pult. Bei den übrigen Orchestern waren es die Chefdirigenten. Das Konzert der Lüneburger Sinfoniker wurde gemeinsam mit der Mitteldeutschen Kammerphilharmonie Schönebeck

---

78   Seitz 2007

gegeben, da eine Mahler-Symphonie mit den 29 hauseigenen Musikern nicht zu realisieren war.

Orchester	Spiel-stätte	Befragungstermin	Programm	Solist	Dirigent
Göttinger Symphonie-orchester	Stadt-halle	24. April · 19:45 Uhr	Kodály / von Weber / Tschaikowsky	Wolfgang Meier (Klarinette)	Christoph-Mathias Mueller
Oldenburgisches Staatsorchester	Staats-oper	26. April · 11:15 Uhr 27. April · 19:30 Uhr 28. April · 19:30 Uhr	Dietrich / Schumann / Brahms	Joaquin Achucarro (Klavier)	Alexander Rumpf
Lüneburger Sinfoniker	Thea-ter	10. Mai · 19:00 Uhr	Debussy / Mahler	kein Solist	Urs Michael Theus
Staatsorchester Braunschweig	Stadt-halle	10. Mai · 11:00 Uhr 11. Mai · 20:00 Uhr	Haydn / Hummel / Brahms	Martin Weller (Trompete)	Alexander Joel
Osnabrücker Symphonie-orchester	Stadt-halle	10. Mai · 11:00 Uhr 11. Mai · 20:00 Uhr	Mozart / Prokofieff / Schubert	Michal Majersky (Violine)	Jan Söderblom
NDR Radio-philharmonie Hannover	Sende-saal	14. Mai · 20:00 Uhr 15. Mai · 20:00 Uhr	Mahler / Martinů / Dvořák	Frank Peter Zimmermann (Violine)	Enrique Mazzola
Staatsorchester Hannover	Staats-oper	17. Mai · 20:00 Uhr 18. Mai · 20:00 Uhr	Beethoven / Berlioz	Alfredo Perl (Klavier)	Wolfgang Bozic

Tabelle 2: Befragungsplan

Bei der Planung der Befragung wurde vor allem auf einen möglichst knappen Zeitabschnitt, innerhalb dessen die gesamte Befragung durchgeführt werden konnte, geachtet. Zudem sollte ausschließlich klassisch-romantisches Repertoire auf dem Programm stehen, um Verzerrungen in der Publikumswahrnehmung zu vermeiden. Von den in der Tabelle aufgeführten Komponisten ist nur Albert Dietrich als ehemaliger Oldenburger Kapellmeister und Freund Brahms' und Schumanns heute nicht mehr bekannt. Alle anderen Komponisten sind mit ihrem Œuvre fester Bestandteil des Repertoires.

4.1. Die Knight-Studie im Vergleich

Der Fragebogen entstammt einer umfassenden Studie aus den USA. Unter dem Titel *Classical Music Consumer Segmentation Study* erforschte die Knight Foundation *How Americans Relate to Classical Music and Their Local*

Orchestras. Die Studie wurde in drei Abschnitten erstellt. Zunächst wurden in Gruppendiskussionen und Experteninterviews Kriterien zur Erfassung der Musikrezeption entwickelt. Ein Fragebogen wurde im November 2000 konstruiert und im März 2001 mit etwa 700 Personen getestet. Die Datenerhebung fand in der Zeit von August 2001 bis März 2002 statt. Dabei umfasste die Studie zwei methodisch separate Befragungen: Per Telefon wurde eine repräsentative Stichprobe der Bevölkerung über 18 Jahre im Einzugsgebiet der jeweiligen Orchester befragt. Das Einzugsgebiet wurde als der Raum definiert, aus dem 85 % der Konzertbesucher stammen.[79] Insgesamt wurden 11.318 Interviews telefonisch geführt. Die Befragung der Konzertbesucher fand hingegen schriftlich statt. Dazu wurden nach Zufallsprinzip 750 Fragebögen pro Orchester an Abonnenten und 750 an einzelne Kunden, die ihre Karte im Freiverkauf erworben hatten, verschickt.

Für die Umfrage in Niedersachsen wurde analog zur Knight-Studie die schriftliche Befragung gewählt. Da der Fragebogen außerordentlich umfangreich ist und soziodemographische Daten wie das Einkommen umfasst, sollte er nicht beim Konzert selber, sondern zuhause ausgefüllt werden. Die Antwortwahrscheinlichkeit wurde bei einer anonymen schriftlichen Befragung höher eingeschätzt, als dies bei einer telefonischen Befragung der Fall gewesen wäre. Außerdem war der Fragebogen zu umfangreich, um ihn vor dem Konzert oder während der Pause auszufüllen. Durch die Distribution der Fragebögen bei den Konzerten entfiel die Notwendigkeit, eine Anschriftendatei zu generieren. Zudem setzt sich das Publikum in Deutschland viel stärker aus Abonnenten zusammen, als dies in den USA der Fall ist. So sind beispielsweise die Konzerte des NDR weitgehend ausabonniert. Eine paritätische Stichprobe hätte daher ein verzerrtes Abbild der Besucherstrukturen ergeben.

Die Stichprobe für die einzelnen Orchester fällt signifikant kleiner aus, als es in den USA der Fall gewesen ist. Das liegt vornehmlich an der Größe der Konzertsäle, aber auch am Einzugsgebiet der hiesigen Orchester. Nimmt man als Referenzwert die Metropolregion Hannover, so haben nur vier der Orchester, die in den USA an der Studie teilgenommen haben, weniger Einwohner in ihrem Umfeld.

Der Vergleich der beiden nachfolgenden Tabellen zeigt deutlich, dass in Niedersachsen nicht nur die Orchester kleiner sind, sondern auch deren Einzugsgebiete. Lediglich in der Region Hannover wohnen mehr als eine Millionen Menschen. Dabei ist zu beachten, dass die niedersächsischen

---

79   Knight-Foundation 2002, S. A-7

Zahlen auch die Einwohner unter 18 Jahren mit einschließen. Im Vergleich zwischen der Orchestergröße und der bespielten Saalgröße zeigt sich jedoch, dass in Niedersachsen auf einen Musiker 18,6 Plätze (also potenzielle Zuhörer) entfallen, in den USA sind es – soweit die Daten zu erheben waren – 28,1 Sitze pro Musiker.[80]

Einzugsgebiete der 15 untersuchten Orchester in den USA			
Orchester	Einwohner über 18 Jahre in 2001	Saalgröße (Platzanzahl)	Anzahl Musiker
Brooklyn Philharmonic Orchestra	1,8 Millionen	2 804	65
Charlotte Symphony Orchestra	1,0 Millionen	2 100	62
Colorado Symphony Association	1,8 Millionen	2 634	87
Detroit Symphony Orchestra	2,9 Millionen	2 000	89
Fort Wayne Philharmonic Orchestra	390 000	2 477	55
Kansas City Orchestra	1,2 Millionen	1 600	68
Long Beach Symphony Association	657 000	3 051	keine Angabe
Louisiana Philharmonic Orchestra	938 000	2 243	75
New World Symphony	1,7 Millionen	756	82
Oregon Symphony Association	1,3 Millionen	2 776	81
Philadelphia Orchestra	3,9 Millionen	2 500	103
Saint Louis Symphony Orchestra	1,7 Millionen	2 700	104
Saint Paul Chamber Orchestra	1,9 Millionen	keine feste Spielstätte	32
Symphony Society of San Antonio	1,1 Millionen	2 311	78
Wichita Symphony Society	355 000	2 195	87

Tabelle 3: Einwohner im Einzugsgebiet der Orchester in den USA. Quelle: Knight Foundation S. A-8, Saalgrößen und Musiker gemäß der Angaben der orchestereigenen Web-Sites.

80　Zur Ermittlung der Orchestergrößen und Saalkapazitäten siehe Übersicht Anhang 2.

Einzugsgebiete der niedersächsischen Orchester (ohne Hildesheim)				
Orchester	Einzugsgebiet	Einwohner 2009	Saalgröße	Anzahl Musiker
Staatsorchester Braunschweig	Braunschweig Stadt	246 511	2 300	85
Göttinger Symphonieorchester	Göttingen	259 197	827	50
NDR Radio-philharmonie	Region Hannover	1 129 406	ca. 1 200	85
Staatsorchester Hannover	Region Hannover	1 129 406	1 207	111
Lüneburger Sinfoniker	Landkreis Lüneburg	176 642	524	29
Staatsorchester Oldenburg	Stadt + Kreis Oldenburg	286 830	827	68
Osnabrücker Symphonieorchester	Stadt + Kreis Osnabrück	520 938	1 932	66

Tabelle 4: Einwohner (inkl. unter 18 Jahren) im Einzugsgebiet der niedersächsischen Orchester, Orchestergröße und Saalkapazität. Quellen: Landesbetrieb für Statistik und Kommunikationstechnologie Niedersachsen (LSKN) http://www.nls.niedersachsen.de/html/land_in_zahlen.html (abgerufen am 26. April 2011) sowie Deutsches Bühnenjahrbuch.

Die exakte Rücklaufquote der Befragung kann nicht ermittelt werden, da die Orchester die Auslastungszahlen der entsprechenden Vorstellungen nicht freigegeben haben. Sie muss daher anhand verschiedener Indikatoren – wie zum Beispiel die Anzahl der nicht mitgenommenen Fragebögen – abgeschätzt werden. Die Rücklaufquote von etwa 35 % der Originalstudie[81] könnte demnach auch in Niedersachsen erreicht worden sein. Der Datensatz der Originalstudie enthält 10.098 Bögen.[82]

Angesichts der Größe der hiesigen Konzertsäle und Theater spiegelt die kleinere Stichprobe die tatsächlichen Rahmenbedingungen wider. Für die Befragung in Niedersachsen wurde der originale Fragebogen ins Deutsche übersetzt, sprachlich geglättet und um zusätzliche Fragen ergänzt. Als Basis für die Ergänzung diente das *Blueprint* von Shostak.[83] Das Modell, ursprünglich für Blumenläden, Sparkassen und Physiotherapiepraxen entwickelt, lässt sich auf alle Dienstleistungsbranchen anwenden. Eine

---

81 Knight Foundation 2002, S. A-10
82 Der Datensatz steht unter www.irss.unc.edu als SPSS-Datensatz zum Download zur Verfügung.
83 Shostack 1987

Übertragung für Theater wurde von Mirco Schäke und Alexander Krohn[84] vorgenommen und im Rahmen der vorliegenden Studie auf Sinfonieorchester angewendet.

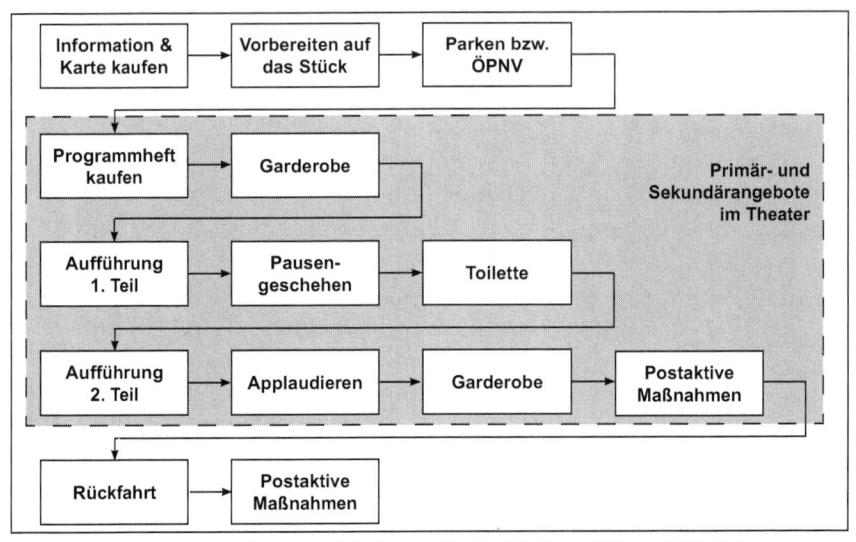

Abbildung 2: Blueprint für Theater und Orchester. Quelle: Schäke und Krohn 2002, S. 9

Um die Servicequalität und die Zufriedenheit der Besucher zu messen, wurden Standardfragen aus dem Katalog von Butzer-Strothmann[85] in den Fragebogen eingepflegt. Aus pragmatischen Gründen wurde im Rahmen dieser Studie auf erprobte und bewährte Fragen zurückgegriffen.

4.2. Der Fragebogen

Der achtseitige Fragebogen[86] enthält auf dem Deckblatt ein Anschreiben an die Konzertbesucher, in dem um die Teilnahme gebeten wird. Die Anonymität bei der Auswertung wird zugesichert, zudem der Hinweis gegeben, dass die Ergebnisse den jeweiligen Orchestern zur Verfügung gestellt werden.

Der erste Fragenblock befasst sich analog zur ursprünglichen Knight-Studie mit den allgemeinen kulturellen Aktivitäten der Konzertbesucher.

---

84   Schäke / Krohn 2002, S. 9
85   Butzer-Strothmann et al. 2001
86   siehe Anhang

Auf einer elfstufigen Skala werden die Besucher gebeten, Auskunft über die Nutzung folgender alternativer Kulturaktivitäten zu geben: Museen oder Galerien, Jazzkonzerte, Theater (Schauspiel), Musicals, Opern, Ballett und klassische Konzerte. Zudem wird abgefragt, welche dieser Angebote in den letzten zwölf Monaten wahrgenommen wurden. Zusätzlich wird erhoben, wie häufig klassische Konzerte in den letzten zwölf Monaten besucht und wie viele kulturelle Aktivitäten insgesamt wahrgenommen wurden. Auch das ehrenamtliche Engagement der Besucher ist Gegenstand der Befragung.

Die absoluten Besuchshäufigkeiten, die im Fragebogen erfasst werden, geben aber noch keine Auskunft über potenzielle weitere Besuche. Daher wird zusätzlich erfragt, ob die Besucher Live-Aufführungen gerne häufiger besuchen würden und was sie gegebenenfalls daran hindert. Neben der ungestützten Frage nach Barrieren für eine häufigere Kulturnutzung enthält der Fragebogen auch einen Block mit 13 Items, die zu häufigerem Konzertbesuch anregen könnten und so im Umkehrschluss auf Barrieren schließen lassen.

Der nächste Abschnitt im Fragebogen befasst sich mit dem Verhalten der Konzertbesucher. Darin wird gefragt, wer im Haushalt die Entscheidung über kulturelle Aktivitäten fällt, ob der Befragte auch für sein Umfeld kulturelle Aktivitäten mit organisiert, welchen zeitlichen Vorlauf Konzertbesuche haben und was die bevorzugte Art des Kartenerwerbs ist. Darüber hinaus stehen die besten Aufführungstermine innerhalb der Woche zur Disposition.

In einem größeren Block wird die Relevanz unterschiedlicher Einflussfaktoren auf die Kaufentscheidung für ein Konzertticket abgefragt. Die 16 Items wurden aus der Originalstudie übernommen.

Um den Hörerfahrungen der Konzertbesucher auf die Spur zu kommen, werden auch andere Konzerttypen abgefragt. Zudem werden verschiedene Spielstätten auf ihre Nutzung hin überprüft.

Für die Rezeption von Musik spielt Bildung eine entscheidende Rolle.[87] Daher wird explizit die Selbsteinschätzung hinsichtlich des Wissens über klassische Musik sowie das Bedürfnis, mehr über diese Musik zu erfahren, abgefragt. In diesem Zusammenhang wird auch um eine Einschätzung gebeten, ob man sich eher als kritischen, genussvollen oder Nebenbei-Hörer versteht. Ungestützt werden die Teilnehmer der Untersuchung gebeten, maximal drei ihrer Lieblingskomponisten sowie ihr Lieblingsstück zu nennen. Darüber hinaus sollen die Konzertbesucher Auskunft über ihr

---

87 Bourdieu 1982, S. 500ff. und Adorno 1968, S. 178ff.

Medien-Nutzungsverhalten in Hinblick auf klassische Musik (Radio, Tonträger, Internet und Fernsehen) geben. Dabei wird auch die Größe der Tonträgersammlung und die Anzahl der neu erworbenen Tonträger in den letzten zwölf Monaten erfasst.

Der nächste Fragenblock stammt nicht mehr aus der Originalstudie, sondern orientiert sich an dem oben genannten Blueprint. Darin wird zunächst nach den Medien gefragt, die den Konzertbesuch ausgelöst haben. Die Art des Kartenkaufes ist für die Auswertung zusätzlich notwendig, da abweichend von der Originalstudie die Kunden im Freiverkauf und die Abonnenten nicht separat angeschrieben wurden. Die einzelnen Serviceaspekte, die bei einem Konzertbesuch relevant sind, werden mit einem Polaritätsprofil abgefragt. Dabei sollen die Besucher auch die musikalische Qualität der Aufführung bewerten. Um einen Eindruck über das Einzugsgebiet der Orchester zu gewinnen, werden die Entfernung zwischen Wohnort und Aufführungsort sowie die Zeitdauer für die Anreise erfragt. Dabei spielt die Wahl des Verkehrsmittels natürlich eine entscheidende Rolle.

Die soziodemographischen Daten sind in üblichen Kategorien standardisiert, um eine Anschlussfähigkeit der Studie an andere Untersuchungen zu gewährleisten. Sie umfassen das Geburtsjahr, das Geschlecht, die Haushaltsgröße und den Bildungsabschluss. Auch das Beschäftigungsverhältnis, das Nettohaushaltseinkommen und die Staatsangehörigkeit werden erfasst. Um das Einzugsgebiet des jeweiligen Orchesters überprüfen zu können, wird auch die Postleitzahl des Wohnorts abgefragt.

5. Deskriptive Ergebnisse

Die Ergebnisse werden im Folgenden aufbereitet und einer ersten vorsichtigen Deutung unterzogen.

Besuchshäufigkeit
Durchschnittlich besucht der niedersächsische Konzertbesucher knapp zwölfmal im Jahr ein klassisches Sinfoniekonzert. Das sind mehr Konzerte, als ein durchschnittliches Abonnement umfasst. Die Streuung zwischen den einzelnen Konzertorten ist aber beachtlich. Dies hängt nicht zuletzt mit den verfügbaren Angeboten an den jeweiligen Orten zusammen. Besucher, die kein Abonnement abgeschlossen haben (Freiverkauf), kommen etwas seltener. Die Anzahl der Konzertbesuche liegt aber weit über dem Wert, der in den USA für die gesamte Stichprobe erhoben wurde.

	Konzertbesuche pro Jahr	besuchte Kulturveranstaltungen pro Jahr
Braunschweig	12,5	22,8
Göttingen	12,3	22,8
Hannover	10,1	20,5
Lüneburg	9,0	21,0
NDR	13,2	23,7
Oldenburg	10,8	20,7
Osnabrück	9,5	18,3
insgesamt	11,7	21,8
nur Freiverkauf	10,6	20,7
USA (Knight-Studie)	*8,7*	*16,4*

Tabelle 5: Anzahl der Konzert- und Kulturveranstaltungsbesuche im Durchschnitt

Lieblingskomponisten
Im Rahmen der Befragung wurden die Konzertbesucher ungestützt nach ihren drei Lieblingskomponisten gefragt. Einige wenige Teilnehmer gaben mehr an, diese wurden dann auch im Datensatz berücksichtigt. Die

wichtigsten Komponisten waren für die digitale Erfassung vorcodiert. Komponisten, die nur vereinzelt genannt wurden, wurden unter »sonstige« subsumiert. Darunter fallen vor allem Komponisten des Barock und der Renaissance wie Claudio Monteverdi oder Georg Philipp Telemann sowie zeitgenössische Komponisten wie Arvo Pärt oder Karlheinz Stockhausen. Die erfassten Komponisten reichen von Johann Sebastian Bach, Georg Friedrich Händel und Antonio Vivaldi (Barock) über die Komponisten der Wiener Klassik Wolfgang Amadeus Mozart, Joseph Haydn und Ludwig van Beethoven, die der Frühromantik wie Felix Mendelssohn Bartholdy, Franz Schubert und Robert Schumann bis zur Spätromantik Richard Wagners und Richard Strauss'. Es ist wenig überraschend, dass Ludwig van Beethoven von 40,4 % der teilnehmenden Besucher genannt worden ist, gilt er doch als Begründer der konzertanten sinfonischen Musik im romantischen Sinne. Auch die Popularität von Wolfgang Amadeus Mozart, immerhin von 38,3 % der Besucher genannt, erstaunt nicht. Auf dem dritten Rang taucht Johann Sebastian Bach (26,2 %) auf. Da er als Komponist von Orchesterwerken mit Ausnahme der »Brandenburgischen Konzerte« und seiner vier »Ouvertüren« sowie einer Reihe von kleinen Solokonzerten kaum in Erscheinung getreten ist, ist seine Popularität in der Kirchenmusik begründet. Die »Matthäuspassion« und das »Weihnachtsoratorium« dürften in den Hörgewohnheiten der Konzertbesucher nachhaltige Spuren hinterlassen haben.

Auffallend ist, dass die musikalischen Präferenzen der Konzertbesucher in den unterschiedlichen Städten deutlich divergieren. Der musikalische Geschmack eines Publikums, gemessen an den Lieblingskomponisten, ist von Ort zu Ort verschieden und lässt sich als eine Art Fingerabdruck darstellen. Die drei bereits genannten Komponisten liegen zwar in allen Städten ganz vorne, jedoch wechseln sie ihre Rangfolge. Interessant sind vor allem die genannten Komponisten aus der »zweiten Reihe«, die Rückschlüsse auf das musikalische Leben in der Stadt zulassen. Besonders auffällig ist dies in Göttingen, wo Georg Friedrich Händel fast doppelt so häufig genannt wurde wie im Landesdurchschnitt. Die jährlichen Händelfestspiele finden sich in den Antworten der Besucher wieder. Eine ähnliche Besonderheit lässt sich in Lüneburg entdecken: Johann Sebastian Bach wird mit über 50 % am häufigsten genannt. Da Bach von 1700 bis 1702 in Lüneburg weilte, finden jährlich Bachtage statt. Durch die vielen Kantoreien, die das chorsinfonische Werk des Meisters pflegen, hat seine Musik in Lüneburg eine besondere Präsenz. Die Unterschiede zwischen den Städten überraschen, weil der Konzertbesucher in Niedersachsen eine Sammlung mit durchschnittlich 238 Tonträgern besitzt. Zudem hören knapp 30 % täglich klassische Musik im Radio, kumuliert im Monat über 80 %. Trotzdem scheinen regionale Angebote und gewachsene Strukturen die musikalischen Präferenzen der Konzertbesucher zu beeinflussen.[88]

Allgemeine Kulturnutzung
Die Kulturnutzung von Konzertbesuchern in Niedersachsen erstreckt sich nicht nur auf Orchester, es werden auch andere Angebote aktiv wahrgenommen. Dabei sind die einzelnen Sparten höchst unterschiedlich vertreten. Auf der elfpoligen Skala liegt der Mittelwert bei der Begeisterung für Museen und Galerien bei 8,8, die Standardabweichung bei 2,5. Einen deutlichen Kontrast dazu bilden die Jazzkonzerte: Der Mittelwert liegt bei 4,4, der Median bei 3, und die Standardabweichung ist mit 3,5 die größte gemessene. Jazz polarisiert, zumindest in Deutschland. In den USA erreicht Jazz einen Mittelwert von 5,9 bei einer Standardabweichung von 2,9.

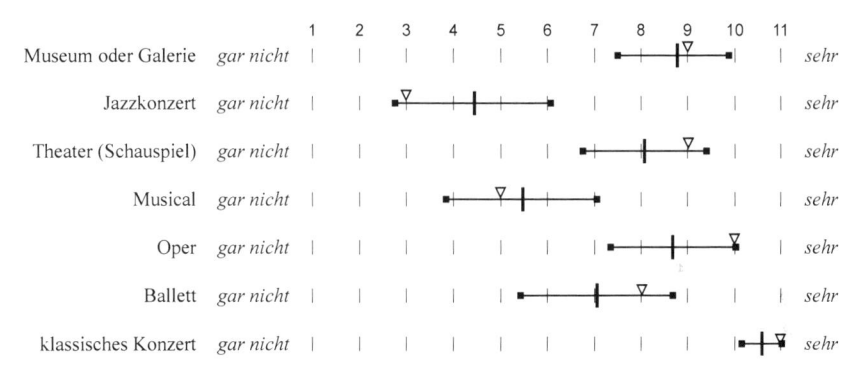

Abbildung 3: Interesse an kulturellen Veranstaltungen nach Sparten

Die übrigen Aktivitäten werden von den niedersächsischen Konzertbesuchern in folgender aufsteigender Präferenzreihenfolge genannt: Musicals, Ballettaufführungen, Theater, Oper und – wenig überraschend – klassische Konzerte mit höchster Zustimmung (Mittelwert 10,6). Das spiegelt sich auch in der tatsächlichen Kulturnutzung wider. Ein Museum oder eine Galerie besuchten in den vergangenen zwölf Monaten 82,2 % der befragten Personen, eine Oper 71,6 %, ins Schauspiel zog es 67,9 %, Ballettaufführungen besuchten 39,0 %, ins Musical gingen 23,9 %, das Schlusslicht bildet schließlich das Jazz-Konzert mit 18,4 %. Das Bild beim

---

88   siehe Kapitel 6.2

amerikanischen Publikum ist ähnlich, allerdings ist dort das Musical beliebter als die Oper.

Einzugsgebiet
Die in der Befragung ermittelten Einzugsgebiete der Orchester deuten auf
eines der grundsätzlichen Probleme in der hiesigen Orchesterlandschaft
hin. Geht man in der Studie aus den USA davon aus, dass 85 % der Besucher in einem Umkreis von 35 Meilen wohnen (das entspricht etwa 56
km), beträgt dieser Wert für Niedersachsen durchschnittlich 25 km und
entspricht auf die Fläche bezogen knapp 20 % des Einzugsgebietes in den
USA. Göttingen und Lüneburg weisen sogar noch wesentlich kleinere
Werte auf. Die Ursache in Göttingen dürfte sein, dass das Orchester mit
vielen Abstechern die Umgebung musikalisch versorgt. Das Orchester
kommt zu seinen Besuchern und erspart diesen eine längere Anfahrt. Für
Lüneburg dürfte gelten, dass, anders als im Bereich des Theaters, das Orchester noch keine eigene überregionale Ausstrahlung entwickeln konnte.
Der Landkreis Uelzen wird mit Gastspielen der Agentur Compact Artist

Orchester	5 %	10 %	25 %	50 %	75 %	85 %	90 %	95 %
Göttingen	1 km	1,2 km	3 km	5 km	10 km	15 km	20 km	32 km
	5 min	7 min	10 min	20 min	30 min	30 min	35 min	45 min
Oldenburg	1 km	2 km	3 km	4 km	14 km	22,6 km	30 km	45 km
	5 min	10 min	13 min	20 min	30 min	30 min	40 min	45 min
Lüneburg	1 km	1 km	2 km	4 km	7 km	11,4 km	19 km	29,5 km
	4 min	8 min	10 min	15 min	20 min	30 min	30 min	32 min
Braunschweig	2 km	2 km	5 km	10 km	15 km	25 km	28,7 km	40 km
	10 min	10 min	15 min	20 min	30 min	30 min	40 min	45 min
Osnabrück	1 km	2 km	3 km	6 km	14 km	25 km	25 km	35 km
	7 min	10 min	15 min	20 min	30 min	30 min	40 min	45 min
NDR	2 km	3 km	5 km	10 km	17 km	25 km	30 km	40 km
	10 min	10 min	15 min	25 min	30 min	35 min	40 min	45 min
Hannover	2 km	3 km	5 km	10 km	20 km	25 km	30 km	43 km
	10 min	14 min	20 min	30 min	40 min	45 min	45 min	60 min
Niedersachsen gesamt	**1 km**	**2 km**	**4 km**	**7 km**	**15 km**	**25 km**	**30 km**	**40 km**
	10 min	**10 min**	**15 min**	**20 min**	**30 min**	**35 min**	**40 min**	**45 min**
USA (Knight-Studie)	*10 min*	*12 min*	*15 min*	*25 min*	*30 min*	*40 min*	*45 min*	*60 min*

Tabelle 6: Einzugsgebiete der niedersächsischen Orchester in Perzentilen

Management versorgt, Besucher aus Winsen und dem übrigen Umland orientieren sich eher nach Hamburg. Die Reichweite der beiden Orchester in Hannover umfasst ziemlich exakt die Region Hannover, schließt aber Gifhorn, Celle und Hildesheim nicht mehr mit ein. Hildesheim ist ohnehin mit einem eigenen Orchester versorgt. Das Braunschweiger Staatsorchester erreicht auch ein Publikum in Wolfenbüttel, Salzgitter und Wolfsburg. Dennoch lässt sich an den Zahlen erkennen, dass die Entfernung zum Aufführungsort eine deutliche Barriere für den Konzertbesuch darstellt. Je dichter die potenziellen Besucher am Aufführungsort wohnen, umso eher nehmen sie die kulturellen Angebote wahr. Eine ähnliche Tendenz lässt sich auch bei den Orchestern in den USA erkennen, wobei der Effekt dort noch wesentlich stärker ausgeprägt ist. Dies ist vor allem angesichts der Bevölkerungsdichte in den Metropolregionen, in denen die in den USA untersuchten Orchester angesiedelt sind, die weit über dem Maßstab liegen, wie er in Niedersachsen vorzufinden ist, aufschlußriech.

Ein anderer Indikator für den Aufwand, den Besucher für den Konzertbesuch betreiben, ist die Zeit für die Anreise. Diese ist selbstverständlich von der Wahl des Verkehrsmittels abhängig. In Niedersachsen braucht die Hälfte der Besucher weniger als 20 Minuten, um zum Aufführungsort zu gelangen. Der Mittelwert liegt bei den 20 Minuten, die Standardabweichung bei 16. Den Wert, den die Knight Foundation für die USA ermittelt hat, liegt bei 25 Minuten, damit nur knapp über den hiesigen Ergebnissen. Es wurde jedoch deutlich, dass insbesondere Autofahrer durch Parkplatzsuche zum frühen Aufbrechen neigen. Daher steigt die Fahrzeit im Vergleich zur Entfernung überproportional an. Die längsten Anfahrtsdauern finden sich beim Staatsorchester Hannover. Aufgrund der kleinen Stichprobe und umfragebedingten Verzerrungen (siehe oben) darf dieser Wert nicht überinterpretiert werden. Am ersten Tag der Befragung konnte das Parkhaus unterhalb der Staatsoper nicht angefahren werden, da die Innenstadt aufgrund einer kulturellen Veranstaltung komplett für den Auto-Verkehr gesperrt war. Somit mussten die Konzertbesucher längere Anfahrtswege und eine aufwändige Parkplatzsuche in Kauf nehmen.

Kulturelles Engagement

Um die Besucher hinsichtlich ihrer Einstellungen besser einschätzen zu können, wurde ausdrücklich nach ihrem kulturellen Engagement, zum Beispiel im Förderverein oder in Form von aktiver Mithilfe bei kulturellen Veranstaltungen gefragt. Über 20 % sind derzeit nach eigenen Angaben aktiv, weitere knappe 10 % waren es in ihrer Vergangenheit. Die Angaben

über die Aktivitäten reichen von aufwändiger Vorstandsarbeit in gemein-
nützigen Organisationen bis zur Übernahme kleiner Ämter (zum Beispiel
Notenwart in lokalen Chören). In den USA waren knapp 44 % zumindest
in der Vergangenheit ehrenamtlich aktiv.

Barrieren
Deutlich mehr als die Hälfte der Befragten gab an, dass sie kulturelle Veranstaltungen gerne häufiger besuchen würde, als sie es bisher tut. 58,5 %
beantworteten die entsprechende Frage mit »ja« (27,0 %) oder »eher ja«
(31,5 %).

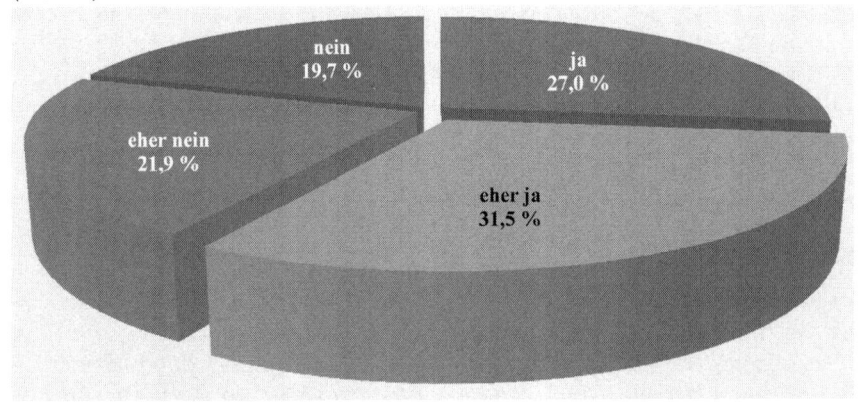

*Abbildung 4: Würden Sie gerne häufiger Aufführungen von Konzerten, Balletten oder
Theaterstücken besuchen, als Sie es jetzt tun?*

Die Antworten auf die offene Frage nach den Gründen wurden manu-
ell ex post nachcodiert. Dabei kristallisierten sich acht Kategorien heraus,
die die wichtigsten Barrieren für weitere Kulturbesuche abbilden. Diese
Kategorien sind nicht immer ganz trennscharf und wurden nach Sinnzu-
sammenhängen gebildet.

Unter der Rubrik *Finanzen* wurden alle Antworten subsummiert, die
Geld betreffen. Dazu gehören Statements wie »hohe Eintrittspreise«, »zu
geringe Rente«, »Geld«, »Kosten« und viele analoge Kommentare.

Sehr weit gefasst ist die Kategorie *Erreichbarkeit.* Die meisten Antworten beziehen sich hierbei auf die Entfernung zu Aufführungsorten oder
das Fehlen von entsprechenden Angeboten in den ländlichen Regionen.
Die Bezeichnung »Kaff« wurde zum Beispiel nicht nur als topographische
Beschreibung gedeutet, sondern sie deutet auch auf das Fehlen von kul-

turellen Angeboten hin.[89] In diese Kategorie fallen aber auch Aussagen zu fehlendem öffentlichen Personennahverkehr oder die nur vereinzelt genannte mangelhafte Parkplatzsituation. Dass unter dieser Kategorie eine gewisse Bandbreite von Antworten subsummiert wurde, ist vor allem deshalb vertretbar, weil diese Arten von Barrieren im standardisierten Teil der Befragung wieder aufgegriffen und wesentlich genauer aufgeschlüsselt werden können.

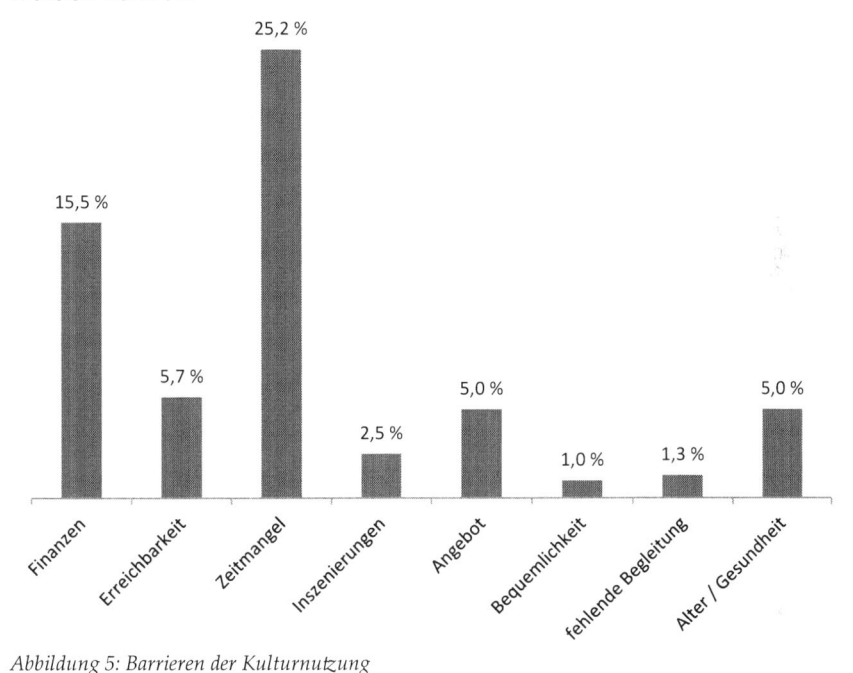

Abbildung 5: Barrieren der Kulturnutzung

Die wichtigste Kategorie – gemessen an der Häufigkeit ihrer Nennung – ist der *Zeitmangel*. Wie die vorhergehende Kategorie schließt sie eine Fülle unterschiedlicher Antworttypen mit ein. Diese Kategorie umfasst nicht nur direkte Aussagen zum Zeitbudget wie »Zeitmangel«, »keine Zeit«, »Rentnerstress« und Ähnlichem, sondern auch alternative Aktivitäten, die das Zeitbudget einschränken wie »Beruf«, »mein Job«, »(Dienst-)Reisen«, »Familienpflichten« sowie die allgemeine oder explizite Nennung von anderen Hobbys (»mein Garten«, »Sport« usw.). Daneben wurden in diese Kategorie auch »Terminüberschneidungen« mit anderen Aktivitäten – auch kultureller Art – aufgenommen.

89   siehe auch Kramer 2005

Alter und Gesundheit sind zunächst in zwei unterschiedlichen Kategorien erfasst worden. Da die Antwort »mein Alter« körperliche Einschränkungen impliziert, die Aktivitäten erschweren, aufwändiger gestalten, die persönlichen Kräfte übersteigen oder schlicht alles etwas langsamer machen, zielen beide Aussageformen in die gleiche Richtung. Explizit andere altersbedingte Einschränkungen wie »zu kleine Rente« oder »mein Partner lebt nicht mehr« sind entsprechend anders eingeordnet worden.

Ausdrücklich wurde nach dem Besuch von allgemeinen kulturellen Veranstaltungen gefragt, nicht nur nach Konzerten. So spiegelt sich die Diskussion um das Regietheater in den Fragebögen wider. »Moderne Inszenierungen«, »Regietheater«, »grauenvolle Bühnenbilder«, »Nackte auf der Bühne« und Weiteres wurden daher zu einer eigenen Kategorie *Inszenierungen* zusammengefasst. In diese Schublade fällt auch der nur vereinzelt genannte Übergang vom klassischen Ballett zum Tanztheater.

Die ebenfalls angeführte Auflösung eines Ballettensembles fällt jedoch in die Kategorie *Angebot*, in die auch andere (fehlende) Angebote fallen, wobei dies sowohl quantitativ verstanden werden muss als auch qualitativ, also inhaltlich nicht den Bedürfnissen der befragten Konzertbesucher entsprechend. »Keine Angebote« ist in der Regel als keine *passenden* Angebote zu verstehen; ein bloßes »Mehr« würde den Bedürfnissen nicht besser gerecht werden.

Nicht nur externe Faktoren bilden eine Barriere für den Besuch einer Kulturveranstaltung. So räumt ein Teil der Besucher »Faulheit«, »persönliche Trägheit« oder »Phlegmatik« ein, was hier als *Bequemlichkeit* kategorisiert wurde.

Die letzte Barriere bildet die *fehlende Begleitung*, wobei in der Regel der Partner genannt wird, der kein Interesse bekundet oder verstorben ist. Ist er aus gesundheitlichen Gründen nicht (mehr) in der Lage, Kulturveranstaltungen zu besuchen, wurde dies zu *Alter / Gesundheit* gerechnet. Auch fehlende Freunde und Bekannte mit kulturellen Interessen wurden als *fehlende Begleitung* interpretiert.

Aufgrund ihrer Verschiedenartigkeit blieben vereinzelte Angaben wie »zu enge Sitze«, »schlechte Luft im Saal«, »mein Hund« oder »fehlende Informationen« unberücksichtigt und werden nicht in einer Kategorie *Sonstiges* vermengt.

	BS	GÖ	H	LG	NDR	OL	OS	ge-samt
n	640	156	241	88	806	541	352	**2844**
ja	25,5 %	35,9 %	28,6 %	26,1 %	21,6 %	30,3 %	31,8 %	**27,0 %**
eher ja	29,5 %	32,1 %	28,6 %	36,4 %	32,5 %	28,8 %	36,9 %	**31,5 %**
Summe	55,0 %	68,0 %	57,2 %	62,5 %	54,1 %	59,1 %	68,7 %	**58,4 %**
Finanzen	15,6 %	16,7 %	13,3 %	18,2 %	17,1 %	13,9 %	15,3 %	**15,5 %**
Erreichbarkeit	5,3 %	0,6 %	5,0 %	11,4 %	4,1 %	7,9 %	6,8 %	**5,5 %**
Zeitmangel	24,1 %	26,3 %	27,4 %	25,0 %	25,4 %	21,8 %	29,5 %	**25,9 %**
Alter / Gesundheit	4,8 %	8,3 %	2,9 %	6,8 %	3,2 %	6,7 %	6,3 %	**5,0 %**
Inszenierungen	1,3 %	3,8 %	2,9 %	0,0 %	2,0 %	4,6 %	2,6 %	**2,5 %**
Angebot	4,1 %	13,5 %	6,6 %	6,8 %	2,2 %	5,4 %	7,1 %	**5,0 %**
Bequemlichkeit	0,6 %	0,6 %	2,1 %	1,1 %	1,2 %	0,4 %	1,4 %	**1,0 %**
fehlende Begleitung	1,3 %	0,6 %	1,7 %	0,0 %	0,9 %	1,3 %	2,0 %	**1,2 %**

Tabelle 7: Barrieren für häufigere Kulturnutzung nach Orchestern

Der im oberen Teil der Tabelle erkennbare Anteil von Personen, die über ihre bisherigen Aktivitäten hinaus Kultur nutzen würden, ist über die untersuchten Standorte ungleich verteilt. Zunächst ist ein Trend erkennbar, dass in den Großstädten (Hannover, Braunschweig) der Bedarf an zusätzlicher Kulturnutzung geringer ausfällt als in kleineren Städten (Lüneburg, Osnabrück). Eine besondere Position nimmt Göttingen ein: Die Stadt verfügt über kein Musiktheater – ein Umstand, der sich in der Bewertung des Angebotes (unterer Teil der Tabelle) deutlich niederschlägt. Die Nähe von Konzert- und Opernbesuch zeigt sich auch an anderer Stelle.[90] Der Unterschied bei der Kategorie *Angebot* zwischen NDR (2,2 %) und Staatsorchester in Hannover (6,6 %) ist auffällig. Randbemerkungen in den Fragebögen deuten darauf hin, dass die ausabonnierten Konzerte beim NDR eine der Ursachen sein könnten. So merkten Teilnehmer der Befragung an, dass sie sich vergeblich um ein Abonnement beim NDR bemühen

---

90   siehe Kapitel 6.2

würden. Besuchern des NDR stehen die Konzerte in der Staatsoper offen, andersherum ist dies nicht der Fall.[91]

An erster Stelle der Barrieren steht unabhängig vom Standort der *Zeitmangel*. Das ist in gewisser Weise überraschend, setzt sich doch das Publikum überwiegend aus Pensionären und Rentnern zusammen. Dies zeigt sich auch daran, dass durchaus nicht das Wochenende der beliebteste Konzerttermin ist, sondern unter der Woche abends mit 37,4 % als bester Zeitpunkt für Konzerte genannt wurde. Der Kulturbesuch konkurriert mit einer Vielzahl anderer Freizeitaktivitäten. Daher wäre zu überlegen, ob die überwiegend am Wochenende stattfindenden Aufführungen der Orchester nicht besser unter der Woche stattfinden sollten.

Die zweitwichtigste Position ist das *Geld*. Für 15,5 % der Befragten stellen finanzielle Restriktionen eine Barriere für den Konzertbesuch dar. Obwohl die Karten in Lüneburg besonders preiswert sind, gab es hier die häufigsten Nennungen.

Das bereits genannte kleine Einzugsgebiet von Göttingen zeigt sich auch bei den Barrieren. Dadurch, dass das Orchester auch in den umliegenden Ortschaften präsent ist, stellt die *Entfernung* keine Barriere dar. Den höchsten Wert weist hier Lüneburg auf, da weitergehende kulturelle Angebote nur in Hamburg oder Hannover und damit außerhalb der üblichen Reichweite zu finden sind. Die größten Städte innerhalb des Samples, also Hannover und Braunschweig, weisen bei ihren drei Orchestern ebenfalls relativ homogene Werte aus.

Ort	Mittelwert	n	Standard-abweichung	Median
Braunschweig	66,7	653	11,84	68
Göttingen	63,9	161	14,77	68
Hannover	60,4	236	16,02	65
Lüneburg	66,8	87	13,99	71
NDR	67,5	801	10,51	69
Oldenburg	67,0	538	13,37	69
Osnabrück	65,9	347	13,83	69
Insgesamt	**66,2**	**2.823**	**12,83**	**69**

Tabelle 8: Durchschnittsalter und Median nach Orchestern Die Unterschiede zwischen den Standorten sind gemäß des ANOVA-Tests (vgl. dazu Kapitel 7.5.) signifikant: F=11,006, α=0,0 %.

---

91 Sicherlich gibt es weitere mögliche Ursachen, die sich aus dem Datenmaterial jedoch nicht entschlüsseln lassen.

Die Lüneburger sind dafür mit den *Inszenierungen* des Theaters besonders zufrieden, auch in Braunschweig haben sich nur wenige Befragte negativ geäußert (1,3 %). Ein relativ hoher Wert findet sich bei Oldenburg mit 4,6 %. Die Qualität von Inszenierungen hat aber für den Konzertbesuch keine weitere Relevanz. Die Häufigkeit der Nennungen insgesamt ist aber ein Indikator dafür, dass im Theater bereits ein tiefgreifender Wandel stattgefunden hat, der das Konzertleben noch nicht erreicht hat.

Alter

In Göttingen wurden *Gesundheit* und *Alter* als Barriere für eine häufigere Nutzung von Kulturangeboten genannt. Dabei weist gerade Göttingen den zweitniedrigsten Wert des Durchschnittsalters der Befragten aus. Nur beim Staatsorchester Hannover ist die Stichprobe[92] im Durchschnitt jünger, zugleich auch der Median. Die Altersverteilung des Publikums gibt Anlass zur Sorge, ist doch die Hälfte der Besucher 69 Jahre und älter. Die ungleiche Verteilung wird aus der nachfolgenden Alterspyramide deutlich.

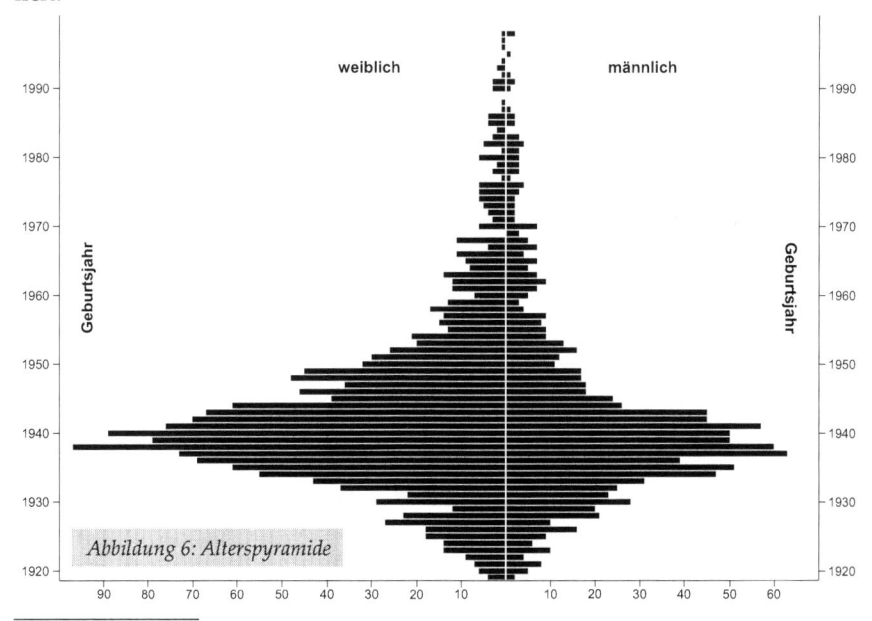

Abbildung 6: Alterspyramide

---

92 Hier könnten sich die Verzerrungen, die bei der Befragung entstanden sind, besonders deutlich niederschlagen. Waren doch gerade ältere Konzertbesucher angesichts des ohrenbetäubenden Lärms der Band vor dem Opernhaus weniger geneigt, einen Fragebogen mit den dazugehörigen Erläuterungen entgegenzunehmen.

Das Alter ist abweichend vom Originalfragebogen über das Geburtsjahr erfasst worden. Der Fragebogen der Knight Foundation hingegen gab sechs Altersgruppen ab 18 Jahren vor. Überführt man das Alter in die entsprechenden Kategorien und vergleicht die beiden Stichproben, so lässt sich deutlich erkennen, dass das Publikum in den USA einen größeren Anteil an jungen Menschen hat.

Entscheidung zum Konzertbesuch
Betrachtet man den Entscheidungsprozess innerhalb der Haushalte, ob eine Veranstaltung besucht wird oder nicht, geben 48 % der Befragten an, diese Entscheidung hauptsächlich selbst zu treffen. 48,5 % geben an, sich an einer gemeinsamen Entscheidung zu beteiligen, lediglich 3,5 % räumen ein, sich lediglich anzuschließen.

Die Daten verschieben sich, wenn man die Singlehaushalte aus der Betrachtung ausblendet. 41,2 % der Befragten sind nun aus eigener Sicht federführend für den Konzertbesuch verantwortlich, während sich 55,2 % an einer gemeinsamen Entscheidung beteiligen. Die Mitläufer machen weiterhin 3,6 % der Stichprobe aus. Es lässt sich jedoch eine ungleiche Verteilung zwischen den Geschlechtern wahrnehmen. Während von den Frauen 46,2 % die Entscheidung für einen Kulturbesuch für sich reklamierten, nahmen dies nur 35 % der Männer für sich in Anspruch. 4,8 % der Männer gaben an, sich der Entscheidung der Partnerin anzuschließen, 60,1 % der Männer meinten, sich an der gemeinsamen Entscheidung betei-

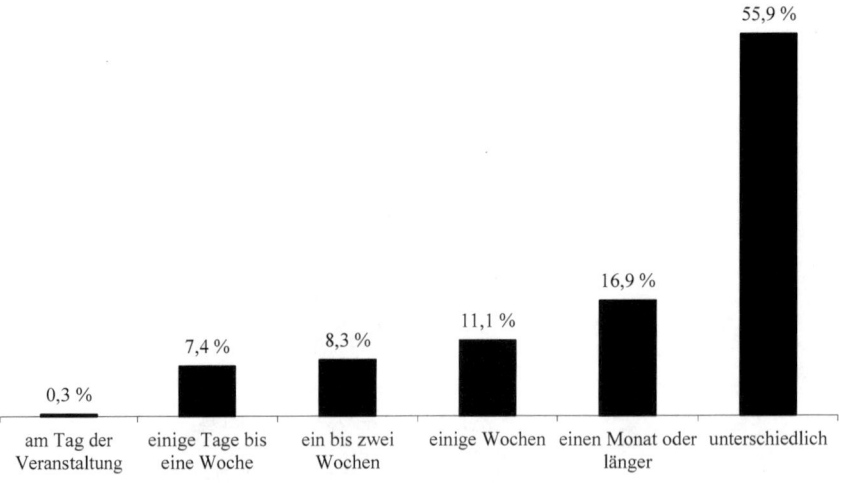

Abbildung 7: Vorausplanung von Kulturbesuchen (nur Freiverkäufe)

ligt zu haben, bei den Frauen beträgt dieser Anteil nur 51,1 %. Es sind also eher die Frauen, die in Partnerschaften und Familien die Entscheidung für oder gegen die kulturellen Aktivitäten treffen.

Die Entscheidungen werden tendenziell längerfristig getroffen. 16,9 % der Besucher gaben an, einen Monat oder länger im Voraus die Karte zu erwerben. Fast 56 % mochten sich jedoch nicht auf einen Zeitraum festlegen. Diese Angaben gelten natürlich nur für die Freiverkäufe; nicht berücksichtigt wurden Abonnenten und Personen, die ihre Karte geschenkt bekommen haben.

Trotz des hohen Durchschnittsalters der Konzertbesucher gaben immerhin knapp 40 % der Besucher an, schon einmal Konzertkarten im Internet erworben zu haben.

Informationsquellen

	Zeitung	Plakat	Leporello	Jahresübersicht	Rundfunk	Internet	Freunde / Bekannte	Familie	Abo
Braunschweig	11,9 %	4,4 %	11,1 %	22,7 %	0,3 %	1,8 %	7,1 %	4,1 %	66,8 %
Göttingen	11,7 %	8,0 %	1,2 %	17,2 %	0,6 %	2,5 %	9,2 %	4,3 %	69,3 %
Hannover	10,0 %	3,6 %	11,6 %	18,5 %	1,2 %	4,8 %	11,6 %	4,0 %	54,6 %
Lüneburg	24,7 %	6,5 %	18,3 %	21,5 %	1,1 %	2,2 %	12,9 %	1,1 %	49,5 %
NDR	4,5 %	1,2 %	1,8 %	7,7 %	3,6 %	0,8 %	11,7 %	3,1 %	81,4 %
Oldenburg	15,1 %	0,5 %	12,9 %	18,1 %	0,5 %	2,2 %	9,3 %	3,9 %	63,9 %
Osnabrück	12,3 %	1,1 %	6,4 %	18,4 %	0,8 %	0,5 %	8,8 %	4,8 %	65,2 %
gesamt	**10,7 %**	**2,5 %**	**8,0 %**	**16,3 %**	**1,5 %**	**1,7 %**	**9,7 %**	**3,8 %**	**68,7 %**

Tabelle 9: Informationsquellen für den Konzertbesuch nach Orchestern

Auf die Frage, wie sie auf das Konzert aufmerksam geworden sind, gab eine deutliche Mehrheit von 68,7 % an, dass sie über das bestehende Abonnement auf das Konzert aufmerksam geworden ist. Beim NDR, der auch den höchsten Anteil an Abonnenten hat, liegt dieser Wert mit 81,4 % noch deutlich darüber. An zweiter Stelle steht die Jahresübersicht, die den Abonnenten zu Beginn einer Spielzeit zugeschickt wird und die bei allen untersuchten Orchestern auslag. Beim NDR lag dieser Wert bei 7,7 %, im Durchschnitt jedoch bei 16,3 %. Weshalb die Jahresübersicht beim NDR so selten genannt wurde, kann hier nicht geklärt werden. Beim Monatsleporello ist die Sache hingegen eindeutiger: Dieser ist das traditionelle Medium von Theatern, sodass er in Göttingen und beim NDR nur sehr vereinzelt genannt wurde. Wichtiger noch sind aber die Zeitungen mit ihren Konzertankündigungen. Insbesondere die Landeszeitung in Lüneburg, die von fast einem Viertel der Besucher genannt wurde, sticht deutlich hervor. Durchschnittlich 10,7 % gaben an, das Konzert in der Vorberichterstattung der Zeitung entdeckt zu haben. Bei den anderen abgefragten Medien zeigt sich, dass der NDR am meisten von allen Orchestern vom Rundfunkprogramm profitiert, das schließlich aus dem gleichen Hause stammt. Ob das in der Stichprobe jüngere Publikum des Staatsorchesters Hannover der Grund dafür ist, dass das Internet hier überproportional häufig genannt wird, bleibt Spekulation. Als weitere Informationsquelle werden von 9,7 % der Befragten Freunde und Bekannte genannt, die noch wichtiger als die Familie (3,8 %) sind.

Motivatoren
Ausführlich ging die US-amerikanische Studie auf die Motivation für den Konzertbesuch ein. Analog wurden für Niedersachsen die gleichen Items erfragt.

Auffällig und vielleicht auch besorgniserregend ist, dass mehr als die Hälfte der Befragten auf einer elfpoligen Skala angab, dass es für die Entscheidung zum Kulturbesuch gar keine Rolle spielt, ob es sich dabei um eine Aktivität für die ganze Familie handelt oder nicht (Median = 1). Das bestätigt, dass in der Stichprobe kaum Familien enthalten sind. So wird der Habitus des Konzertbesuches kaum an die heranwachsende Generation weitergegeben. Den gleichen Wert (ebenfalls Median = 1) erreichte nur die Sorge um die persönliche Sicherheit, was eindeutig positiv zu beurteilen ist.[93] Angst hat beim Konzertbesuch kaum jemand. Besonders wichtig sind das Repertoire und die Erwartung einer qualitativ hochwertigen Aufführung. Bei diesen Aspekten liegt der Median bei 10 beziehungsweise sogar bei 11. Auch Gastkünstler oder Solisten spielen eine große Rolle. Im Mittelfeld liegt der Kartenpreis, was hinsichtlich der früher getroffenen Aussagen für einige Überraschung sorgt. Der Kunde scheint doch preissensibler, als in der Literatur angenommen.[94] Ebenfalls im Mittelfeld bewegten sich Tag und Uhrzeit der Veranstaltung. Damit kristallisiert sich eine weitere Stellschraube für die erfolgreiche Aufrechterhaltung des Konzertbetriebes heraus. Die Möglichkeit zur Rückgabe von Eintrittskarten wird zwar noch als Kriterium für einen häufigeren Konzertbesuch wahrgenommen, dieser Punkt verliert aber gegenüber den anderen an Bedeutung. Es drängt sich

---

93 Bei der Untersuchung der Knight Foundation lag der Median bei dieser Frage bei 6 [!].
94 Zur Preiselastizität bei Konzerten siehe Hamann 2004, S. 343 und Giller 1995, S. 126ff.

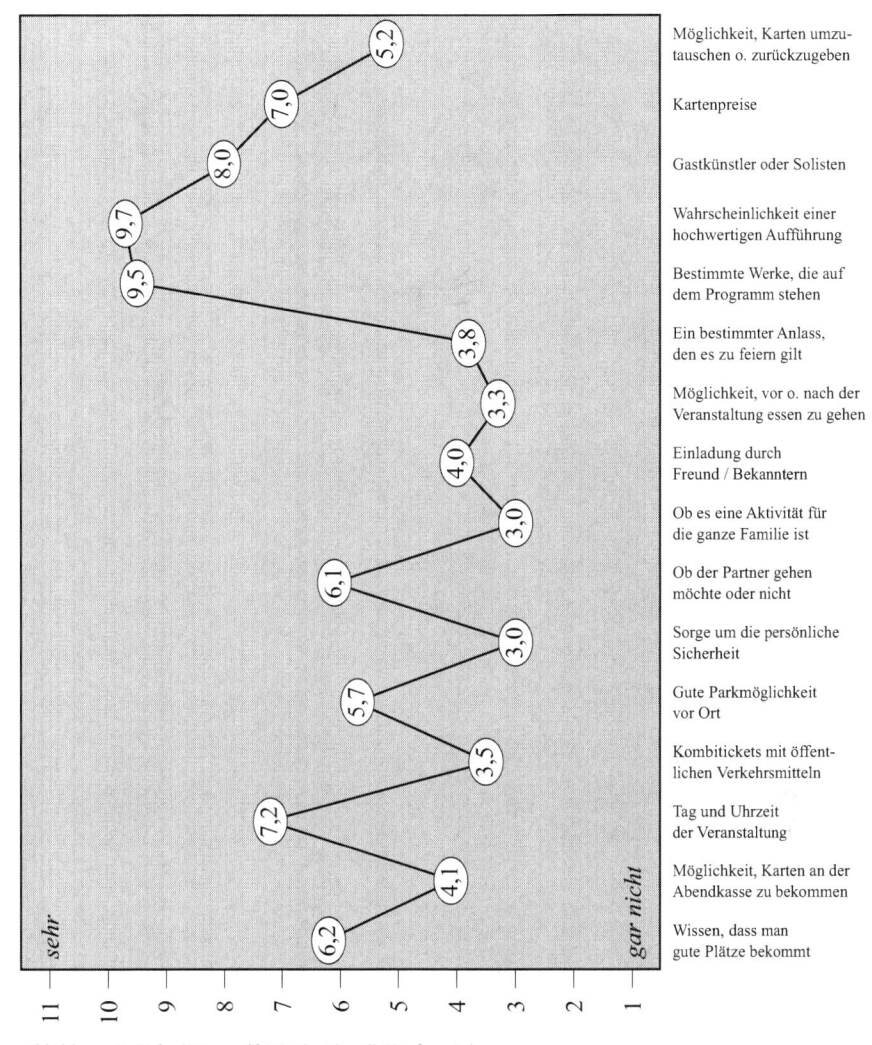

Abbildung 8: Polaritätsprofil Motivation (Mittelwerte)

zudem ein Argument auf, das in der Literatur bisher nicht bedacht worden ist: Immerhin gaben 6 % der Besucher an, ihre Karte geschenkt bekommen zu haben. Dies dürften vor allem Abonnements sein, die von ihren Inhabern selbst nicht wahrgenommen werden konnten. Das Verschenken von

Karten unterstreicht den sozialen Charakter, den ein Konzertbesuch hat, selbst wenn man die Veranstaltung selbst nicht wahrnimmt. Zwar gaben 50 % der Besucher an, Gastronomie im Konzerthaus genutzt zu haben, für den Besuch selber ist sie aber nicht entscheidend. So wird die Gastronomie zwar gerne genutzt, eine Verbesserung des Angebotes würde die Besuchshäufigkeit aber kaum erhöhen. Auch bei den Parkmöglichkeiten ist das Ergebnis relativ eindeutig: Für die Autofahrer spielen Parkmöglichkeiten eine sehr wichtige Rolle, für die anderen ist es nicht so entscheidend. Trotzdem ließen sich auch viele Autofahrer nicht von der Parkplatzsituation leiten. Das Wissen um gute Platzverfügbarkeit im Saal ist dagegen schon ein Kriterium, das die Entscheidung beeinflusst. Sicherlich auch deshalb leistet sich das Staatstheater Oldenburg drei Sinfoniekonzerte in Folge, da in dem historischen Bau manche Plätze Sichteinschränkungen haben und unter den Balkonen die Akustik unbefriedigend ist.[95]

Andere Konzertbesuche

	noch nie	nicht	einmal	mehrmals
Pop-Konzert eines Sinfonieorchesters	31,7 %	51,1 %	14,3 %	2,9 %
Klassisches Sinfoniekonzert	0,1 %	0,3 %	2,4 %	97,2 %
Kammerkonzert	3,0 %	24,5 %	27,9 %	44,7 %
Klavierabend	3,4 %	44,2 %	27,9 %	24,4 %
Liederabend	6,6 %	54,7 %	24,3 %	14,4 %
Orgelkonzert	3,7 %	35,6 %	31,4 %	29,2 %
Sonstiger Soloabend	2,8 %	44,7 %	27,5 %	25,1 %
Chorsinfonik	2,7 %	27,2 %	37,9 %	32,2 %
A-Capella-Konzert	4,1 %	44,3 %	29,3 %	22,3 %
Sinfonisches Laienkonzert	5,5 %	53,3 %	26,8 %	14,4 %
Konzerte an Fest- und Feiertagen	5,4 %	58,2 %	23,6 %	12,8 %
Kinder- / Familienkonzerte	8,5 %	72,3 %	12,9 %	6,3 %

Tabelle 10: Besuch von Konzertformaten in den letzten zwölf Monaten (gültige Prozente)

Um einen Eindruck davon zu bekommen, welche anderen Musikformen die Konzertbesucher interessieren, wurde nach den Konzertbesuchen der vergangenen zwölf Monate gefragt. Popularkonzerte von klassischen Symphonieorchestern, wie sie zum Beispiel von der NDR Radiophilhar-

---

95 Das Staatstheater Oldenburg wurde in der Spielzeit 2010/11 generalsaniert. Dabei wurde auch die Akkustik wesentlich verbessert.

monie angeboten werden, haben 17,2 % der Befragten besucht. Darunter fallen Konzerte, in denen Filmmusik oder Popularmusik sinfonisch dargeboten wird. Für 82,8 % der befragten Besucher ist dies allerdings kein relevantes Angebot. Beim klassischen Konzert gaben nur 2,4 % der Besucher an, lediglich ein anderes Konzert besucht zu haben. 97,2 % haben zwei oder mehr klassische Konzerte im Jahr besucht. Das gilt auch für die Nichtabonnenten. Bei Kammerkonzerten sieht das Bild schon anders aus. 44,7 % besuchten mehrere Konzerte, 27,9 % eines und 27,5 % keines. Der Klavierabend ist noch unbeliebter. Lediglich ein Viertel der Befragten hat mehr als einen besucht. Beim Liederabend schrumpft die Anzahl der Mehrfachnutzer auf 14,4 %. Das Orgelkonzert hingegen ist mit 29,2 % Mehrfachnutzungen und 31,4 % einfach deutlich beliebter. Der Soloabend eines Sängers oder Instrumentalisten wurde von 52,6 % einmal oder mehrfach besucht. Oratorienkonzerte, das heißt Konzerte mit chorsinfonischen Werken, wurden von 32,2 % mehrfach, von 37,9 % einmal besucht. Laienorchester wurden von 58,8 % gar nicht besucht und von 14,4 % mehrfach. Ein Viertel der Befragten besuchte eine spezielle Aufführung an Fest- und Feiertagen, 12,8 % taten dies sogar mehrfach. Angesichts der Altersstruktur innerhalb der Besucher ist es nicht verwunderlich, dass Kinder- und Familienkonzerte kaum Anklang fanden. 80,8 % gaben an, keines besucht zu haben.

Interessant sind auch die Aufführungsorte, an denen die Konzerte besucht wurden. Konzerthaus oder Stadthalle wurden dabei mit 80,6 % am häufigsten angegeben. Kirchen und Theater wurden beide von 66,5 % der Besucher genannt. Freilichtkonzerte tauchten mit 11,3 % auf, gefolgt von Schulen oder Sporthallen mit 9,4 %. Bemerkenswert ist, dass auch das Hauskonzert mit 8,4 % Nennungen noch nicht ausgestorben ist.

Die jeweilige lokale Kultur spiegelt sich auch bei den Konzertbesuchen wider. So gibt es zwischen den Orchestern erhebliche Unterschiede, welche anderen Konzertformate die Besucher nutzen. Auffällig ist, dass Lüneburg bei fast allen Kategorien den höchsten Anteil an Mehrfachbesuchern aufweist, während es beim Staatsorchester Hannover der niedrigste ist. Das gilt für Kammerkonzerte, Orgelkonzerte sowie Oratorien und A-Capella-Programme. Die Unterschiede sind dabei gravierend. Beim Liederabend und beim Klavierabend ist das Bild ausgewogener, allerdings zeigen die Besucher der Sinfoniekonzerte in Osnabrück deutlich weniger Interesse, als an allen anderen Standorten. Lüneburg weist bei den unterschiedlichen Konzertformaten durchgängig Werte über dem Durchschnitt auf; das dürfte auf das vergleichsweise geringe Angebot an sinfonischen

Konzerten zurückzuführen sein. Die Kirchenmusik (Oratorien, A-Capella und Orgel) kann damit als Substitut für Sinfoniekonzerte verstanden werden.

Anreize für häufigere Konzertbesuche
Häufigere Einladungen würden nicht zu mehr Konzertbesuchen führen. Hingegen ist der Kartenpreis ein vergleichsweise wichtiges Kriterium, das die Besucher veranlassen könnte, ins Konzert zu gehen. Besonders wenn die Karten am Tag des Konzertes nur noch die Hälfte kosten würden, könnte dies einen Teil der Besucher zum Spontankonzertbesuch verlokken. Eine ähnlich hohe Zustimmung erntete die Frage nach der Relevanz der Bekanntheit der Orchesterwerke – je bekannter die Werke, umso eher sind die Besucher bereit, zusätzliche Konzerte zu besuchen. Die Mitfahrgelegenheit in einem Auto spielt jedoch keine Rolle. Genauso wenig schrecken die Besucher vor der Konzertlänge zurück. Dass es Restkarten an der Abendkasse gibt, ist nicht an allen Standorten selbstverständlich. Erwartungsgemäß liegt der Wert mit 2,9 beim NDR besonders hoch, sind doch deren Konzerte regelmäßig ausverkauft, da fast alle Plätze durch Abonnenten dauerhaft belegt sind, während Braunschweig mit 1,9 den geringsten Wert ausweist. Etwa auf gleichem Niveau liegen auch der Zeitpunkt der Aufführung, die künstlerische Qualität der Aufführung und die Möglichkeit des Online-Erwerbs von Karten. Die Möglichkeit zum Umtausch, also die Chance, die Entscheidung zum Konzertbesuch zu revidieren, weist einen fast so hohen Wert wie die beiden Items zum Thema »Preis« aus. Dort könnte ein Zusammenhang bestehen, da es bei hohen Kartenpreisen besonders ärgerlich ist, wenn man diese bei beruflicher oder privater Verhinderung nicht zurückgeben kann. Die verstärkte Möglichkeit zur Pflege sozialer Kontakte im Rahmen des Konzertes ist aus Sicht der Befragten kein wesentlicher Anreiz, häufiger ins Konzert zu gehen. Entweder findet die Pflege sozialer Kontakte vor und nach dem Konzert im privaten Rahmen statt oder die Zeiten vor dem Konzert und in der Pause werden als ausreichend empfunden. Angesichts der bereits beschriebenen Parkplatzsituation bei fast allen Spielstätten, kommen die Konzertbesucher vergleichsweise pünktlich zur Aufführung und haben so genügend Zeit, mit Freunden und Bekannten zu plaudern. Mehr Zustimmung erhielt die Frage nach einer Moderation von Konzerten, ein grundsätzliches Bedürfnis der Konzertbesucher lässt sich daraus aber nicht ableiten. Bei allen abgefragten Items liegt der Durchschnittswert unter 3,5 und damit im Bereich »weniger« bis »gar nicht«. Die genannten Instrumente, einschließlich

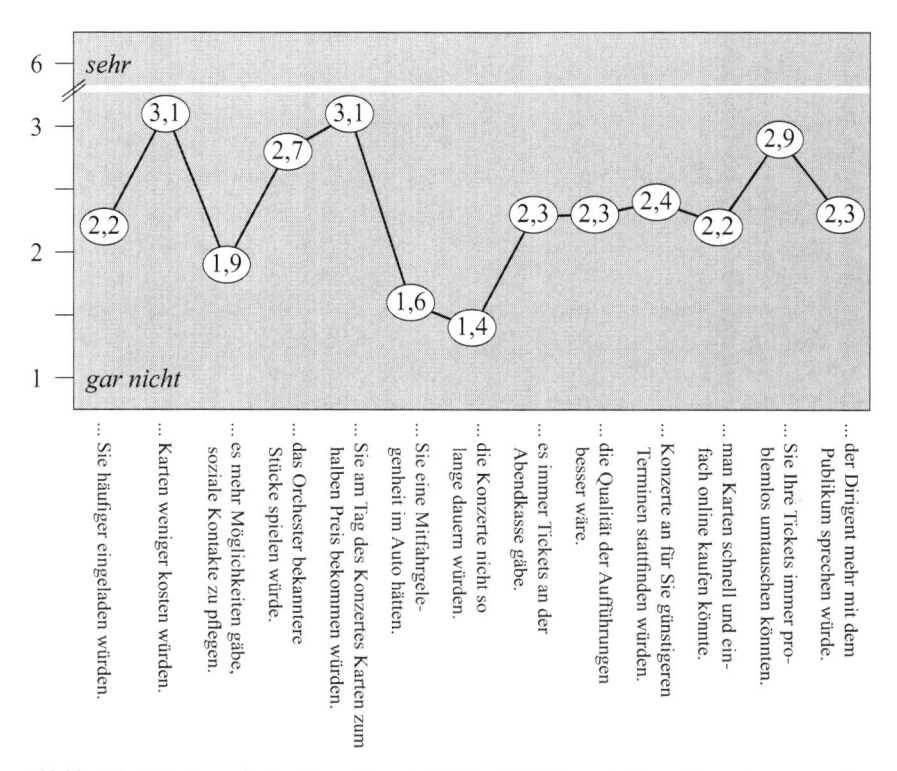

Abbildung 9: Motivatoren für den Konzertbesuch (Würden Sie häufiger ein Konzert besuchen, wenn ...)

der Moderation, würden die vorhandenen Besuchergruppen kaum zu zusätzlichen Konzertbesuchen motivieren.

Mediale Musiknutzung

35,7 % der Befragten gaben an, (fast) täglich klassische Musik im Radio zu hören. Weitere 14,6 % tun dies immerhin wöchentlich, 31 % mehrmals im Monat. Somit lassen sich über 80 % der Konzertbesucher als regelmäßige Hörer klassischer Radioprogramme identifizieren. Bei Tonträgern ist die Verteilung etwas anders: Immerhin 42,7 % geben an, mehrmals im Monat Tonträger zu hören, 23,7 % mehrmals pro Woche und 10,7 % täglich. Das Internet spielt praktisch keine Rolle, hingegen hören 60,6 % wenigstens mehrmals im Jahr klassische Musik im Fernsehen oder auf Video bzw. DVD. 90,8 % hören klassische Musik in den eigenen vier Wänden, fast 50 % auch bei Autofahrten.

Anfahrt
Zum Konzert kommen die meisten Besucher mit dem Auto (60,5 %). Öffentliche Verkehrsmittel, das Fahrrad und das Zufußgehen sind etwa gleich häufig genannt worden. Die Tendenz dürfte im Winter noch stärker zu Gunsten des Autos ausfallen. Bei allen Konzerten, bei denen die Untersuchung durchgeführt wurde, herrschten angenehme frühlingshafte Wetterbedingungen. Die Parkplatzsituation ist somit für alle Konzertveranstalter ein dringliches Problem, da mit steigendem Alter des Publikums und damit verbundener zunehmender Gebrechlichkeit die Fokussierung auf das Auto noch stärker werden wird. Fast alle Konzertbesucher starten von zuhause aus.

Das Konzert ist eine soziale Veranstaltung. Über 50 % der Besucher kommen mit ihrem Partner, weitere 30 % mit Freunden oder Bekannten. Nur 15 % besuchen das Konzert alleine.

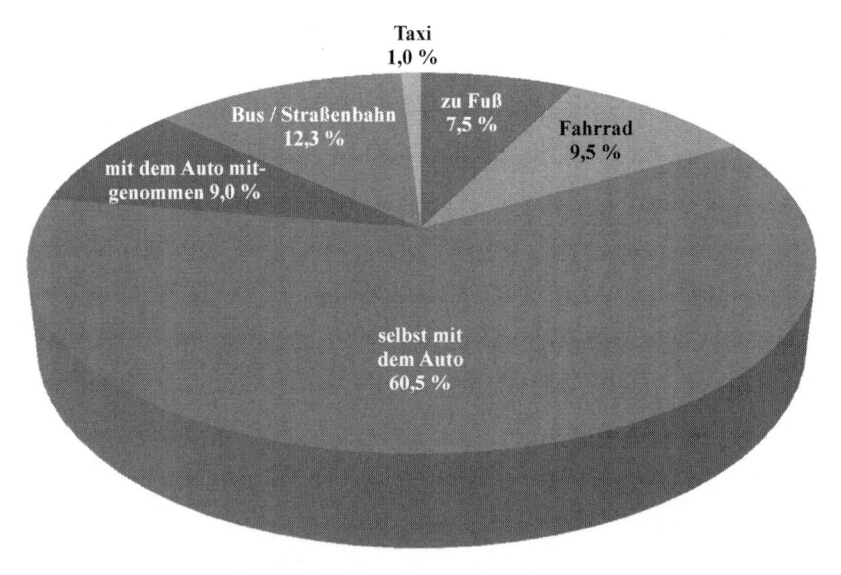

Abbildung 10: Verkehrsmittel zum Konzertbesuch

Beurteilung des jeweiligen Konzertes
Das bevorzugte Verkehrsmittel spiegelt sich auch in der Beurteilung des Konzerterlebnisses wider: So haben 2.117 Teilnehmer die Parkplatzsituation bewertet, aber nur 1.780 sich zu den öffentlichen Verkehrsmitteln geäußert. Bei der Beurteilung haben diese Items die schwächsten

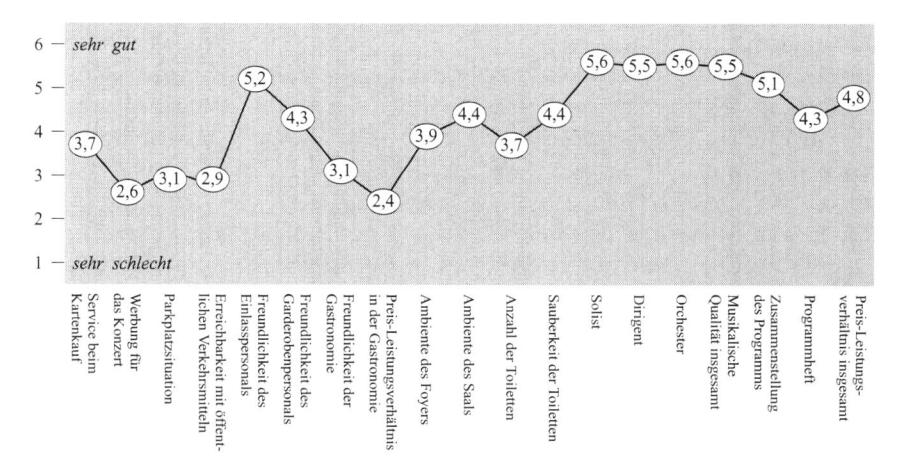

Abbildung 11: *Qualitätsbewertung durch die Besucher. Die im Text genannten »Schulnoten« sind entsprechend umgerechnet.*

Einzelausprägungen in der Gesamtbewertung und könnten mit »befriedigend« übersetzt werden. Sehr gut wurde das Konzerterlebnis insgesamt bewertet, ebenso die Freundlichkeit des Einlasspersonals, die des Garderobenpersonals und – mit leichten Abstrichen – auch die Freundlichkeit des Gastronomiepersonals. Das Ambiente des Foyers erreichte als Mittelwert lediglich eine »3«, wenn man in Schulnoten spricht. Der Saal wurde mit einer ganzen Note besser bewertet. Bei der musikalischen Qualität herrschte große Einigkeit: Solist, Dirigent und Orchester erhielten jeweils Spitzenwerte (Schulnote »1«) bei sehr geringer Standardabweichung. Die Zusammenstellung des musikalischen Programms erhielt die Gesamtnote »2«, wobei das keine Rückschlüsse auf die tatsächlichen Wünsche der Besucher zulässt. Das Programmheft wurde ebenfalls mit »2« bewertet, wobei dies in Umfang und Gestaltungen bei den einzelnen Konzerten extrem unterschiedlich war. Die Bandbreite reichte von aufwändigen Heften mit ausführlichen Informationen, die kostenpflichtig am Einlass zu erhalten waren, bis hin zu kopierten Handzetteln, auf denen nur wenige Sätze an Hintergrund zu den gespielten Werken enthalten waren.

94,5 % der Konzertbesucher würden das Konzert weiterempfehlen, nur 1,5 % sprachen sich dagegen aus, 4 % waren unentschlossen. Am Rückhalt des bestehenden Publikums kann es also nicht liegen, dass die Besucherzahlen schleichend abschmelzen. Der Grund liegt sicherlich an einer anderen Stelle: Orchester und Konzertbesucher haben sich auf einen musikalischen Weg gemacht und aus Erfahrungen und Erlebnisse gemeinsame Geschmacksvorstellungen entwickelt. Je intensiver die Bindung zwischen Publikum und Orchester ist, desto schwieriger wird es für Neueinsteiger, in diese »geschlossene Gesellschaft« hineinzukommen. Wer nicht von klein auf mit dem klassischen Konzertwesen sozialisiert ist, tut sich schwer, die ungeschriebenen Gesetze und Regularien zu akzeptieren. Sicherlich kommt auch das Engagement für die zeitgenössische Musik erschwerend hinzu. Ein Publikum, das über Jahre Erfahrungen mit »schrägen Tönen« sammeln konnte, tut sich leichter, sich mit entsprechenden Programmangeboten auseinanderzusetzen, als dies für Erstbesucher möglich ist. Insbesondere die postmoderne Musik ist vor einem Hintergrund klassisch-romantischer Musikbildung leichter zu deuten und zu interpretieren. Dazu bedarf es aber entsprechender Hörerfahrung. Musik der Avantgarde, die sich jeder Tonalität verweigert, vergrößert die Barriere für den Neueintritt in das Konzertleben auf Seiten der Besucher noch zusätzlich.

Verleich zu den USA

Die Ergebnisse der Befragung weisen einige Unterschiede zu den Daten der Originalstudie aus den USA auf. Insbesondere das Einzugsgebiet der Orchester ist dort deutlich größer; zudem bieten auch die Konzertsäle wesentlich mehr Plätze, sind also, aus wirtschaftlicher Sicht betrachtet, effizienter zu bespielen. Das Publikum ist insgesamt deutlich jünger, nutzt kulturelle Angebote aber im Durchschnitt seltener. Kulturelle Aktivitäten werden zwar als wichtig empfunden, aber nicht in der Deutlichkeit, wie es sich bei der niedersächsischen Befragung gezeigt hat. Die kulturelle Dichte und das umfassende Angebot, das in den niedersächsischen Städten vorgehalten wird, haben ihre Spuren bei den Konzertbesuchern hinterlassen. So ist der Wunsch nach häufigeren Kulturbesuchen in den USA viel stärker ausgeprägt (77,6 %) als hierzulande (58,5 %). Die Befragung zeigt auch, dass ehrenamtliches Engagement in den USA weiter verbreitet ist, als in Niedersachsen. Dafür schätzen sich die Norddeutschen als kenntnisreicher in Sachen Musik ein als die nordamerikanischen Konzertbesucher. Das Publikum zeigt sich in den USA insgesamt jünger und bunter, in Niedersachsen homogener und – zumindest was Kultur angeht – aktiver.

6. Orchestertypen

Die auffällige musikalische Präferenzbildung beim Publikum der untersuchten Orchester, festgemacht an den Lieblingskomponisten, gestattet einen genaueren Blick auf die Daten. Sowohl die Orchester als auch die Komponisten sind kategoriale Daten, die nur mit wenigen multivariaten Analyseinstrumenten bearbeitet werden können. Die Korrespondenzanalyse ist ein solches Instrument, um Strukturen zwischen kategorialen Variablen aufzuspüren und zu analysieren. Sie zählt zu den multivariaten Analysemethoden und ist ähnlich der multidimensionalen Skalierung angelegt. Sie wurde insbesondere durch die soziologischen Analysen von Pierre Bourdieu bekannt. Die mathematischen Grundlagen stammen aber bereits aus dem Jahr 1935. Sie wurden gleichzeitig von dem Mathematiker H. O. Hirschfeld und dem Psychologen P. Horst entwickelt. In Deutschland gilt sie als vernachlässigtes Verfahren.[96] Für die Praxis haben sich Werke von Michael Greenacer und Jörg Blasius durchgesetzt.[97] Die Korrespondenzanalyse ist ein Verfahren zur Visualisierung von Datenstrukturen. Sie dient damit der Vereinfachung und Veranschaulichung komplexer Sachverhalte.[98] Die Daten müssen dazu in einer Kreuztabelle angelegt werden. Im vorliegenden Falle werden die Komponisten mit mehr als zehn Nennungen mit den Orchestern gekreuzt. Sie werden anschließend graphisch in einem gemeinsamen Raum (joint space) dargestellt. Klaus Backhaus gibt für eine Korrespondenzanalyse fünf Schritte vor.[99]

(1) Zur Vorbereitung muss aus dem Datensatz die entsprechende Kreuztabelle generiert werden. Über χ^2 wird die Streuung der Variablen, also das Abweichen der tatsächlichen Häufigkeiten von den erwarteten, ermittelt.

---

96 Backhaus / Meyer 1988, S. 295
97 Greenacre / Blasius 1994 und Blasius 2001
98 Backhaus / Meyer 1988, S. 295f.
99 Backhaus 2003, S. 678

(2) Anschließend werden die Daten standardisiert. Dabei werden die *absoluten* Häufigkeiten in *relative* Häufigkeiten (proportions) transferiert. Dazu werden die einzelnen Werte durch die Gesamthäufigkeit dividiert.

(3) Die Anzahl der Dimensionen, in denen die Kreuztabelle korrekt abgebildet werden kann, ergibt sich aus deren Größe. Im Hinblick auf die Anschaulichkeit wird in der Regel eine zweidimensionale Lösung angestrebt. Das ist zwar nicht ohne Informationsverlust möglich, doch die Korrespondenzanalyse ermöglicht es, diesen Fehler zu minimieren. Das Hilfsmittel hierfür ist die Singulärwertzerlegung.

(4) Mittels einer *Normalisierung* (Reskalierung) werden aus der Kreuztabelle Koordinaten für die graphische Darstellung errechnet.

(5) Als letztes ist eine Interpretation der Daten zu leisten.

Für die vorliegende Berechnung wurde das französische Programm SPAD (Version 7.0) des Herstellers Coheris verwendet.

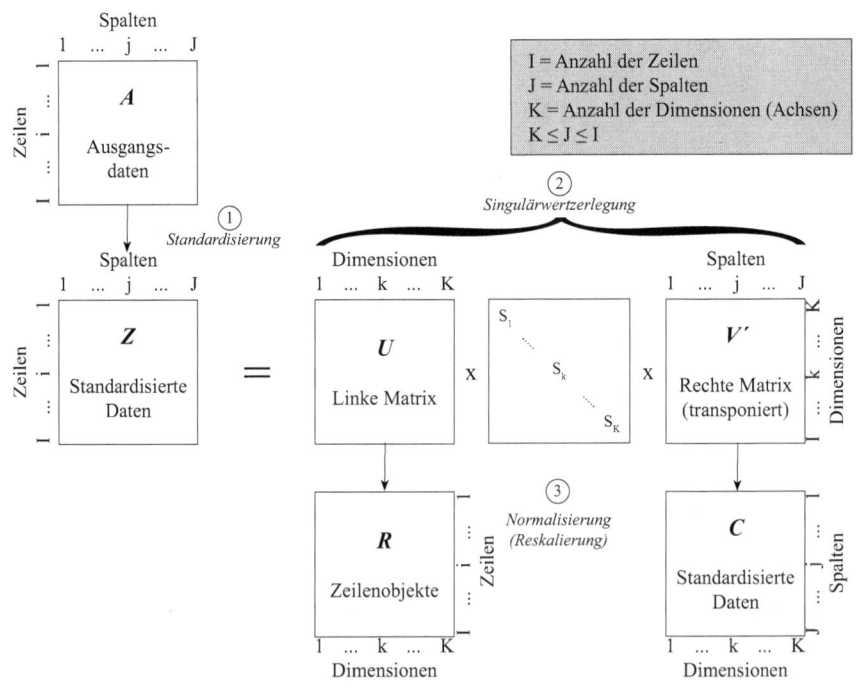

Abbildung 12: Ablauf der Korrespondenzanalyse. Quelle: Backhaus 2003, S. 701

Eine Korrespondenzanalyse zwischen den Orchestern und den jeweils vom Publikum genannten Lieblingskomponisten zeigt drei Cluster *(Abbildung 13)*. Den ersten bilden die beiden allein sinfonisch wirkenden Orchester Göttingen und NDR. In ihrem Umfeld befinden sich überwiegend die Komponisten, die vornehmlich durch sinfonisches Repertoire bekannt geworden sind. Dimitri Schostakowitsch, Antonín Dvořàk, Jean Sibelius, Claude Debussy und Edvard Grieg fallen in diese Kategorie. Auch Franz Liszt, Igor Strawinsky und Max Bruch gehören noch zu diesem Cluster. Peter Tschaikowsky tendiert schon in Richtung des nächsten Clusters, der die großen Opernkomponisten einschließt. Dieser Cluster wird von den Staatsorchestern in Braunschweig und Hannover gebildet. Deren Kernrepertoire sind die Opern des 19. Jahrhunderts, daher erstaunt es nicht, dass Guiseppe Verdi, Richard Wagner und Giacomo Puccini in deren Umfeld auftauchen. Richard Strauss ist ebenfalls tendenziell diesem Cluster zuzuordnen, genauso wie Gioacchino Rossini, der ausschließlich als Opernkomponist bekannt geworden ist. Zudem gehören zu diesem Cluster die Komponisten, deren sinfonische Werke besonders große Besetzungen erfordern. Hector Berlioz, Gustav Mahler und Sergej Prokofjew tauchen nicht ganz zufällig in diesem Bereich auf. Den dritten Cluster bilden Oldenburg, Lüneburg und Osnabrück. Hier finden sich die Komponisten der Frühromantik wie Franz Schubert, Felix Mendelssohn Bartholdy, Robert Schumann, Frédéric Chopin und Johannes Brahms. Auch die beiden Barockkomponisten Johann Sebastian Bach und Antonio Vivaldi sind diesem Cluster zuzuordnen.

Fast genau in der Mitte findet sich Wolfgang Amadeus Mozart wieder. Zwar wurde Ludwig van Beethoven insgesamt häufiger genannt, Mozart erfreut sich aber gleichmäßig großer Beliebtheit.

Die drei Cluster lassen sich auch aus der Orchestergröße erklären. Die beiden Staatsorchester in Braunschweig und Hannover sind beide nach TVK A eingruppiert, wobei für Hannover die »Fußnote 2«[100] gilt. Göttingen ist nach TVK B eingruppiert, für den NDR gilt ein Haustarifvertrag. Berücksichtigt man die Anzahl der Musiker, ist die Radiophilharmonie Hannover eher mit Braunschweig zu vergleichen und dürfte der Kategorie TVK A entsprechen. Die Gemeinsamkeit dieses Clusters ergibt sich daher aus dem kulturpolitischen Auftrag, das konzertante Repertoire zu pflegen. Ohne die Operndienste, die die anderen Orchester als Schwerpunkt zu leisten haben, kann eine eigenständige Repertoirepolitik betrie-

---

100 Fußnoten im TKV zeigen an, dass ein Klangkörper über der normalen Kategorie eingestuft ist. Das wirkt sich sowohl auf die Vergütung der Musiker als auch auf die Besetzung (Gesamtzahl der Musiker) aus.

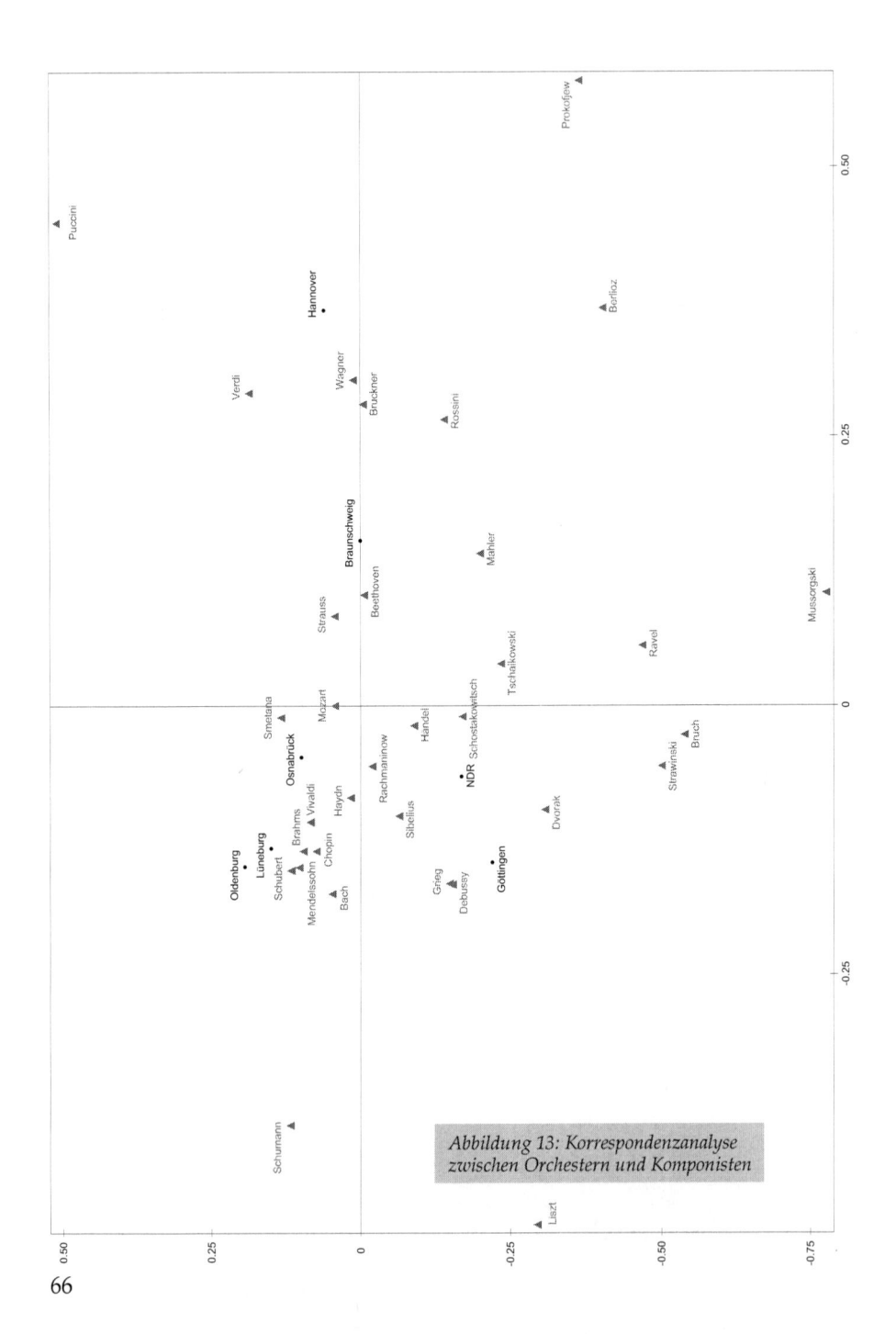

Abbildung 13: Korrespondenzanalyse zwischen Orchestern und Komponisten

ben werden. Den dritten Cluster bilden die »kleinen« Theaterorchester. Der Unterschied zwischen Oldenburg und Osnabrück, beide TVK B mit 68 beziehungsweise 66 Planstellen, und Lüneburg, das mit seinen 29 Musikern nach Abschaffung der Tarifgruppe E als »unter D« geführt wird, ist allerdings sehr groß.

Die Korrespondenzanalyse liefert in diesem Fall eher Indizien denn Beweise für den Einfluss der Orchesterarbeit auf die Publikumspräferenzen. Die Komponisten stehen nicht für ihr komplettes Œuvre. Die Assoziationen, die die einzelnen Komponisten wecken, werden von wenigen prägnanten Schlüsselwerken geprägt. Um tiefergehende Analysen zu betreiben, müssten an dieser Stelle die hinter dem Komponistennamen liegenden Werke in die Analyse einbezogen werden.

In der Beliebtheit stehen die Komponisten der Wiener Klassik an erster Stelle, namentlich Beethoven und Mozart. Der Dritte im Bunde, Joseph Haydn, folgt auf Rang 14. Beim Staatsorchester Hannover wurde Beethoven von 51,4 % der Besucher genannt. Der Abstand zwischen Mozart und Beethoven ist insgesamt sehr gering. Zum Drittplatzierten Johann Sebastian Bach hingegen ist der Abstand mit über zehn Prozentpunkten schon deutlicher. Mueller führt die allgemeine Beliebtheit von Mozart darauf zurück, dass er in allen Werkgattungen »zuhause« ist und damit Musik für jede Gelegenheit bietet.[101] Dennoch ist der eigentliche Star Ludwig van Beethoven. Seine Sinfonien und Konzerte bilden die Grundlage des bürgerlichen Geschmacks. Die Werke eignen sich für den heutigen Repertoirebetrieb besonders gut. Sie sind mit einer Spieldauer von etwa 30 Minuten gut in den Konzertablauf zu integrieren. Zudem haben sie beim Publikum einen extrem hohen Bekanntheitsgrad, sodass vor allem die genussorientierten Hörer vertrauten Klängen lauschen können. Knackstedt konnte in seiner Repertoireanalyse von Konzertorchestern nachweisen, dass Beethoven am häufigsten auf dem Programm steht.[102] Den zweiten Platz belegt Wolfgang Amadeus Mozart, gefolgt von Johannes Brahms. So sind die Spitzenplätze bei Publikum und Orchester gleichermaßen vergeben. Das sinfonische Werk Brahms ist im Vergleich zu Beethoven und Mozart mit vier Sinfonien und vier Konzerten wesentlich kleiner. Eine Besonderheit stellt Johann Sebastian Bach dar. Seine Werke sind eher im sakralen Raum zu verorten und spielen im Konzertleben von Sinfonieorchestern eine völlig untergeordnete Rolle.[103] Dass Bach trotzdem so beliebt ist, zeigt, dass die Publika von Kirchenkonzerten und Sinfoniekonzerten eine große Schnittmenge

---

101 Mueller 1963, S. 54
102 Knackstedt 2009, S. 176
103 ebenda

	GÖ	OL	LG	BS	OS	NDR	H	gesamt
Beethoven	*32,5 %*	37,1 %	34,4 %	43,2 %	38,5 %	40,5 %	**51,4 %**	**40,5 %**
Mozart	38,7 %	38,7 %	40,9 %	*37,4 %*	**44,9 %**	35,4 %	39,4 %	**38,4 %**
Bach	29,4 %	31,7 %	**43,0 %**	22,5 %	26,7 %	26,3 %	*15,3 %*	**26,3 %**
Brahms	16,0 %	**23,7 %**	14,0 %	17,9 %	12,3 %	15,1 %	*8,0 %*	**16,4 %**
Schubert	*5,5 %*	11,6 %	7,5 %	7,1 %	16,0 %	10,0 %	6,8 %	**9,8 %**
Mahler	8,0 %	5,7 %	*5,4 %*	**12,8 %**	6,7 %	11,2 %	8,4 %	**9,3 %**
Verdi	*3,1 %*	8,6 %	10,8 %	11,9 %	8,3 %	5,9 %	**14,9 %**	**8,8 %**
Tschaikowsky	**17,2 %**	*5,2 %*	9,7 %	9,2 %	5,9 %	8,9 %	8,4 %	**8,3 %**
Händel	**14,1 %**	*7,0 %*	14,0 %	6,5 %	7,2 %	8,4 %	10,4 %	**8,2 %**
Mendelssohn	8,6 %	**11,5 %**	5,4 %	7,4 %	8,0 %	7,5 %	*5,2 %*	**8,1 %**
Dvořák	6,1 %	4,7 %	*3,2 %*	5,3 %	6,1 %	**10,7 %**	4,8 %	**6,8 %**
Wagner	6,1 %	6,3 %	*1,1 %*	**10,1 %**	3,5 %	5,2 %	10,0 %	**6,6 %**
Haydn	6,1 %	5,6 %	**8,6 %**	5,1 %	5,3 %	5,2 %	*4,0 %*	**5,3 %**
Chopin	*2,5 %*	**6,3 %**	4,3 %	3,9 %	3,5 %	4,9 %	3,2 %	**4,5 %**
Bruckner	*0,6 %*	3,2 %	1,1 %	**6,5 %**	4,8 %	4,5 %	6,0 %	**4,5 %**
Strauss	**5,5 %**	4,8 %	3,2 %	5,4 %	*2,4 %*	3,3 %	4,4 %	**4,2 %**
Schostakowitsch	**4,3 %**	3,2 %	*0,0 %*	2,7 %	1,1 %	3,5 %	3,2 %	**2,9 %**
Puccini	*0,0 %*	3,6 %	4,3 %	2,4 %	3,2 %	0,8 %	**8,4 %**	**2,7 %**
Vivaldi	2,5 %	2,7 %	**4,3 %**	*1,7 %*	4,3 %	2,7 %	2,8 %	**2,7 %**
Grieg	3,1 %	2,5 %	3,2 %	*1,5 %*	2,9 %	**3,7 %**	2,4 %	**2,7 %**
Schumann	1,8 %	**5,2 %**	1,1 %	1,5 %	1,1 %	3,1 %	*0,8 %*	**2,6 %**
Rachmaninow	1,2 %	1,6 %	*1,1 %*	1,2 %	**1,9 %**	1,8 %	1,6 %	**1,6 %**
Ravel	1,8 %	0,5 %	*0,0 %*	1,2 %	1,3 %	**2,8 %**	2,0 %	**1,6 %**
Strawinsky	**2,5 %**	0,5 %	*0,0 %*	1,5 %	1,3 %	**2,5 %**	0,8 %	**1,5 %**
Sibelius	1,8 %	1,3 %	**2,2 %**	*0,6 %*	0,8 %	1,3 %	1,6 %	**1,2 %**
Debussy	**1,2 %**	0,7 %	1,1 %	0,8 %	1,1 %	1,1 %	*0,4 %*	**0,9 %**
Rossini	**1,2 %**	0,4 %	*0,0 %*	1,1 %	1,1 %	0,7 %	1,2 %	**0,8 %**
Liszt	**1,8 %**	0,9 %	*0,0 %*	0,3 %	0,5 %	1,0 %	*0,0 %*	**0,7 %**
Smetana	1,2 %	0,5 %	*0,0 %*	0,5 %	**1,6 %**	0,4 %	0,8 %	**0,6 %**
Berlioz	*0,0 %*	0,2 %	*0,0 %*	0,3 %	0,3 %	1,1 %	**1,6 %**	**0,6 %**
Prokofjew	0,6 %	*0,0 %*	*0,0 %*	0,6 %	**0,3 %**	**0,7 %**	1,2 %	**0,5 %**
Mussorgski	**1,8 %**	*0,0 %*	*0,0 %*	0,6 %	0,0 %	0,6 %	0,4 %	**0,4 %**
Bruch	0,6 %	*0,0 %*	**1,1 %**	0,3 %	0,3 %	0,7 %	0,4 %	**0,4 %**
v. Weber	**2,5 %**	0,2 %	0,0 %	0,0 %	0,0 %	0,2 %	0,4 %	**0,3 %**
Bizet	*0,0 %*	0,2 %	*0,0 %*	0,3 %	0,3 %	**0,5 %**	*0,0 %*	**0,3 %**
sonstige	*7,4 %*	9,7 %	8,6 %	7,7 %	13,1 %	**11,0 %**	8,4 %	**9,8 %**

Tabelle 11: Publikumspräferenzen nach Orten. Komponisten, die in dem Programm des Konzertes enthalten waren, sind grau hinterlegt. Die Maximalwerte nach Komponist sind fett, die Minimalwerte kursiv dargestellt.

haben. Dass Franz Schubert in der Gesamtreihenfolge einen Spitzenplatz einnimmt, mag an Osnabrück liegen. Zum einen stand hier bei der Befragung eine Schubert-Sinfonie auf dem Programm, zum anderen pflegt der dortige Chefdirigent Hermann Bäumer besonders die Werke aus der Zeit zwischen Klassik und Romantik. Gustav Mahler stand bei zwei der untersuchten Konzerte auf dem Programm. Dass er in Lüneburg trotzdem den schlechtesten Wert hat, dürfte daran liegen, dass ohne die Unterstützung eines zusätzlichen Orchesters (in diesem Fall der Kammerphilharmonie Schönebeck) Mahler nicht aufführbar ist. Die Mahler-Spitzenwerte liefern Braunschweig und die NDR Radiophilharmonie, die von ihrer Größe und ihrem Auftrag her in der Lage sind, Mahlers Werke im Repertoire zu haben. Giuseppe Verdi als reiner Opernkomponist könnte im Rahmen einer Konzertanalyse eigentlich übergangen werden. Der Spitzenwert bei der Staatsoper Hannover sowie die schwachen Werte bei den beiden rein sinfonischen Orchestern Göttingen und NDR zeigen jedoch, dass die Funktionen der Orchester im Konzert- und Operndienst gemeinsam gesehen werden müssen. An achter Stelle steht Peter Tschaikowsky, vor allem mit seinem ersten Klavierkonzert und den Sinfonien. Innerhalb des Repertoires belegen seine Werke sogar Rang vier.[104] Georg Friedrich Händel ist vor allem in Göttingen und in Lüneburg beliebt. Für Göttingen ergibt sich sofort der Brückenschlag zu den jährlichen Händelfestspielen. Für Lüneburg dürften auch die kirchlichen Oratorien eine Rolle spielen. Weitere Komponisten, die von mehr als 5 % der Besucher genannt wurden, sind Felix Mendelssohn Bartholdy, Antonín Dvořák, Richard Wagner und der bereits erwähnte Joseph Haydn. Für Richard Wagner gilt das Gleiche wie für Verdi: Als Komponist taucht er vor allem bei den Staatsopern Braunschweig und Hannover auf.

Deutlich ist, dass die ungestützt genannten Präferenzen und das im Konzert gespielte Repertoire große Übereinstimmungen zeigen. Bei der Deutung der Profile der Orchester muss dies berücksichtigt werden. Das Ergebnis kann in drei Richtungen gedeutet werden: (1) Die Konzerte werden verstärkt von Personen besucht, die ihre Lieblingskomponisten auf dem Programmzettel finden. (2) Das gerade gehörte Programm ist besonders präsent und beeinflusst daher unbewusst die augenblickliche Präferenz. (3) Die Orchester pflegen ein bestimmtes Repertoire, das sich auch in den untersuchten Konzerten niederschlägt und beim Publikum über die Zeit zu entsprechenden Präferenzentwicklungen geführt hat.

---

104 Knackstedt 2009, S. 176

Komponist	Ort	Abonnenten	Freiverkauf	Differenz
Beethoven	Hannover	48,5 %	51,6 %	+ 3,1
Mozart	Osnabrück	44,0 %	49,5 %	+ 5,5
Brahms	Oldenburg	22,6 %	25,9 %	+ 3,3
Brahms	Braunschweig	16,9 %	16,8 %	- 0,1
Schubert	Osnabrück	16,0 %	15,1 %	- 0,9
Mahler	Lüneburg	4,8 %	2,6 %	- 2,2
Mahler	NDR	10,0 %	14,0 %	+ 4,0
Tschaikowsky	Göttingen	14,7 %	18,8 %	+ 4,1
Dvořák	NDR	11,0 %	7,0 %	- 4,0
Haydn	Braunschweig	5,6 %	5,0 %	- 0,6
Schumann	Oldenburg	4,9 %	6,3 %	+ 1,4
Debussy	Lüneburg	2,4 %	0 %	- 2,4
Berlioz	Hannover	0,7 %	3,2 %	+ 2,5
Prokofjew	Osnabrück	0,4 %	0 %	- 0,4
v. Weber	Göttingen	3,7 %	0 %	- 3,7

Tabelle 12: Zusammenhang gespieltes Repertoire und Präferenzen

Um die erste Variante zu prüfen, weist Tabelle 12 den Unterschied bei den Nennungen zwischen Abonnenten und Freiverkäufen aus. In der Tabelle nicht berücksichtigt sind Besucher, die angaben, ihre Karten geschenkt bekommen zu haben, da kein Rückschluss auf die Motivation zum Konzertbesuch möglich ist. Träfe die erste Annahme zu, müssten die gespielten Komponisten bei den Freiverkäufen häufiger genannt worden sein als bei den Abonnenten. Letztere besuchen die Konzerte unabhängig vom jeweils gespielten Repertoire, sodass sich persönliche Präferenzen nur beim übrigen Publikum auf den konkreten Konzertbesuch auswirken können. Das Bild ist insgesamt unausgeglichen. Der Name Mozart auf den Plakaten in Osnabrück scheint Wirkung gezeigt zu haben. Auch bei Brahms in Oldenburg, Mahler beim NDR, Tschaikowsky in Göttingen sowie Beethoven und Berlioz beim Staatsorchester Hannover lässt sich dieser Trend erkennen. Andere Beispiele sprechen jedoch auch dagegen.

Alle drei Hypothesen haben ihre Berechtigung. Zugkräftige Namen können helfen, den freien Verkauf anzukurbeln, die erlebte Musik ist aber auch besonders präsent. Dafür ist allerdings eine Grundbekanntheit der

Komponisten notwendig. So standen Werke von Zoltán Kodály, Johann Nepomuk Hummel und Bohuslav Martinů auf den Programmen. Außer Hummel, der es im gesamten Datensatz auf eine Nennung gebracht hat und unter »Sonstige« subsumiert wurde, tauchen diese Komponisten nicht auf.

Etwas überraschend ist, dass Dvořák beim NDR bei den Abonnenten deutlich beliebter ist als bei den Freiverkäufen. Allerdings sind hier statistische Verzerrungen zu unterstellen, befinden sich doch in der Stichprobe 693 Abonnenten und lediglich 43 Freiverkäufe. Der Datensatz umfasst bei allen Orchestern 2.012 Abonnenten und 607 Freiverkäufe, die übrigen Besucher haben ihre Karte geschenkt bekommen (168) oder haben keine Angaben zum Kartenerwerb gemacht.

Musikhistorische Einordnung
Das Repertoire teilt sich in sieben große Bereiche auf.

(1) Dabei wären zunächst die Komponisten des *Barock* Bach, Händel und Vivaldi zu nennen. Dabei nimmt Barockmusik im Gesamtrepertoire der untersuchten Orchester eine eher untergeordnete Rolle ein. Selbst Johann Sebastian Bach, obwohl beim Publikum sehr beliebt, findet kaum Eingang in die Konzertprogramme. Dies liegt sicherlich auch an den Besetzungen, die die Werke Bachs erfordern. Für sie gilt, wie für die gesamte Barockmusik, dass eine Continuo-Gruppe das Fundament der Musik bildet. Der Versuch, Cembali zu bauen, die den Anforderungen heutiger Konzertsäle gerecht werden, wurde Ende der fünfziger Jahre aufgegeben. Durch die Art der Tonerzeugung ist ein Cembalo für große Säle schlichtweg zu leise. Damit ist das barocke Repertoire in kleinere Säle verbannt und wird vornehmlich mit kammermusikalischen Besetzungen aufgeführt, die den historischen Vorbildern entsprechen, fanden doch die Aufführungen ursprünglich bei Hofe vor entsprechend kleinem Publikum statt. Eine Ausnahme bilden vielleicht noch Antonio Vivaldis »Die vier Jahreszeiten«, bei denen der Streicherapparat notfalls auf sinfonische Größe erweitert werden kann. Außer beim »Winter« spielt das Continuo-Cembalo keine tragende Rolle.

(2) Die Musik des *Sturm und Drang*, also die der Bach-Söhne, der Mannheimer und der Darmstädter Schule wie auch der ersten Wiener Schule tauchen unter den Angaben bestenfalls vereinzelt auf. Erst die Wiener Klassiker bilden einen festen Pol im Repertoire und bei den präferierten Komponisten der Besucher. Die Popularität Mozarts dürfte sich dabei vor allem auf das späte Werk beziehen.

(3) Die *Frühromantik* wird durch die Komponisten Franz Schubert, Robert Schumann, Felix Mendelssohn Bartholdy, Carl Maria von Weber und Max Bruch repräsentiert. Die beiden Letzteren spielen aber eine nachrangige Rolle. Mendelssohn gilt als Begründer des modernen Konzertwesens. Er übernahm von Louis Spohr und Carl Maria von Weber[105] das Dirigieren mit dem bis heute üblichen Dirigentenstab beim Gewandhausorchester Leipzig (vorher wurde der Takt mit einem Zeremonienstab auf den Boden geklopft[106]). Damit war es möglich, immer größere Klangkörper zu organisieren und die Interpretation ausgefeilter zu zelebrieren. Hat Mozart noch im Zweifelsfall vom Klavier aus mit einer Notenrolle dirigiert, hat Beethoven schon vor dem Orchester gestanden. Der Taktstock als verlängerter Arm des Dirigenten macht es möglich, nuancierter und präziser den Apparat zusammenzuhalten. Das Zusammenspiel zwischen den Instrumenten wird in der Frühromantik aufwändiger: So koppelt vor allem Schubert verschiedene Blasinstrumente (zum Beispiel Querflöte und Klarinette) und lässt diese *colla parte*[107] spielen, um in der Mischung einen *dritten Klangcharakter* zu erzeugen. Seine »Große C-Dur Sinfonie« galt als unspielbar, bis sich Mendelssohn mit der neuen Dirigiertechnik an die Uraufführung wagte.[108] Somit bereiteten die Komponisten der Frühromantik dem bürgerlichen Konzertwesen der nachfolgenden Hochromantik aus technischer Sicht den Boden. Hinsichtlich der musikalischen Formen standen diese Komponisten aber noch in der Tradition ihrer klassischen Vorbilder.

(4) Die *Hochromantik* wird begleitet von dem Bild des musikalischen Genies. Das Konzertwesen ist noch nicht in Kontemplation erstarrt, sondern wird als bisweilen sportliche Unterhaltung wahrgenommen. Das Virtuosentum von Franz Liszt und anderen, also die ständige Perfektionierung der Technik, prägen die ästhetische Wahrnehmung. Der Starkult, der zuvor bestenfalls Wunderkindern entgegengebracht wurde, war geboren. Die Sinfonien von Johannes Brahms, Anton Bruckner und Antonín Dvořák bilden einen Pool, aus dem die Orchester bis heute zuverlässig schöpfen können. Eine besondere Position nimmt allenfalls Hector Berlioz ein, der mit der Monumentalität seiner Werke schon die Zeitgenossen überraschte, wenn nicht überforderte, und angesichts seiner Besetzungswünsche auch heutige Orchester vor schier

---

105 Gülke 1995, Sp. 1263
106 Jean-Baptiste Lully (1632–1687) erwischte dabei seinen Fuß und starb anschließend an einer Blutvergiftung. Vgl. Baumgartner 1989, Bd. 3, S. 494
107 colla parte = Verschiedene Instrumente spielen die gleiche Stimme innerhalb des Tonsatzes.
108 Konold 1992, S. 421ff.

unlösbare Probleme stellt. Frédéric Chopin fällt durch seine fast ausschließlich für Klavier konzipierten Kompositionen aus dem sinfonischen Leben heraus. Von Bedřich Smetana und Edvard Grieg haben nur wenige Kompositionen Eingang in das regelmäßige Repertoire der Orchester gefunden.

Die Opernkomponisten Gioacchino Rossini, Guiseppe Verdi, Giacomo Puccini und Richard Wagner tauchen naturgemäß im Konzertwesen faktisch nicht auf. In den ausgewerteten Programmen konnte Knackstedt lediglich eine Wagner-Ouvertüre nachweisen.[109]

(5) *Russland* – im 19. Jahrhundert kulturell europäisch geprägt – war durch die beiden Pole von Peter Tschaikowsky auf der einen Seite und dem *Mächtigen Häuflein*[110] auf der anderen geprägt. So hat sich ein typisch russischer Stil herausgebildet, der eine eigene Kategorie für diese Komponisten notwendig macht. Dazu gehören neben dem Urvater Tschaikowsky auch Sergej Rachmaninow, Sergej Prokofjew und Dimitri Schostakowitsch. Vereinzelt wurde bei der Frage nach dem Lieblingskomponisten auch »alle Russen« angegeben. Im Konzertrepertoire taucht vor allem Peter Tschaikowsky regelmäßig auf. Er belegt Rang vier der am häufigsten gespielten Komponisten.[111] Auch Rachmaninow hat es unter die ersten zehn geschafft.

(6) Die *spätromantischen Komponisten* wie Claude Debussy, Gustav Mahler, Maurice Ravel und vor allem Richard Strauss bilden eine weitere, aber sehr heterogene Gruppe. Die Auflösung der klassischen Strukturen sowohl in der Form als auch in der Harmonik ist aber das gemeinsame Kennzeichen. Auch Jean Sibelius ist dieser Gruppe zuzuordnen, obwohl er stilistisch auch eine Nähe zur Hochromantik aufweist. Die Musik der Spätromantik prägte die ersten 40 Jahre des 20. Jahrhunderts und wurde durch die Moderne abgelöst.

(7) Aus der *nachromantischen Ära* hat es nur Igor Strawinsky regelmäßig in den Konzertsaal geschafft. Die Skandale bei den Uraufführungen seiner Ballette in Paris sind einer Faszination an der rhythmischen und klanglichen Struktur gewichen. Zudem knüpfte er als »Neoklassiker« an Gewohntes an, zumindest in seinen Sinfonien. Andere Komponisten der Moderne oder Postmoderne tauchen nur vereinzelt in der Befragung auf. Genannt wurden unter anderem György Ligeti, Karlheinz Stockhausen, Pierre Boulez, Helmut Lachenmann und Arvo Pärt.

---

109 ebenda
110 Mili Balakirew, Alexander Borodin, César Cui, Modest Mussorgski und Nikolai Rimski-Korsakow
111 Knackstedt 2009, S. 176

Inwieweit der Publikumsgeschmack tatsächlich durch das Konzertangebot geprägt wird, müsste durch eine Längsschnittstudie überprüft werden. Auf Basis der vorliegenden Daten sei an dieser Stelle aber die These formuliert, dass das musikalische Live-Angebot einer Stadt sich auf die Präferenzbildung des Publikums auswirkt. An dieser Stelle besteht noch erheblicher Forschungsbedarf.

Die Typologien der Orchester, wie sie sich in der vorliegenden Korrespondenzanalyse abzeichnen, werden unabhängig von ihrer empirischen Überprüfbarkeit bereits 1936 in ähnlicher Weise von dem amerikanischen Autor Paul Bekker bei seinen Charakterisierungen von Orchestern beschrieben.[112] Auch Bekker geht bei seinen historischen Orchesterbeschreibungen von den Komponisten und ihrem Repertoire aus, das in Wechselwirkung mit der ästhetischen Praxis der Klangkörper steht. Sein Ansatz lässt sich jedoch nicht direkt auf den vorliegenden Befund übertragen, da den Orchestern heute das gesamte historische Repertoire zur Verfügung steht und diese zwangsläufig breiter aufgestellt sind als zum Beispiel die Hofkapelle von Eszterházy, die im Wesentlichen dem Œuvre Haydns verpflichtet war. Dennoch können die Befunde, die der Musikhistoriker Clemens Kühn in seinem Nachwort zur deutschen Ausgabe von Bekkers Werk als »frappierend modern«[113] kommentiert, als Indiz für die fast statische Kontinuität in der Orchesterlandschaft herangezogen werden.

---

112 Bekker 1936
113 Kühn 1989, S. 191

7. Besuchertypen

Kern der Studie aus den USA war eine Segmentierung des Konzertpublikums.[114] So war es auch Ziel der Replikation in Niedersachsen, Strukturen innerhalb der Besucher aufzudecken. Die Segmentierung hilft bei der Analyse der spezifischen Bedürfnisse von unterschiedlichen Kundengruppen. Sie kann daher strategisch im Marketing eingesetzt werden. Zudem ermöglicht die Kenntnis der Besucherstruktur, Lücken aufzudecken und nach neuen potenziellen Besuchern zu suchen.

7.1. Segmentierung der Knight-Studie

In der Originalstudie konnten zehn Besuchersegmente identifiziert werden. Das erste Segment bildet der Bereich *Educated Classical Audience*. Diese Besucher interessieren sich sehr stark für kulturelle Veranstaltungen und legen ihren Schwerpunkt auf klassische Musik, Oper und Ballett. Der Besuch von Konzerten hat dabei oberste Priorität. Dieses Besuchersegment verfügt über ein großes Wissen über klassische Musik und nutzt Medien wie Radio und Tonträger intensiv. Die meisten dieser Besucher verfügen über ein Abonnement und motivieren ihr Umfeld, Konzerte zu besuchen. Sie sind besonders eng mit ihrem jeweiligen Orchester verbunden, besuchen aber durchaus auch andere Konzertstätten. Der Anteil an Männern in diesem Segment ist mit 53 % ungewöhnlich hoch. Der Median des Alters liegt bei 46. Diese Gruppe verfügt insgesamt über das höchste Haushaltseinkommen. Besucher dieses Segments suchen systematisch nach kulturellen Angeboten und nutzen besonders gerne Veranstaltungen, die gute Qualität versprechen. Trotz des hohen Haushaltseinkommens würde gerade diese Besuchergruppe bei geringeren Eintrittspreisen oder Last-Minute-Tickets häufiger Konzerte besuchen. In diesem Segment befinden sich überwiegend Weiße (86 %), 20 % sind bereits pensioniert.

Die *Classical Ghosts* (Low Yield Sophisticates) bilden das zweite Segment, das sich ebenfalls intensiv mit klassischer Musik auseinandersetzt.

---

114 Knight Foundation 2002, S. 60-72

Der Konzertbesuch ist aber eher durchschnittlich häufig. Das Interesse für klassische Musik in allen Sparten ist sogar noch höher als bei der Educated Classical Audience. Musicals hingegen entsprechen nicht dem Geschmack dieses Segments. Classical Ghosts sind besonders mit dem lokalen Konzerthaus verbunden und besuchen auch überproportional häufig Hauskonzerte. In der Selbsteinschätzung ihres musikalischen Wissens sind sie etwas zurückhaltender als das erste Segment. Dafür ist die Bereitschaft, mehr über klassische Musik zu erfahren, besonders hoch. Auch in diesem Segment befinden sich überwiegend Männer (53 %). 87 % sind Weiße und 61 % sind verheiratet. In diesem Segment befinden sich besonders viele Verheiratete ohne Kinder. Classical Ghosts lassen sich vor allem von bekannten Werken in ein Konzert locken.

Das dritte Segment sind die *Aspiring Classical Enthusiasts*. Sie zeichnen sich ebenfalls durch eine besonders häufige Teilnahme an klassischen Konzertangeboten aus. Unter ihnen befinden sich vor allem Liebhaber von Oper und Ballett. In der Selbsteinschätzung geben sie an, nicht allzu viel über Musik zu wissen, sind aber durchaus begierig, mehr zu lernen. Sie befinden sich weniger in den klassischen sozialen Netzwerken, die zum Konzertbesuch aktivieren. Klassische Musik wird stark im Fernsehen und Radio konsumiert, weniger anhand von Tonträgern. Beim Alter liegt der Median bei 39 Jahren, der Durchschnitt ist jedoch 43. Mehr als die Hälfte hat Kinder im Haushalt. In diesem Segment befinden sich zu einem Drittel Menschen mit hispanischen Wurzeln und 15 % mit afroamerikanischen. Damit hat das Segment den größten Anteil an Nicht-Weißen. Kriterien wie gute Parkmöglichkeiten oder das persönliche Sicherheitsempfinden spielen in diesem Segment eine größere Rolle als in allen anderen.

Die *Casual Listeners* bilden das vierte Segment. Sie interessieren sich mehr oder weniger für klassische Musik, lassen sich aber gerne von Broadway-Musicals und anderen (Musik-) Theateraufführungen verzaubern. In diesem Segment finden sich die meisten Theaternutzer. Klassische Musik wird zwar gerne konsumiert, dies geschieht aber mit geringem Involvement. Kenntnisse über diese Musik sind eher als gering einzustufen, und die Casual Listeners verspüren auch keinen Drang, mehr darüber zu erfahren. Zu Konzerten kommen sie vor allem dann, wenn diese in einem ungewöhnlichen Rahmen und nicht im traditionellen Konzertsaal stattfinden oder wenn sie von ihren Freunden dazu motiviert werden. Der Median des Alters liegt bei 45 Jahren. Die meisten Mitglieder dieses Segments befinden sich noch in der Familienphase. Der Konzertbesuch wird gerne mit anderen Aktivitäten gekoppelt, zum Beispiel mit einem Dinner.

Das fünfte Segment wurde innerhalb der Knight-Studie mit *Classical Lite* umschrieben. Auch hier werden besonders gerne Theateraufführungen wahrgenommen, die Oper spielt aber keine Rolle. Klassische Musik wird nicht gerade abgelehnt, aber auch nicht besonders präferiert. Sie wird vor allem in Gemeinschaft mit Freunden rezipiert, eine intensive Auseinandersetzung mit den Inhalten wird jedoch nicht angestrebt.

Das sechste Segment, *Out-of-Reach*, umfasst diejenigen Besucher, die sich zwar für klassische Musik interessieren, aber außerhalb des Einzugsgebietes des nächstgelegenen Orchesters wohnen. Deren Bedarf an klassischer Musik wird durch Radio und Tonträger gedeckt. Klassische Musik wird – wenn überhaupt – in Schulen oder Kirchen live gehört. Auch die übrige Kulturnutzung liegt weit unter dem Durchschnitt. Diese Gruppe hat den höchsten Altersdurchschnitt und zugleich den größten Anteil an Ruheständlern. Wenn Personen aus diesem Segment den Weg in den Konzertsaal finden, dann bei den Nachmittagskonzerten am Wochenende. Als Barriere für den Konzertbesuch hat sich die Anfahrt herauskristallisiert: Würde ein anderer sie mitnehmen, wären sie durchaus motiviert, häufiger in ein Konzert zu gehen.

Blue Moon bezeichnet zunächst ein astronomisches Phänomen. Es steht für den zweiten Vollmond innerhalb eines Monats, ein Phänomen, das im Schnitt etwa alle drei Jahre auftritt. Zugleich ist dies die Bezeichnung für das siebte Segment, deren Mitglieder ähnlich selten bei klassischen Konzerten anzutreffen sind. Das gleiche gilt für Opern und Ballette. Stattdessen werden Schauspiel, Jazz, Musicals und populäre Musik bevorzugt. Wenn überhaupt, wird klassische Musik bei Open-Air-Konzerten oder bei Schulveranstaltungen rezipiert. Weder das Wissen über klassische Musik noch das Bedürfnis, mehr über sie zu erfahren, sind besonders ausgeprägt. Die Mitglieder dieses Segmentes sind deutlich jünger als die der meisten anderen und haben mit 64 % den höchsten Anteil an Kindern im Haushalt. Auffällig ist, dass die Blue Mooner durchaus willens sind, entsprechende Angebote zu nutzen. Sie gaben an, auf externe Impulse zu warten. Dabei sind sie in ihren Entscheidungen sehr spontan, nutzen aber Kulturangebote vor allen Dingen abends an den Wochenenden.

Als *Family Occasion* wurde in der Knight-Studie das achte Segment bezeichnet. Es handelt sich um das Segment mit den jüngsten Konzertbesuchern insgesamt (Median des Alters: 37), mit einem hohen Anteil an Afroamerikanern (22 %). Auch innerhalb dieses Segmentes ist der Anteil an Haushalten mit Kindern sehr hoch. Zwar ist der Bildungsstand durchschnittlich, das Einkommen aber überdurchschnittlich hoch, weil die meisten mitten im Berufsleben stehen. Sie besuchen gelegentlich Chorkonzerte, vor allem aber besondere Angebote während der Ferien oder speziell für Kinder. Radio und Fernsehen spielen hingegen eine untergeordnete Rolle, zumindest was klassische Musik angeht. Sie würden durchaus häufiger Konzerte besuchen, wären diese nicht so lang und würden mehr vertraute Stücke auf dem Programm stehen. Wenn sie sich für einen Konzertbesuch entscheiden, aktivieren sie auch Freunde und Bekannte dazu.

Vor allem aus der Telefonbefragung ergab sich das neunte Segment: *Disinclined*. Mit 72 % Frauen in diesem Segment ist eine besonders starke Geschlechterungleichheit zu beobachten. Wenn überhaupt, treffen sie in Schulen auf klassische Musik. Das mögen offizielle Veranstaltungen sein, bei denen Musik nur der Umrahmung dient. Im Konzertsaal wird man diese Gruppe nicht antreffen, allenfalls für das Ballett konnte eine Präferenz gemessen werden. Auch im Radio oder von Tonträgern wird keine klassische Musik gehört.

Das letzte Segment *Least Interested* nimmt am klassischen Kulturangebot überhaupt nicht teil. Weder in den Medien noch live wird klassische Musik konsumiert. Das Wissen über klassische Musik ist sehr gering, genauso wie das Bedürfnis, mehr darüber zu erfahren. Ein knappes Drittel dieser Menschen wohnt in ländlichen Regionen und ist daher auch räumlich von kulturellen Angeboten abgeschnitten. Von den abgefragten Konzertstätten wurden keine in erkennbarem Umfang in Anspruch genommen. Wie auch im neunten Segment ist der Anteil an Singles relativ hoch, Bildungsniveau und Einkommen liegen unter dem Durchschnitt. Abonnenten sind naturgemäß in den letzten beiden Segmenten nicht zu finden.

Die Segmentierung aus der Originalstudie kann für die vorliegende Untersuchung nicht übernommen werden. Zum einen basiert sie auf beiden Teilbefragungen, also der Besucherbefragung der Orchester sowie der Telefonbefragung im Einzugsgebiet, zum anderen lässt sich an wenigen Variablen wie dem Durchschnittsalter oder der Anzahl der Kinder im Haushalt erkennen, dass sich das Publikum in Deutschland völlig anders zusammensetzt. Andere Variablen wie die ethnische Abstammung wurden nicht erfasst, weil in ihnen kein Differenzierungsmerkmal gesehen wurde. Das Publikum in Deutschland zeigt sich deutlich homogener als in den USA. So wurden verschiedene Segmentierungsansätze aus der Literatur als Alternativen herangezogen und überprüft.

7.2. Segmentierung nach Schulze

In seinem wegweisenden Werk *Die Erlebnisgesellschaft* hat Gerhard Schulze eine Segmentierung der deutschen Bevölkerung vorgenommen.[115] Als Ergebnis identifizierte er eine Reihe von sozialen Milieus, die Einfluss auf die Kulturnutzung haben. Klassische Konzerte und die Rezeption von klassischer Musik hat er in das Hochkulturschema eingeordnet.[116] Die Bandbreite der Beschreibungen reicht dabei von *Bildungsbürger* über *Intellektueller* bis *kultiviert*.[117] Gerade die Rezeption klassischer Musik wird auf das Genussschema zurückgeführt. »Hochkulturelle Alltagsästhetik ist geprägt von einer Zurücknahme des Körpers. Konzentriertes Zuhören, stilles Betrachten, versunkenes Dasitzen – fast immer befindet sich der Organismus im Ruhezustand. Heftigere körperliche Reaktionen wie Klatschen, Pfeifen, Bravo- oder Buhrufe sind im Anschluss an die Darbietung üblich, nicht mittendrin [...]. Tränen, Seufzen, laute Heiterkeitsausbrüche, Erröten, Mitsingen und andere körperliche Formen des Mitgehens verstoßen gegen den Kodex vergeistigter Empfangshaltung des kunstgenießenden Publikums.«[118] Einhergeht dieses Verhalten mit der *Distinktion*. Die ästhetische Erlebniskompetenz wird durch persönliche Veranlagung und Schulung geprägt. So bilden Kontemplation, Musikalität und kulturhistorische Kenntnisse, basierend auf langjährigen Erlebnissen, den Grund, auf dem das ästhetische Erleben errichtet wird.[119]

Seine Überlegungen zu den alltagsästhetischen Schemata führen Schulze zu fünf Milieus, die die Bevölkerung vor allem unter kulturellen Aspekten segmentieren. Als erstes benennt er das *Niveaumilieu*. Er beschreibt dieses als ein Milieu, in dem sich vorwiegend ältere Personen (jenseits der 40) finden, die dem Hochkulturschema zugewandt sind. Gleich als erstes Kriterium nennt er die klassische Musik sowie den Konzertbesuch als Kennzeichen dieses Milieus. Die Daten dieser Studie sind Anfang der achtziger Jahre erhoben worden. Berücksichtigt man, dass auch in sozialen Milieus eher Generationswechsel als Kohorteneffekte zu erwarten sind, müsste sich das Alter von damals auf inzwischen etwa 70 Jahre gesteigert haben.[120]

Mitglieder des Niveaumilieus gehen bewusst auf Distanz zu Gegenständen des trivialen Schemas (Trachtenumzug, Volkstheater, Trivial-

---

115 Schulze 1992
116 ebenda, S. 143
117 ebenda, S. 143
118 ebenda, S. 143
119 ebenda, S. 145
120 Der Mittelwert liegt in Niedersachsen heute bei 66,2 Jahren, der Median bei 69; damit dürfte das damalige Publikum mit dem heutigen eine deutliche Schnittmenge bilden.

musik) oder zur Diskothek (Spannungsschema).[121] Damit kommt der Segmentierungsansatz von Schulze für eine tiefer gehende Analyse des vorliegenden Datensatzes nicht in Betracht. Zwar haben sich die Erkenntnisse von Schulze eindeutig bestätigt, für eine Segmentierung der Konzertbesucher eignen sie sich aber nicht, landet man doch durch die Befragung von Konzertbesuchern klassischer Konzerte zwangsläufig im genannten Niveaumilieu. Alle anderen Milieus sind schon per Definition nicht enthalten, ist doch gerade der Konzertbesuch ein prägendes Merkmal und Unterscheidungskriterium.

7.3. Segmentierung nach Adorno

Bereits in den siebziger Jahren unternahm der Frankfurter Musiksoziologe Theodor Wiesengrund Adorno den Versuch, eine Typologie von Musikhörern zu entwickeln.[122] Dabei hat er acht Typen theoretisch hergeleitet, auf eine empirische Überprüfung seiner Überlegungen aber verzichtet.

Den ersten Typus bezeichnet er als *Experten*. Dieser ist eher ein theoretisches Konstrukt, denn eine reale Person. Als Hörer kann er jederzeit analytisch Musik verfolgen und dabei sowohl große formale Sinnzusammenhänge erfassen als auch komplexe Harmonik und Polyphonie »auseinander« hören. Adorno bezeichnet dies als strukturelles Hören. Die Rezeption folgt der musikalischen Logik. Wie er selbst einräumt, ist dieser Typus bestenfalls unter Berufsmusikern zu finden, ohne dass alle Kriterien erfüllt wären. Historisch gesehen könnte Wolfgang Amadeus Mozart zu diesem Typus gehört haben, konnte er doch Partituren nach einmaligem Hören aus dem Kopf niederschreiben.[123]

Eine größere Relevanz schreibt Adorno dem *guten Zuhörer* zu. Auch dieser verfügt über ein hohes Maß an musikalischer Bildung und erkennt spontan Zusammenhänge. Sein musikalischer Geschmack ist nicht von Willkür oder dem Drang nach Prestige geprägt, sondern basiert auf umfangreichen Erfahrungen und implizitem Wissen. Adorno vergleicht die Musikrezeption mit dem Verständnis einer Sprache, deren Grammatik und Syntax einem zwar nicht theoretisch bewusst sind, die man aber durch den regelmäßigen Gebrauch sicher erlangt hat. Adorno verortet die-

---

121 Schulze 1992, S. 145
122 Adorno 1968, S. 178-198
123 Für diese Leistung bei Allegris *Miserere* wurde er vom Papst zum Ritter vom Goldenen Sporns geschlagen. Vgl. Elias 1993

sen Typus historisch in den Salons des 19. Jahrhunderts, aber er vermutet ihn auch dort, wo Reste einer aristokratischen Gesellschaft überlebt haben.

Im bürgerlichen Milieu bezeichnet Adorno den Opern- und Konzertbesucher als *Bildungskonsumenten*. Dieser sammelt Schallplatten und hört unersättlich viel Musik. Die Musik wird als Kulturgut respektiert, sie dient aber vor allem der eigenen sozialen Geltung. Der Bildungskonsument eignet sich viel, aber unsystematisches Wissen über Musik an. Er beschäftigt sich mit Biografien von Komponisten und Anekdoten von Interpreten und glänzt mit diesem Wissen in – nach Ansicht Adornos – stundenlangen, nichtssagenden Gesprächen. Er ist in der Lage, die erstaunlichsten Themen nach einmaligem Vorsummen dem richtigen Werk zuzuordnen. Adorno unterstellt diesem Hörertypus eine atomistische Hörstruktur. Nicht das ganze Werk wird in den Blick genommen, sondern er »lauert auf bestimmte Momente, vermeintlich schöne Melodien, grandiose Augenblicke. Sein Verhältnis zu Musik hat insgesamt etwas Fetischistisches.«[124] Er neigt zum analytischen Hören, achtet dabei aber weniger auf das Werk als auf den Rahmen seiner Aufführung: Ist der Flügel korrekt gestimmt? Serviert der Solist halsbrecherische Virtuosität? Er spricht auf gängige messbare Kategorien an und folgt dabei in gewissem Sinne einem Show-Ideal. Zeitgenössischer Musik steht der Bildungskonsument feindlich gegenüber, auch für die Musik Richard Wagners vermag er sich nicht zu erwärmen. Adorno vermutet, dass diese Gruppe quantitativ nicht sehr umfassend ist, für das Musikleben aber eine Schlüsselrolle innehat. Zum einen rekrutieren sich die Abonnenten großer Konzertgesellschaften und Opernhäuser aus diesem kulturkonservativen Segment, vor allem aber werden Kuratorien und sonstige Gremien, die über Programme und Spielpläne entscheiden, von diesem Typus dominiert. Adorno räumt jedoch ein, dass sich dies wohl stärker in Amerika als in Deutschland und Österreich auswirkt.

Einen anderen Zugang zur Musik entwickelt der *emotionale Hörer*. Dieser nutzt das musikalische Erlebnis zur Auslösung gebändigter Triebregungen. Adorno vergleicht die vom emotionalen Hörer gesuchte Wirkung mit dem Lichtimpuls, den man wahrnimmt, wenn man einen Schlag auf ein Auge erhält. Der emotionale Hörer sucht in der Musik Impulse, die bestimmte Gefühlszustände auslösen. Ihn spricht auch besonders emotionale Musik an; genannt wird von Adorno Peter Tschaikowsky. Auch Musik aus dem slawischen Raum, gemeint sein dürften Dvořák und Smetana, wird von diesem Typus besonders geschätzt. Allerdings vermutet Adorno den emotionalen Hörer eher in angelsächsischen Ländern als in

---

124 Adorno 1968, S. 184

Deutschland. Musik funktioniert für diesen Typus als Medium bloßer Gefühlsprojektion.

Besonders in Deutschland hat sich nach Adornos Ansicht ein Typus herausgebildet, der als das genaue Gegenteil des emotionalen Hörers gesehen werden kann. Adorno bezeichnet ihn als *Ressentiment-Hörer*. Vor allem die Liebhaber Bachs ordnet Adorno dieser Gruppe zu. Der Ressentiment-Hörer verbietet sich geradezu jede Emotionalität und zudem jeden klassisch-romantischen Zugriff auf Musik. Die formale Ordnung in Bachs Musik wird auf die Rezeption übertragen. Dabei spielt das Ringen um die Werktreue eine besondere Rolle. Was Adorno noch mit »krass reaktionären Ideologien [...] und [...] Historismus«[125] umschreibt, bildet später die Wurzel der historischen Aufführungspraxis und trägt zu deren Boom in den achtziger Jahren bei.[126] Adorno vermutet die Wurzeln des Ressentiment-Hörers im Kleinbürgertum, das den besonderen Geschmack als intellektuelle Abgrenzung bewusst zelebriert.[127]

Als Ableger des Ressentiment-Hörers versteht Adorno den *Jazzexperten* beziehungsweise *Jazz-Fan*. Den ausgefallenen musikalischen Geschmack versteht er sowohl beim Ressentiment-Hörer als auch beim Jazzexperten als »harmlos gewordenen Protest gegen die offizielle Kultur«[128]. Auch die Aversion gegen das klassisch-romantische Musikideal teilen sich beide Typen. Dem Jazz attestiert Adorno einen geradezu sektenhaften Charakter. »Die unbestrittene Vorherrschaft der Zählzeit, Musik im eigentlichen Sinn dynamisch, als ein sich Entwickelndes zu denken, verleiht auch diesem Hörertypus den Charakter des Autoritätsgebundenen. Nur freilich hat er bei ihm eher die Gestalt des im Freudschen Sinn Ödipalen: Aufmucken gegen den Vater, dem die Bereitschaft, vor ihm sich zu ducken, schon innewohnt. Dem gesellschaftlichen Bewusstsein nach ist dieser Typus vielfach progressiv [...].«[129]

Quantitativ den größten Anteil hat die Gruppe der *Unterhaltungshörer*. Für Adorno ist die Dominanz dieses Typus so gravierend, dass – von soziologischen Überlegungen abgesehen – alle anderen Kategorien gar nicht beachtet werden müssten. Der Unterhaltungshörer ist es, auf den die gesamte Kulturindustrie abzielt. »Musik ist ihm nicht Sinnzusammenhang, sondern Reizquelle. Elemente des emotionalen wie des sportlichen Hörens spielen hinein. Doch ist all das plattgewalzt vom Bedürfnis nach Musik als

125 Adorno 1968, S. 188
126 Hansen 2002
127 Adorno 1968, S. 189f.
128 ebenda, S. 191
129 ebenda, S. 191

zerstreuendem Komfort.«[130] Für Adorno hat diese Art der Musikrezeption die Qualität von Drogenkonsum. Der Hörer versetzt sich gleich einem Haschischraucher in ein künstliches Paradies. Auch macht die Berieselung mit Musik auf Dauer süchtig. Die Hörweise ist auf *Zerstreuung* und *Dekonzentration* angelegt. Genauer legt sich Adorno hier nicht fest. Vielmehr sieht er in dieser Kategorie das Sammelbecken aller Musiksparten. Volksmusik, Operettenmelodien, Schlager oder Country Music funktionieren alle in der gleichen Weise. Durchschnittlichkeit ist die Tugend.

Als letzte Gruppe fasst Adorno die *Gleichgültigen, Unmusikalischen* oder gar *Antimusikalischen* zusammen. Adorno vermutet hier fehlgelaufene Prozesse in der Kindheit. Insbesondere »brutale Autorität«[131] besonders strenger Eltern würde das Erlernen des Notenlesens tendenziell verhindern. Als potenzielles Publikum für Sinfoniekonzerte kommen sie nicht infrage.

7.4. Besuchertypen nach Keuchel

Aus der Vielzahl von Besucherstudien[132] der jüngeren Zeit sticht die von Susanne Keuchel aufgrund ihrer empirischen Fundierung besonders heraus.[133] Untersucht wurde das Kulturpublikum entlang der Rheinschiene, also dem Raum von Köln / Bonn über Düsseldorf bis Duisburg. Dabei handelt es sich, anders als Niedersachsen, um einen fast durchgängig urban geprägten Raum, der eine Wende von der Industrie- zur Dienstleistungsgesellschaft verkraften muss. Die Auswirkungen dieses Wandels auf die Kultur sind im Feuilleton zu verfolgen, als Beispiel sei die Diskussion um das Schauspielhaus in Wuppertal genannt. Auch bei den Orchestern fallen die meisten Fusionen und Auflösungen in den westlichen Bundesländern in diese Region.[134] Genau diese Region hat abr zugleich mit dem Titel der Europäischen Kulturhauptstadt 2010 im Vorfeld viele Impulse aus der *Creative Class*[135] erhalten. Für das Publikum entlang der Rheinschiene macht Keuchel den neuen Typus des »Kulturflaneurs« aus, der sich nicht

---

130 Adorno 1968, S. 193
131 ebenda, S. 196
132 zum Beispiel »Nachgefragt« (http://www.mphil.de/online/download/Umfrageergebnisse.pdf) oder eine Besucherbefragung in der Semperoper (http://www.marketing-tauchnitz.de/level9 _cms/download_user/1156_Ergebnisse.pdf) (beide abgerufen am 4. Mai 2011)
133 Keuchel 2003
134 Orchesterfusionen und -auflösungen im Ruhrgebiet: Oberhausen (aufgelöst 1992), Remscheid und Solingen (Fusion 1995), Gelsenkirchen und Recklinghausen (Fusion 1996), Marl (Insolvenz 2001)
135 Florida 2005

fest an eine Kultursparte oder gar Institution bindet, sondern sich in verschiedenen kulturellen Genres zu bewegen vermag. Sicherlich spielt dabei die Angebotsdichte im Untersuchungsgebiet eine wichtige Rolle, die in den niedersächsischen Städten in der Form nicht anzutreffen ist.[136]

Keuchel identifiziert acht Kulturtypen; dabei enthält die Stichprobe nur Personen, die in den zwölf Monaten vor der Befragung mindestens ein kulturelles Angebot genutzt haben.

Den ersten Typus umschreibt sie als *Klassischen Vielinteressierten mit Schwerpunkt Musik*. In diesem Segment ist der Anteil an Frauen mit 60 % gegenüber dem Bevölkerungsdurchschnitt erhöht. Das Interessengebiet schließt neben der klassischen Musik auch Theater, Oper, Museen und Ausstellungen sowie Operetten und Musicals mit ein. Dieser Befund kann durch die Erhebung in Niedersachsen mit einer kleinen Einschränkung beim Musical bestätigt werden. Dieser Typus ist nach Keuchel älter als 50 Jahre.

Der *Popmusikalisch medienorientierte Kulturnutzer* trifft auf den ersten Typus allenfalls bei einem Musical, die anderen kulturellen Interessen gehen erwartungsgemäß weit auseinander.

Als *Zeitgenössischen Grenzgänger* bezeichnet Keuchel die Rezipienten der Avantgarde über die Spartengrenzen hinweg. Dieser Typus lässt sich für Dance / Jazz-Dance ebenso begeistern wie für Jazzkonzerte, zeitgenössische Musik (darin unterscheidet sich diese Typisierung von der Adornos), Film und modernes Theater. Das Publikum ist zwischen 25 und 50 Jahre alt und mit 66 % mehrheitlich weiblich.

Mit *Populärer Bühnenorientierter* umschreibt Keuchel die überwiegend weiblichen (68 %) Nutzer von allen Formen der Bühnenkultur – von klassischem Theater über Kleinkunst bis zu Kabarett und Musical. Musikalisch spielt auch klassische Musik eine Rolle – neben Schlagerkonzerten und Volksmusik. Hier zeigen sich deutliche Unterschiede zu Schulze, der klassische Musik dem Hochkulturschema, die Volksmusik und den Schlager aber dem Trivialschema zuordnet und zwischen diesen alltagsästhetischen Schemata keine Brücke sieht. Adorno würde diesen Hörertypus als *Unterhaltungshörer* klassifizieren, unabhängig vom tatsächlich gehörten musikalischen Genre.

Beim *Musealen klassischen Bildungsbürger* stehen Ausstellungen und Museen im Fokus, aber auch klassisches Theater und klassische Musik sind willkommen. Das Geschlechterverhältnis ist nahezu paritätisch (52 %

---

136 siehe Kapitel 5

Männer). Er ist bei den mittleren und älteren Bevölkerungsgruppen[137] angesiedelt.

Der *Begleiter* interessiert sich kaum für Kultur, sondern eher für Sport, Technik und Naturwissenschaften. Im Kultursektor interessiert er sich bestenfalls noch für Filme sowie Rock/Popkonzerte. Dieser Typus ist überwiegend männlich (82 %). Er lässt sich aber in seiner Rolle als Begleiter auch ins Kabarett, Musical und sogar in klassische Konzerte locken, allerdings weniger vom Veranstalter als von der eigenen Partnerin.

Als *Musikalisch-konservative Bildungsorientierte* werden die Nutzer der klassischen Konzertangebote wie Kirchenmusik, Oratorien und Sinfonik bezeichnet. Sie gehören auch zur älteren Bevölkerung und nutzen gerne Werkeinführungen und andere kulturelle Weiterbildungsangebote.[138]

Der letzte Typus ist der *Belesene Engagierte*, der sich vor allem für Soziokultur und Literatur interessiert. Synonym umschreibt Keuchel diesen Typus mit *Alt-68er*, die sich neben der Soziokultur auch für die klassischen Sparten einschließlich der Musik begeistern können.

7.5. Clusteranalyse

Die Beschreibungen von Adorno lassen sich empirisch schwer überprüfen, da sich in seinen Umschreibungen zu wenig eindeutige Indikatoren für die verschiedenen Gruppen finden. Zudem tritt sein eigener persönlicher Geschmack mehr als deutlich hervor. Die Abqualifizierung des Jazz gegenüber der Musik der Zweiten Wiener Schule, die bissigen Bemerkungen über die Werktreue bei Bach[139] sowie an anderer Stelle die Verunglimpfung von Heinrich Schütz[140] lassen eine bestimmte Perspektive der Beurteilung mehr als deutlich erkennen. Trotzdem lassen sich aus den Überlegungen Adornos Kriterien für eine sinnvolle Segmentierung ableiten. Die Art der Musikrezeption, ob genussvoll, kritisch oder nur nebenbei, war Gegenstand der Befragung und führt zu völlig unterschiedlichen Wahrnehmungen derselben Aufführung. Zudem zieht sich das musikalische Wissen als Basis für eine Auseinandersetzung mit der gehörten Musik als Kriterium durch alle bei Adorno genannten Hörertypen. Interes-

---

137 Die Bezeichnung »ältere Bevölkerungsgruppe« für Personen ab 50 ist der Originalstudie entnommen. (Keuchel 2006, S. 61)
138 Aus der Quelle wird der Unterschied zwischen dem ersten und dem siebten Typus nicht ganz deutlich. (Keuchel 2006, S. 58f. und 61)
139 Adorno 1977, S. 148f.
140 Adorno 1956, S. 79

sant ist, dass Adorno auch versucht, bestimmte Komponisten bestimmten Rezeptionsgewohnheiten zuzuordnen. Sicherlich haben sich die Hörgewohnheiten geändert, wie auch Adorno vermutet, dass der Bildungskonsument im 19. Jahrhundert durchaus Richard Wagner zugetan war, sich im 20. Jahrhundert aber von ihm abwandte. Dass der Bildungskonsument zudem auch den Kern des Abonnementpublikums bildet, legt nahe, die Art des Kartenkaufes (Abonnent oder Freiverkauf) bei den Analysen zu berücksichtigen. Zudem verweist Adorno bei fast allen Hörertypen auf deren Mediennutzung. Sie spielt sicherlich für die Wahrnehmung eines Live-Konzertes eine wichtige Rolle. Die Besuchertypen von Keuchel sind nicht auf klassische Konzerte beschränkt: Der Besuch von Rock-/Popkonzerten oder Ausstellungen, Kabarett oder Jazz-Dance scheinen kein geeignetes Merkmal für die Segmentierung von Konzertbesuchern zu sein. Doch Kriterien wie die Mediennutzung und die Bedeutung des musikalischen Wissens lassen sich auch bei Keuchel erkennen. Aus der Knight-Studie lässt sich zudem noch die Häufigkeit des Konzertbesuches als wichtiges Kriterium für eine Segmentierung ableiten.

Auf Basis der drei Studien wird daher eine Clusteranalyse mit folgenden Kriterien durchgeführt: (1) Art des Kartenerwerbs, (2) Besuchshäufigkeit in Konzerten, (3) Tonträgerbesitz, (4) musikalisches Wissen und (5) die Bereitschaft, mehr über Musik zu lernen.

Die Clusteranalyse wird zunächst nach dem WARD-Verfahren durchgeführt. Im Vergleich zu den anderen möglichen Algorithmen liefert dieses in den meisten Fällen sehr gute Partitionen und ordnet die Elemente den »richtigen« Gruppen zu.[141] Backhaus nennt folgende Bedingungen, damit WARD als guter Funktionsalgorithmus angesehen werden kann: (1) Das Distanzmaß zwischen den Variablen-Ausprägungen muss ein inhaltlich sinnvolles Kriterium für die Ähnlichkeitsbestimmung sein. (2) Alle Variablen sollen auf metrischem Skalenniveau gemessen sein. (3) Ausreißer sollten vor der Clusteranalyse aus dem Variablensatz eliminiert worden sein. (4) Die Variablen sollen möglichst nicht korrelieren. (5) Die erwarteten Cluster sollten etwa gleich groß sein und (6) die Gruppen etwa die gleiche Ausdehnung haben.[142]

Die Kriterien sind bei der vorliegenden Analyse nicht ganz vollständig erfüllt. So ist das Kriterium *Kartenkauf* lediglich dichotom und erfüllt damit nicht das Kriterium (2) als metrische Skala. Interpretiert man die Variable als Dummy (Abonnement ja / nein), lässt sie sich in der Cluster-

---

141 Backhaus 2003, S. 516f.
142 ebenda, S. 517

analyse noch akzeptieren. Das Kriterium (4) wurde mittels einer bivariaten Korrelationstabelle überprüft.

		Musika-lisches Wissen	Interesse, mehr zu erfahren	Konzert-besuche pro Jahr	Tonträger-besitz
Musikalisches Wissen	Korrelation nach Pearson	1	0,232**	0,249**	0,098**
	Signifikanz (2-seitig)		0,000	0,000	0,000
	n	2732	2615	2670	2352
Interesse, mehr zu erfahren	Korrelation nach Pearson	0,232**	1	0,137**	0,026
	Signifikanz (2-seitig)	0,000		0,000	0,214
	n	2615	2706	2644	2332
Konzertbesuche pro Jahr	Korrelation nach Pearson	0,249**	0,137**	1	0,133**
	Signifikanz (2-seitig)	0,000	0,000		0,000
	n	2670	2644	2803	2413
Tonträgerbesitz	Korrelation nach Pearson	0,098**	0,026	0,133**	1
	Signifikanz (2-seitig)	0,000	0,214	0,000	
	n	2352	2332	2413	2465

** Die Korrelation ist auf dem Niveau von 0,01 (2-seitig) signifikant.

Tabelle 13: Korrelationen zwischen den Cluster-Variablen (Das musikalische Wissen und das Interesse, mehr zu erfahren, wurden auf einer dreipoligen Skala abgefragt.)

Die Korrelationstabelle weist vor allem einen Zusammenhang zwischen den Items *Wissen über klassische Musik* und *Konzertbesuche pro Jahr* mit einer Korrelation von r = 0,249 aus, aber auch zwischen dem *Wissen über klassische Musik* und dem *Interesse, mehr zu erfahren* (r = 0,232). Beide Werte sind nicht besonders hoch, die Variablen damit für eine Cluster-Bildung nach der WARD-Methode nicht optimal, aber noch geeignet. Die Anzahl der Tonträger, die sich im Besitz der Konzertbesucher befinden, sowie die Anzahl der Konzertbesuche in zwölf Monaten wurden vor der Analyse logarithmiert, um die durch die vereinzelten Ausreißer innerhalb des Datensatzes entstandene Verzerrung nicht bei der Clusterung durchschlagen zu lassen. Die Skala ist damit zwar nicht mehr metrisch, zeichnet aber ein geeigneteres Bild der Verteilung und ist damit für die Analyse aussagekräftiger.

Die Clusteranalyse, wie sie hier vorgenommen wurde, ist damit nicht vollständig regelkonform. Die Schwierigkeit bei allen multivariaten Analysen innerhalb des vorliegenden Datensatzes ist die geringe Streuung, die sich bei den meisten Antworten ergab. Insofern hat Gerhard Schulze recht, dass es sich um ein relativ geschlossenes homogenes Milieu handelt, in dem einheitliche Wertvorstellungen und Formen in der Kulturnutzung vorherrschen. Mithilfe der für den vorliegenden Datensatz relativ robusten[143] WARD-Methode konnten – wenn auch mit den beschriebenen formalen Vorbehalten – zumindest identifizierbare Cluster ermittelt und beschrieben werden. Angesichts der geringen Gesamtvarianz innerhalb des Datensatzes erlaubt das WARD-Verfahren immerhin eine sinnvolle und interpretierbare Segmentierung der befragten Besucher. Genau genommen hat die formal etwas unkonventionelle Durchführung die Clusterung erst ermöglicht. Die Dummy-Variable »Abonnement« mit den Ausprägungen »ja« und »nein« hätte gegenüber den Variablen mit metrischen Skalen in den Hintergrund treten müssen. Aufgrund der geringen Varianz der anderen Variablen bildete sie aber ein grundsätzliches Unterscheidungskriterium. Die Abonnenten wurden durch die übrigen Variablen in zwei Gruppen unterteilt. Die Korrelation zwischen den Variablen bewirkt, dass die verschiedenen Variablen wechselseitig verstärkend in die gleiche Richtung wirken und die Cluster gewissermaßen weiter auseinanderziehen.

Die Signifikanz der gefundenen Cluster wurde überwiegend mittels des ANOVA-Tests (F-Test) geprüft. Der F-Test bietet sich vor allem dann an, wenn die untersuchten Variablen in der Stichprobe keine Normalverteilung aufweisen.[144] Sie setzt sich aus dem F-Wert, der die erklärte Streuung ausweist sowie einem Signifikanzniveau, das die Wahrscheinlichkeit der Null-Hypothese angibt, zusammen.[145] Dabei werden drei Signifikanzniveaus unterschieden. Ein Ergebnis gilt als *signifikant*, wenn $\alpha \leq 5\ \%$, *sehr signifikant* wenn $\alpha \leq 1\ \%$ und *höchstsignifikant* wenn $\alpha \leq 0{,}01\ \%$ ist.[146] Bei den untersuchten Variablen ergeben sich für die Mehrzahl signifikante Unterschiede zwischen den gefundenen Clustern. Bei bivariaten Variablen (zum Beispiel Geschlecht) wurden die Signifikanzen bei der Verteilung mittels des χ^2-Tests überprüft.

---

143 Bei der WARD-Methode werden die gefundenen Cluster über die Clusterzentren charakterisiert. Die Streuung zwischen den Zentren wird dabei maximiert. (Vgl. Bacher 2002, S. 143)
144 Wolf 1994, S. 279
145 Backhaus 2003, S. 68f.
146 Wolf 1994, S. 319

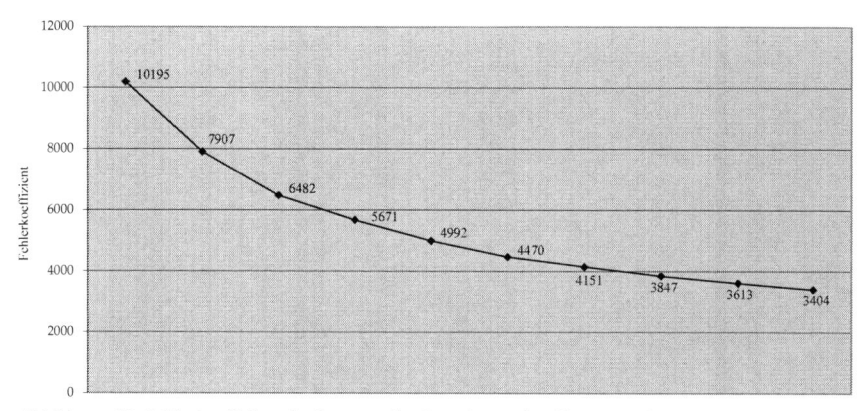

Abbildung 14: Fehlerkoeffizient der letzten zehn Iterationen der Clusteranalsyse

Die Berechnung wurde mit der Software PSAW Statistics 18 durchgeführt. Anhand des *Elbow-Kriteriums*, das einen Kompromiss zwischen Heterogenität innerhalb der Cluster und der Handhabbarkeit der Lösung darstellt[147], wurde die Anzahl der Cluster mit »3« bestimmt.

Beschreibung der Cluster
Die Cluster lassen sich über das Besuchsverhalten und die Einstellung zu klassischer Musik definieren. Sie werden im Folgenden als *Intensivnutzer*, *Mitläufer* und *Gelegenheitsbesucher* vorgestellt. Die Gruppen sind nicht exakt gleich groß, aber dennoch alle mit einem relevanten Anteil in der Gesamtstichprobe vertreten. Den größten Anteil haben mit 41,27 % die Intensivnutzer; die Mitläufer und Gelegenheitsbesucher sind mit 30,54 % beziehungsweise 28,19 % nahezu gleichauf.

---

147 Backhaus 2003, S. 522

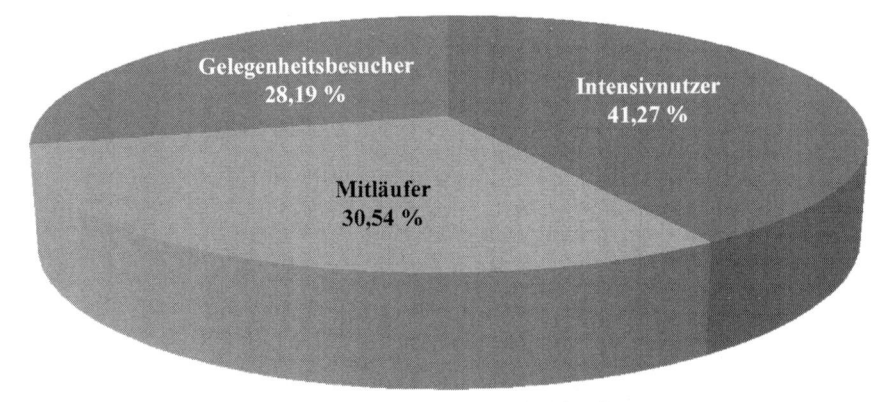

Abbildung 15: Anteile der definierten Cluster an der Gesamtstichprobe

7.5.1. Intensivnutzer

Der erste Cluster umfasst Abonnenten, die zu den *Intensivnutzern* im Bereich des Konzertwesens gezählt werden können. Sie bringen ein großes Vorwissen über Musik mit und sind sehr begierig, mehr zu erfahren. Sie verfügen über die größte Tonträgersammlung innerhalb der Studie und kaufen sich im Durchschnitt pro Jahr etwa neun weitere Tonträger dazu. Sie besuchen nicht nur die angestammten Abonnementkonzerte, sondern nutzen auch darüber hinausgehende Angebote. Hinsichtlich der Kulturnutzungshäufigkeit erreichen sie den höchsten Wert. Der Anteil an Männern in diesem Cluster liegt unter dem Durchschnitt (ihr Anteil beträgt 37,4 % gegenüber 39,2 % in der gesamten Stichprobe). In diesem Cluster versammeln sich die kritischen Hörer, aber auch Genusshörer bilden einen hohen Anteil. Das durchschnittliche Alter beträgt 67,8 Jahre, der Bildungsstand ist der niedrigste von allen Clustern. ›Lediglich‹ 72,2 % haben Abitur (12,2 %) oder studiert (60,0 %). Wie zu erwarten, weisen die Intensivnutzer das größte allgemeine Interesse an kulturellen Aktivitäten auf und das mit der geringsten Standardabweichung. Auch die Bedeutung von kulturellen Aktivitäten im Leben erreicht fast den theoretisch möglichen Höchstwert (2,95 von 3). Alle abgefragten Kulturangebote – mit Ausnahme des Jazz – werden häufiger als von allen anderen Besuchertypen genutzt. Im Vorfeld des Konzertbesuches wird gründlich nach Informationen recherchiert. Die Intensivnutzer bemühen sich, andere zum Konzertbesuch zu bewegen. Sie weisen naturgemäß die höchste Neigung zum Abonnement auf. Tag und Uhrzeit der Aufführungen spielen eine untergeordnete Rolle, zumindest im Vergleich zu den übrigen Clustern. Ein Kombiticket mit den öffentlichen Verkehrsmitteln sowie gute Parkmöglichkeiten werden dagegen als wichtig erachtet. Einer besonderen Einladung bedarf es nicht; das Konzert an sich ist das Ziel. Etwas überraschend ist, dass Konzerte gerne zu besonderen Anlässen besucht werden. Dies lässt sich aber damit erklären, dass gerade Intensivnutzer Geburtstage, Jubiläen oder andere Festivitäten mit einem Kulturbesuch »feiern«. Die Möglichkeit zum gastronomischen Genuss hat demgegenüber einen tendenziell geringeren Wert. Die intensive Beschäftigung mit Musik und das – laut Selbsteinschätzung – große Wissen darüber führt zu besonderen Erwartungen an das Konzert. Die Entscheidung für einen Konzertbesuch hängt stärker von der Erwartung an die Qualität der Aufführung und dem jeweiligen Gastkünstler ab als bei den anderen Gruppen. Auch wenn der absolute Wert für die Relevanz des Repertoires hoch ist, liegt er doch unter denen der anderen Cluster. Bei der Bewertung von Solisten, Dirigenten und Orchestern vergeben die Intensivnutzer die besten Noten von allen. Die Bewertungen weisen zudem die geringste Standardabweichung auf. Auch das Programmheft wird besser bewertet als von den anderen Clustern; es dürfte auch intensiver studiert worden sein. Die Beurteilung des Preis-Leistungs-Verhältnisses des gesamten Konzertbesuches setzt sich positiv vom Durchschnitt ab.

Variable	Skala	Intensivnutzer		Mitläufer		Gelegenheits-besucher		gesamt		χ^2 / F	α
Geschlecht	w/m	62,6 %	37,4 %	51,4 %	48,6 %	56,2 %	43,8 %	60,8 %	39,2 %	18,028	**0,00 %**
Alter	Durch-schnitt	67,81		67,39		59,45		66,22		91,482	**0,00 %**
	Median	69		69		64		69			
Kinder im Haushalt	ja/nein	13,3 %	86,7 %	9,3 %	90,7 %	18,8 %	81,2 %	13,3 %	86,7 %	22,110	**0,00 %**
		Mittel-wert	Stand.-abw.	Mittel-wert	Stand.-abw.	Mittel-wert	Stand.-abw.	Mittel-wert	Stand.-abw.		
Haushalts-größe	Anzahl	1,93	0,84	1,97	0,79	2,09	1,10	1,95	0,90	4,922	0,70 %
Monats-einkommen	1 bis 11	5,83	1,89	6,01	1,81	5,53	2,02	5,69	1,91	8,654	**0,00 %**

Tabelle 14: Soziodemographische Daten nach Clustern einschließlich Signifikanzen (F-Test bei Haushaltsgröße und Einkommen, χ^2 bei Geschlecht und Kindern); grau hinterlegt = höchstsignifikant, fett = sehr signifikant, normal = signifikant, kursiv = keine Signifikanz[148]

---

148 Die Kennzeichnung gilt auch für die nachfolgenden Tabellen.

7.5.2. Mitläufer

Der zweite Cluster umfasst die *Mitläufer*. Sie haben ihr Abonnement, nutzen darüber hinaus aber kaum weitere Angebote. Sie schreiben der Kulturnutzung von allen Nutzertypen die geringste Bedeutung in ihrem Leben zu. Das Alter ist fast identisch mit dem der Intensivnutzer, es beträgt im Durchschnitt 67,4 Jahre. Der Bildungsstand liegt etwas über dem der Intensivnutzer, 75,1 % haben ein Studium absolviert (65,1 %) oder mindestens das Abitur abgelegt (10,0 %). Sie weisen im Durchschnitt das höchste Haushaltseinkommen auf. Bei der Tonträgersammlung wie auch beim Neuerwerb von Tonträgern weist dieser Cluster die niedrigsten Werte auf. Das Geschlechterverhältnis ist fast ausgeglichen. Es sind auf die Gesamtstichprobe gesehen also tendenziell eher Männer, die zwar regelmäßig Konzerte besuchen, sich darüber hinaus aber nicht für klassische Musik interessieren. Beim Wissen über klassische Musik fällt die Selbsteinschätzung sehr mäßig aus. Das Bedürfnis, mehr über klassische Musik zu erfahren, bewegt sich auf niedrigem Niveau. Es bleibt ein wenig offen, was diese Besucher zum Konzertbesuch motiviert. Entweder begleiten sie ihren Lebenspartner oder sie haben das Abo seit vielen Jahren und können sich aus Gewohnheit nicht davon trennen. Das allgemeine Interesse an Kultur sowie die kulturellen Aktivitäten jenseits des Konzertbesuches sind schwächer als bei den beiden anderen Besuchergruppen ausgeprägt, auch wenn diese immer noch als insgesamt hoch zu bezeichnen sind. Überraschend ist, dass der Wunsch nach mehr kulturellen Aktivitäten in keinem Cluster so häufig genannt wurde wie bei den Mitläufern. Allerdings bleiben die spezifischen Barrieren unklar. Vielmehr zeigt sich, dass das Interesse an allen kulturellen Sparten unter dem Durchschnitt liegt. Damit ist die eigentliche Barriere wohl doch das eigene Interesse. Zwar ist die Neigung zum Abo deutlich ausgeprägt, doch darüber hinausgehende Aktivitäten, sich über weitere kulturelle Veranstaltungen zu informieren, bestehen kaum. Die Mitläufer definieren sich selbst zwar nicht als solche, da sie sich außerhalb des Abonnements wenig zu kulturellen Aktivitäten animieren lassen, aber noch weniger würden sie kulturelle Aktivitäten für andere organisieren. Ein besonders wichtiges Kriterium für den Konzertbesuch ist die Frage, ob der Partner das Konzert besucht oder nicht. Von Freunden oder Bekannten eingeladen zu werden, ist dagegen weniger relevant. Die Möglichkeit zur Kopplung des Konzertbesuches mit einem Essen erreicht im Vergleich zu den anderen Clustern einen Spitzenwert. Bei fast allen Items, mit denen abgefragt wurde, was zu einer intensiveren

Nutzung des Konzertlebens führen könnte, finden sich in diesem Cluster die niedrigsten Werte. Andersherum ausgedrückt: Egal was man tut, über ihr Abo hinaus sind diese Besucher kaum »aus der Reserve zu locken«. Bei der Beurteilung der Qualität der künstlerischen Darbietungen bei den untersuchten Konzerten liegen die Mitläufer im Mittelfeld.

7.5.3. Gelegenheitsbesucher

Im letzten Cluster tauchen alle *Gelegenheitsbesucher* auf. Sie unterscheiden sich von den anderen beiden hauptsächlich durch das Kriterium des Kartenerwerbes, da in diesem Cluster alle Nicht-Abonnenten zusammengefasst sind, also diejenigen, die ihre Karte im sogenannten Freiverkauf erworben haben. Personen, die kein Abonnement besitzen, müssen stets neu motiviert werden, Konzerte zu besuchen. Sie als eigenständige Gruppe zu identifizieren, ist daher aus Marketingperspektive inhaltlich sinnvoll, müssen sie doch mit einem anderen Instrumentarium umworben und umsorgt werden als die Abonnenten. Der Cluster kann wie folgt beschrieben werden: Er setzt sich zu 56,2 % aus Frauen und zu 43,8 % aus Männern zusammen. Im Vergleich zu den Abonnenten sind die Gelegenheitsbesucher im Schnitt acht Jahre jünger; sie sind durchschnittlich 59,5 Jahre alt. Schon von daher lohnt es sich, in diesem Segment nach dem zukünftigen Publikum zu suchen und es fester an das Orchester zu binden. Der Bildungsstand in diesem Cluster ist deutlich höher als in den beiden anderen. 82,6 % verfügen über das Abitur (16,6 %) oder haben ein Studium (60,0 %) absolviert. Die Anzahl der Konzertbesuche liegt mit durchschnittlich 9,4 pro Jahr unter dem Wert der beiden anderen Cluster. Insgesamt werden 21,3 Kulturveranstaltungen pro Jahr besucht. Das durchschnittliche Haushaltseinkommen liegt etwas unter dem der beiden Abonnentengruppen, die Haushaltsgröße liegt darüber. Bei der Selbsteinschätzung über das eigene musikalische Wissen liegen die Werte der drei Cluster relativ eng zusammen; mit 2,4 (von 3) attestieren sich die Kunden im freien Verkauf ein gutes Wissensfundament. Der Wunsch, mehr über Musik zu erfahren, erreicht auf einer dreistufigen Skala den Wert 2,5 und dokumentiert damit ein deutliches Interesse an einer inhaltlichen Auseinandersetzung. Allerdings befindet sich auch die Mehrheit der Nebenbeihörer in diesem Cluster, wohingegen die Genusshörer unterrepräsentiert sind. Die Gelegenheitsbesucher besitzen durchschnittlich 222 Tonträger und kaufen sich pro Jahr acht neue hinzu. Der Tonträgerbesitz ist jedoch kein signifikantes Merkmal bei der Unterscheidung der Cluster. Bei vielen der abgefragten Werte belegen die Gelegenheitsbesucher das Mittelfeld. Da die Standardabweichung bei den meisten Items nicht höher liegt als bei den anderen Clustern, dürfte sich ein durchaus realistisches Bild ergeben. Das gilt für Fragen nach dem allgemeinen Interesse an Kultur ebenso wie für die Besuchshäufigkeit von alternativen Kultureinrichtungen. Lediglich bei »Musicals« sind die Gelegenheitsbesucher besonders zurückhaltend. Die Neigung zum Abonnement ist erwartungsgemäß weit weniger ausgeprägt, als es bei den Abonnenten der Fall ist. Auch der Wunsch nach guten Plätzen spielt eine deutlich geringere Rolle. Dafür ist, wie zu erwarten, die Verfügbarkeit von Karten an der Abendkasse wesentlich wichtiger. Auch Tag und Uhrzeit der Konzertaufführung sind von größerer Bedeutung; bessere Termine für die Konzerte würden zu einem häufigeren Konzertbesuch führen. Sie machen den Konzertbesuch zudem häufiger als die Abonnenten von einem externen Impuls abhängig. Dafür spielen die Aktivitäten des Partners allerdings eine geringere Rolle. Die Pflege sozialer Kontakte wird in ihrer Bedeutung geringfügig höher eingeschätzt als in anderen Clustern. Gerade im Freiverkauf achten die Besucher auf das Repertoire und freuen sich über bekannte Stücke im Programm. Die Möglichkeit, Karten zurückgeben zu können, ist hier wichtiger als bei den Abonnenten. Die Angaben zum Entscheidungsverhalten sind auf den ersten Blick widersprüchlich: Auf der einen Seite suchen die Gelegenheitsbesucher gründlich nach Informationen und organisieren gerne den Konzertbesuch auch für andere. Auf der anderen Seite nehmen sie auch gerne Impulse von anderen auf und lassen sich zum Konzertbesuch anregen. Das geringere Durchschnittsalter spiegelt sich auch in einer anderen Variablen am Rande wider: Der Anteil von Konzertbesuchen in Schulen ist in diesem Cluster am größten.

7.5.4. Vergleichende Analyse der Besuchertypen

Dass sich, wie der Tabelle 15 zu entnehmen ist, die drei Besuchertypen in der Häufigkeit der Konzert- und Kulturbesuche signifikant untscheiden, ist nicht überraschend, war der Konzertbesuch doch eines der Ausgangskriterien. Das gleiche gilt jedoch auch für den Tonträgerbesitz – doch dieser erweist sich als Unterscheidungskriterium als nicht signifikant, was an der hohen Standardabweichung liegt.

Variable	Skala	Intensivnutzer		Mitläufer		Gelegenheits-besucher		gesamt		F	α
		Mittel-wert	Stand.-abw.	Mittel-wert	Stand.-abw.	Mittel-wert	Stand.-abw.	Mittel-wert	Stand.-abw.		
Konzert-besuche	Anzahl	13,80	9,09	11,30	5,32	9,43	8,48	11,69	8,06	53,510	0,00 %
Kultur-besuche	Anzahl	24,12	15,70	20,57	12,50	21,34	17,50	21,84	15,23	10,611	0,00 %
Besitz Tonträger	Anzahl	294,73	1759,51	216,55	854,06	221,52	418,97	238,50	1141,07	0,092	39,90 %
Kauf Tonträger	Anzahl	8,82	16,20	6,75	12,34	8,18	18,96	8,20	17,60	2,866	5,70 %
Anfahrts-dauer	Min	24,38	13,45	24,05	14,12	22,18	15,80	23,89	15,07	4,365	1,30 %
Entfernung	km	13,04	12,79	12,67	14,78	12,17	17,71	12,55	14,57	0,567	56,70 %

Tabelle 15: Konzert- und Kulturbesuche, Tonträgerbesitz und -erwerb sowie Anfahrt nach Clustern

Um einen Überblick über den Gesamtdatensatz aus Perspektive der Besuchertypen zu geben, werden im Folgenden zentrale Ergebnisse zusammengestellt.

Konzertformate und Spielstätten
Was die Nutzung der verschiedenen *Konzertformate* angeht, lassen sich die Grundmuster der Cluster erkennen. Popularkonzerte von Sinfonieorchestern finden im Großen und Ganzen gleich wenig Anklang. Bei den Gelegenheitsbesuchern haben knapp 7,8 % der Besucher nur *ein* klassisches Sinfoniekonzert pro Jahr besucht, weitere 0,5 % gar keines. Im ganzen Datensatz findet sich nur dreimal die Angabe, noch nie zuvor ein klassisches Konzert besucht zu haben. Bei den Abonnenten (Intensivnutzer und Mitläufer) erreichen die Mehrfachbesucher für klassische Konzerte quasi 100 %. Bei der Kammermusik scheiden sich hingegen die Geister. Von den Intensivnutzern haben 77,7 % mindestens einmal, überwiegend aber mehrfach Kammerkonzerte besucht. Bei den Mitläufern erreicht dieser Wert nur 64,0 %. Die Freiverkäufe liegen mit 70,5 % im Mittelfeld. Das gleiche Bild, wenn auch auf niedrigerem Niveau, ergibt sich für Klavierabende. Bei Liederabenden und Orgelkonzerten fallen auch die Freiverkäufe etwa auf das Niveau der Mitläufer zurück. Oratorienkonzerte zeigen wieder das gleiche Profil wie die Kammermusik, mit vergleichbaren Werten. Reine A-Cappella-Konzerte sind dagegen nicht so beliebt wie Chorsinfonik.

Allerdings dürfte dies eine Frage des Angebotes sein. Ein etwas anderes Bild ergibt sich bei Konzerten von Laienorchestern. Hier weisen die Gelegenheitsbesucher, also die Freiverkäufe, den höchsten Wert auf. 44,6 % gaben an, mindestens ein entsprechendes Konzert in den vergangenen zwölf Monaten besucht zu haben. Zwei Erklärungen sind dafür möglich: Entweder führt der etwas niedrigere musikalische Anspruch innerhalb dieses Clusters dazu, dass auch (preiswertere) Laienproduktionen besucht werden, oder es schlagen sich die Konzerte im schulischen Umfeld der Kinder nieder. Dafür spricht auch, dass unter den besuchten Spielstätten die Schule hier im Schnitt häufiger genannt wurde als bei den Abonnenten. Auch Kinder- oder Familienkonzerte finden sich vornehmlich bei den Gelegenheitsbesuchern, wohingegen die Mitläufer versuchen, diese Art von Konzert zu meiden.

Das Bild bestätigt sich, wenn man auch die übrigen im vergangenen Jahr aufgesuchten Spielstätten betrachtet. Während 71,4 % der Intensivnutzer mindestens ein Konzert in einer Kirche gehört haben, waren es bei den Mitläufern nur 60,5 %. Die Gelegenheitsbesucher liegen mit 66,4 % genau dazwischen. Insgesamt sind die Gelegenheitsbesucher bei der Auswahl der Spielorte etwas variabler und besuchen verstärkt unterschiedliche Spielstätten. Bei Freiluftkonzerten liegen alle Cluster dicht am Durchschnitt von 11,3 %. Das private Hauskonzert hingegen wird überproportional von den Intensivnutzern und den Gelegenheitsbesuchern wahrgenommen; die Mitläufer sind dort seltener zu finden. Immerhin gaben insgesamt 8,4 % der Besucher an, in den vergangenen zwölf Monaten ein Hauskonzert gehört zu haben. Die Salons des 19. Jahrhunderts haben damit in einer Nische bis heute überdauert.

Motivatoren für häufigeren Konzertbesuch
Unterschiede zwischen den drei Clustern lassen sich bei den Motivatoren erkennen, die zu einem häufigeren Konzertbesuch führen würden. Die Ergebnisse passen gut ins Bild. So zeigt sich, dass bei den Gelegenheitsbesuchern der Preis eine größere Rolle spielt als bei den Abonnenten. Auch bei den Intensivnutzern könnten günstigere Kartenpreise zu noch häufigeren Konzertbesuchen führen. Der externe Impuls, also die Einladung von Freunden oder Bekannten, spielt bei den Gelegenheitsbesuchern eine größere Rolle als bei den Abonnenten. Fast gleich ist das Antwortverhalten bei der Frage nach bekannteren Stücken in den Konzertprogrammen sowie nach der fehlenden Mitfahrgelegenheit. Letztere spielt eine nachrangige Rolle. Die Konzerte werden von allen drei Gruppen nicht als zu lang

Variable	Skala	Intensivnutzer		Mitläufer		Gelegenheitsbesucher		gesamt		F	α
		Mittelwert	Stand.-Abw.	Mittelwert	Stand.-Abw.	Mittelwert	Stand.-Abw.	Mittelwert	Stand.-Abw.		
häufiger eingeladen	1 bis 6	2,07	1,54	1,92	1,37	2,74	1,85	2,25	1,65	40,286	0,00 %
günstigere Karten	1 bis 6	3,30	1,85	2,94	1,73	3,55	1,92	3,23	1,85	15,244	0,00 %
soziale Kontakte	1 bis 6	2,00	1,37	1,79	1,23	2,14	1,43	1,97	1,36	8,855	0,00 %
bekanntere Stücke	1 bis 6	2,74	1,75	2,76	1,72	2,77	1,69	2,76	1,74	0,041	96,00 %
Karten zum halben Preis	1 bis 6	3,17	1,92	2,92	1,85	3,52	1,98	3,17	1,94	13,294	0,00 %
Mitfahrgelegenheit	1 bis 6	1,69	1,38	1,63	1,27	1,60	1,22	1,69	1,38	0,737	47,90 %
kürzere Konzertdauer	1 bis 6	1,33	0,90	1,49	1,05	1,40	0,90	1,41	0,96	4,150	1,60 %
Karten an der Abendkasse	1 bis 6	2,35	1,73	2,18	1,64	2,68	1,85	2,39	1,76	11,297	0,00 %
bessere Qualität	1 bis 6	2,32	1,57	2,15	1,44	2,60	1,64	2,31	1,55	11,175	0,00 %
bessere Termine	1 bis 6	2,36	1,70	2,29	1,62	2,67	1,76	2,40	1,69	7,513	0,10 %
möglicher Onlinekauf	1 bis 6	2,16	1,72	2,18	1,65	2,45	1,79	2,18	1,70	4,904	0,80 %
möglicher Umtausch	1 bis 6	3,10	1,97	2,99	1,88	1,74	1,82	2,95	1,91	5,272	0,50 %
Moderation durch Dirigenten	1 bis 6	2,65	1,77	2,19	1,56	2,30	1,59	2,40	1,69	13,735	0,00 %

Tabelle 16: Motivatoren für einen häufigeren Konzertbesuch nach Clustern

empfunden, wobei die Intensivnutzer den niedrigsten Wert, die Mitläufer den höchsten Wert aufweisen. Für die Gelegenheitsbesucher spielt die Verfügbarkeit von Karten an der Abendkasse eine entsprechend größere Rolle als bei den anderen beiden Gruppen. Damit zusammenhängen dürfte auch das Antwortverhalten hinsichtlich der Verfügbarkeit von Karten im Internet. Auch hier haben die Gelegenheitsbesucher das größte Interesse signalisiert. Sicherlich im Zusammenhang mit dem niedrigeren Durchschnittsalter haben die Aufführungstermine für die Gelegenheitsbesucher eine größere Bedeutung, müssen sie doch für jeden einzelnen Termin neu entscheiden, ob sie die Zeit aufwenden möchten oder nicht. Interessant ist, dass auch die Aufführungsqualität für den Gelegenheitsbesucher größere Relevanz hat als für die Abonnenten. Auch das dürfte damit zusammenhängen, dass jeder Konzertbesuch eine Einzelentscheidung ist. Für die Abonnenten ist Qualität nur hinsichtlich der Konzertbesuche bei anderen Veranstaltern relevant, da das Abonnement in der Regel alle sinfonischen Konzerte des jeweiligen Orchesters umfasst. Die Möglichkeit zum Umtausch ist dagegen für Intensivnutzer wichtiger als für die anderen beiden Gruppen. Das mag daran liegen, dass dieses Klientel auch in anderen Feldern besonders aktiv ist und daher häufiger zwischen verschiedenen kulturellen Veranstaltungen oder sonstigen Aktivitäten koordinieren muss. Der Wunsch nach Moderationen durch den Dirigenten hängt mit dem Bedürfnis, mehr über klassische Musik zu erfahren, zusammen. So wäre das für die Intensivnutzer tendenziell wichtiger als für die Gelegenheitsbesucher und die Mitläufer. Erwartungsgemäß weisen die Mitläufer – mit einer Ausnahme – überall die niedrigsten Werte auf. Das heißt, sie lassen sich unabhängig von den eingesetzten Anreizen schwerer zu weiteren Konzertbesuchen motivieren. Die Ausnahme passt dabei gut ins Bild: Nur bei der Frage nach kürzeren Konzerten liegen die Mitläufer vorne. Das liegt auch daran, dass dieser Punkt bei den Intensivnutzern und Gelegenheitsbesuchern besonders schwach ausgeprägt ist.[149]

Organisation des Konzertbesuches
Der zeitliche Horizont bei den drei Clustern bezüglich des Besuchs von anderen Veranstaltungen ist sehr unterschiedlich. Im Freiverkauf werden die Karten tendenziell kurzfristig erworben, die Abonnenten hingegen gaben durchweg längere Zeiträume für den Kartenkauf an. Dabei wurde nicht nur nach den konkreten Konzerten (die Abonnements werden in der Regel schon vor Saisonbeginn verschickt), sondern nach dem Kartenkauf im Allgemeinen gefragt. Der Planungshorizont dürfte auch an den Erfordernissen des Berufslebens ausgerichtet sein, das bei den Gelegenheitsbesuchern viel stärker präsent ist. Auch die Entscheidung über einen Konzertbesuch wird in den Clustern unterschiedlich gefällt: Im Freiverkauf wie bei den Intensivnutzern gaben mehr als 50 % der Befragten an, der »hauptsächliche Entscheidungsträger« zu sein. Bei den Mitläufern waren es nur knapp über 40 %. Die Übrigen gaben fast ausschließlich an, sich an einer gemeinsamen Entscheidung zu beteiligen. Von den verschiedenen Vorverkaufsstellen ist in allen Clustern die normale Vorverkaufskasse

---

149 Auf Basis dieses Ergebnisses wäre bei einer nachfolgenden Studie auch nach längeren Konzertformaten zu fragen, da dies zumindest bei den Intensivnutzern und Gelegenheitsbesuchern eine positive Wirkung haben könnte.

mit jeweils etwa 45 % besonders beliebt. Die Gelegenheitsbesucher nutzen aber auch die Abendkasse (12,8 %) oder das Internet (17,0 %). Für die Abonnenten spielen in beiden Gruppen das Telefon mit etwa 21 % und sonstige Vorverkaufsstellen mit 12,1 % eine wichtige Rolle. Obwohl bei den Abonnenten jeweils nur knapp 12 % das Internet angaben, haben es im Schnitt 60 % in der Vergangenheit genutzt. Bei den Gelegenheitsbesuchern liegt dieser Wert lediglich bei 51,0 %. Bei den Anfahrtswegen, den die Besucher auf sich nehmen, um zum Konzert zu kommen, sind die Unterschiede aufgrund der Streuung nicht aussagekräftig.

Ehrenamt
Unterschiede lassen sich auch bei den ehrenamtlichen Tätigkeiten für kulturelle Einrichtungen nachweisen. Hier bestätigt sich das Bild, das schon bei der Beschreibung der Cluster gezeichnet wurde. Besonders aktiv sind die Intensivnutzer, von denen sich 23,2 % ehrenamtlich engagieren, bei den Gelegenheitsbesuchern sind es 20,8 %, bei den Mitläufern 17,1 %. In allen Gruppen gaben mehr als 9 % an, in der Vergangenheit aktiv gewesen zu sein, das Engagement inzwischen aber aufgegeben zu haben. Auch hier bleibt festzuhalten, dass die Unterschiede nicht sehr groß sind, was angesichts des homogenen Gesamtmilieus, in dem sich die Stichprobe bewegt, nicht überrascht.

Mediennutzung
Ein ähnliches Bild zeigt sich für die Mediennutzung: So hörten von den Intensivnutzern 41,8 % (fast) täglich klassische Musik im Radio, von den Gelegenheitsbesuchern 32,6 % und von den Mitläufern 29,1 %. Die Tonträgernutzung bleibt insgesamt hinter der des Radios zurück. Hier haben die Gelegenheitsbesucher die Nase vorn: 38,8 % legen sich mehrmals pro Woche oder täglich eine CD auf, 36,3 % sind es bei den Intensivnutzern und 26,5 % bei den Mitläufern. Von den beiden Abonnenten-Gruppen haben mehr als 93 % noch nie Musik im Internet gehört, bei der etwas jüngeren Generation der Freiverkäufe nur 83 %. Noch hat das Internet als Distributionsmedium für klassische Musik die Konzertbesucher nicht erreicht. Auch das Fernsehen spielt eine eher untergeordnete Rolle. In allen Clustern gaben 60 bis 65 % der Besucher an, sich bestenfalls ein paar Mal im Jahr klassische Musik im Fernsehen oder auf Video / DVD anzusehen. So kann man das Engagement der Orchester, von wichtigen Konzerten anschließend Tonträger vorzulegen, als Kundenbindungsinstrument nachvollziehen.

Bewertung des besuchten Konzertes

Ein interessantes Ergebnis liefert der Vergleich der Bewertungen des besuchten Konzertes. Dass sich signifikante Unterschiede beim Kartenkauf erkennen lassen, ist angesichts des Unterscheidungskriteriums Abonnement oder Freiverkauf nicht überraschend. Die schwache Signifikanz der Unterschiede bei der Hygiene der Waschräume mag an der ungleichen Verteilung der Geschlechter über die Cluster liegen. Die Hauptunterschiede lassen sich aber in den musikalischen Dimensionen erkennen. So sind zum Beispiel die Unterschiede bei der Bewertung des Saales signifikant, die des Foyers nicht. Bei dem Saal spielen naturgemäß auch akustische Aspekte eine Rolle, also eine musikalische Dimension. Die Signifikanz-

	Skala	Intensiv-nutzer		Mitläufer		Gelegen-heits-besucher		gesamt		ANOVA-Signifikanz	
		Mit-tel-wert	St.-Abw.	Mit-tel-wert	St.-Abw.	Mit-tel-wert	St.-Abw.	Mit-tel-wert	St.-Abw.	F	α
Konzert	0 bis 6	5,49	0,80	5,42	0,79	5,40	0,90	5,54	0,81	2,136	*11,80 %*
Kartenkauf	0 bis 6	3,70	2,64	3,24	2,74	4,59	2,03	3,89	2,51	33,976	**0,00 %**
Werbung	0 bis 6	2,85	2,34	2,42	2,35	2,95	2,17	2,81	2,29	6,441	**0,20 %**
Parkplatz	0 bis 6	3,29	1,90	3,23	1,87	3,05	2,18	3,26	1,95	2,337	*9,70 %*
ÖPNV	0 bis 6	2,76	2,17	2,99	2,14	3,22	2,40	3,06	2,23	6,087	**0,20 %**
Einlass	0 bis 6	5,30	1,09	5,20	1,17	5,18	1,15	5,26	1,10	2,155	*11,60 %*
Garderobe	0 bis 6	4,73	1,96	4,76	1,85	4,20	2,30	4,70	1,95	13,237	**0,00 %**
Gastronomie	0 bis 6	3,59	2,46	3,35	2,47	3,32	2,50	3,51	2,47	2,043	*13,00 %*
Preis-Leistung Gastronomie	0 bis 6	2,80	2,13	2,57	2,11	2,48	2,10	2,70	2,13	3,628	2,70 %
Ambiente Foyer	0 bis 6	3,90	1,28	3,79	1,29	3,95	1,28	3,93	1,31	2,360	*9,50 %*
Ambiente Saal	0 bis 6	4,60	1,15	4,43	1,22	4,38	1,33	4,52	1,22	5,577	**0,40 %**
Anzahl Toiletten	0 bis 6	3,77	1,88	3,86	1,85	3,87	1,91	3,87	1,87	5,270	*59,00 %*
Sauberkeit Toiletten	0 bis 6	4,68	1,72	4,50	1,80	4,38	1,92	4,58	1,79	4,282	**1,40 %**
Solist	0 bis 6	5,75	0,61	5,68	0,77	5,52	1,03	5,66	0,84	13,047	**0,00 %**
Dirigent	0 bis 6	5,61	0,72	5,50	0,83	5,41	1,00	5,54	0,82	9,365	**0,00 %**
Orchester	0 bis 6	5,69	0,56	5,63	0,60	5,50	0,81	5,63	0,65	14,841	**0,00 %**
Musikalische Qualität	0 bis 6	5,58	0,69	5,52	0,75	5,44	0,84	5,54	0,74	5,464	**0,40 %**
Zusammenstel-lung Programm	0 bis 6	5,17	1,04	5,09	1,09	5,18	1,15	5,15	1,07	1,176	*30,90 %*
Programmheft	0 bis 6	4,83	1,54	4,57	1,70	4,11	2,09	4,57	1,77	26,142	**0,00 %**
Preis-Leistung gesamt	0 bis 6	5,03	1,15	4,91	1,23	4,73	1,49	4,91	1,29	8,474	**0,00 %**

Tabelle 17: Bewertung des Konzerterlebnisses nach Clustern

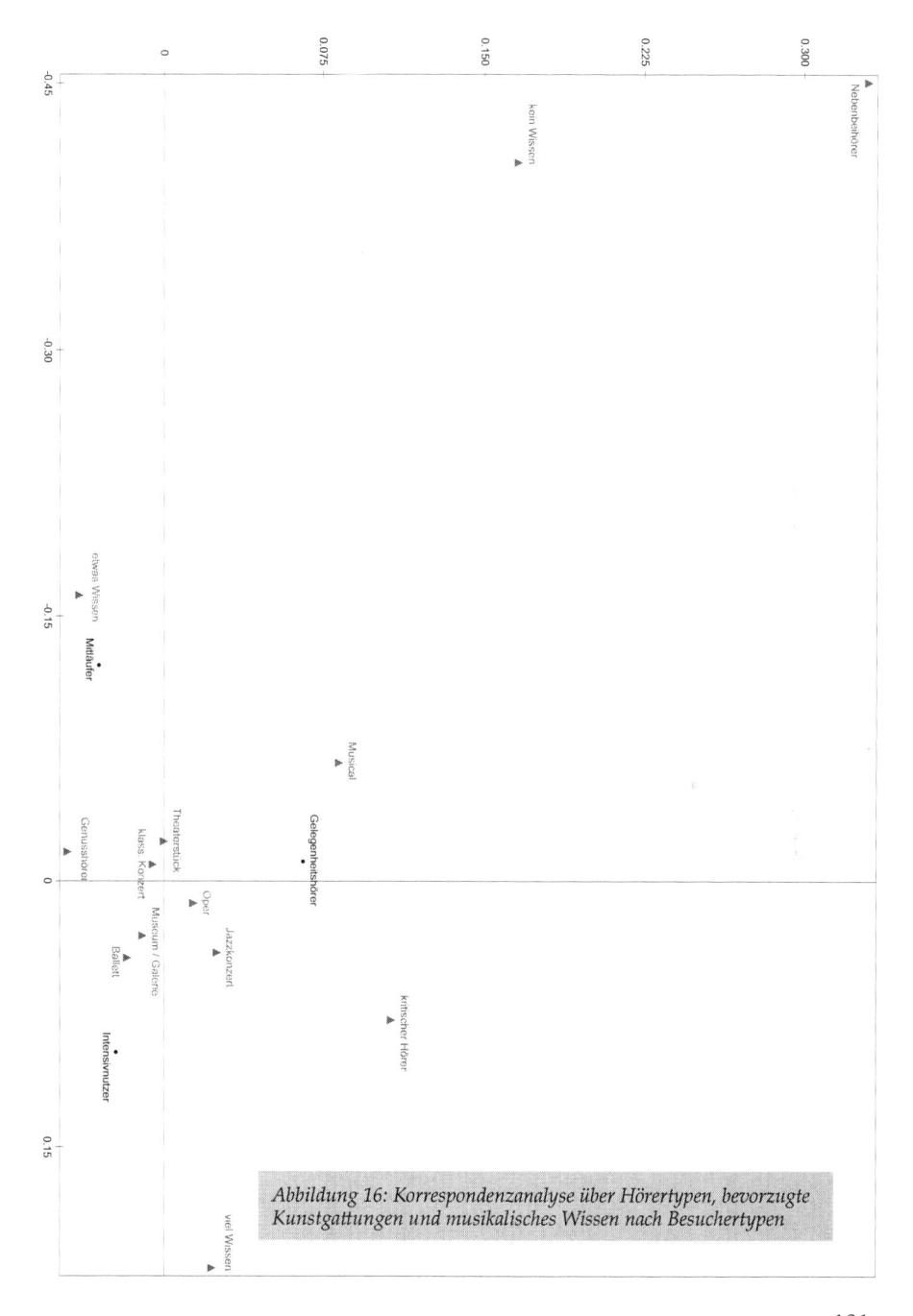

Abbildung 16: Korrespondenzanalyse über Hörertypen, bevorzugte Kunstgattungen und musikalisches Wissen nach Besuchertypen

unterschiede liegen aber in der Bewertung der Solisten, der Dirigenten und der Orchester. Auch bei der musikalischen Qualität insgesamt, bei der Bewertung der Programmhefte und des Preis-Leistungs-Verhältnisses zeigen sich signifikante Unterschiede. Die Kriterien, die aus dem Blue-Print der Serviceorientierung[150] abgeleitet sind, tragen nicht zur Unterscheidbarkeit der Cluster bei. Dass auch die Zusammenstellung des Programms kein Differenzierungsmerkmal darstellt, korrespondiert mit der Aussage, dass bekanntere Stücke auf dem Programm bei keiner Besuchergruppe wesentlich zu häufigeren Konzertbesuchen animieren würden. Auch bei diesem Item waren keine signifikanten Unterschiede zwischen den Clustern zu erkennen. Der Vergleich der individuellen Einschätzungen des Konzerterlebnisses zeigt, dass die gefundenen Cluster sich zu einem guten Teil von dem musikalischen Erleben her erklären lassen. Damit sind sie allerdings auch spezifisch auf den klassischen Konzertbesuch begrenzt und lassen sich nicht ungeprüft auf andere Kultursparten übertragen.

	Skala	Intensiv-nutzer		Mitläufer		Gelegenheits-besucher		gesamt		ANOVA-Signifikanz	
		Mittel-wert	St.-Abw.	Mittel-wert	St.-Abw.	Mittel-wert	St.-Abw.	Mittel-wert	St.-Abw.	F	α
Interesse an Kultur	1 bis 6	5,73	0,55	5,36	0,84	5,56	0,70	5,54	0,74	49,448	0,00 %
Kulturelle Aktivitäten	1 bis 3	2,95	0,21	2,79	0,41	2,86	0,35	2,87	0,33	43,459	0,00 %
Museen oder Galerien	1 bis 11	9,20	2,19	8,35	2,67	8,54	2,72	8,79	2,52	22,300	0,00 %
Jazzkonzerte	1 bis 11	4,60	3,49	4,25	3,28	4,62	3,47	4,41	3,45	2,125	12,00 %
Theater (Schauspiel)	1 bis 11	8,14	2,76	7,72	2,90	7,95	2,90	8,08	2,79	3,659	2,60 %
Musicals	1 bis 11	5,42	3,29	5,21	3,28	5,17	3,40	5,45	3,36	1,056	34,80 %
Opern-aufführungen	1 bis 11	9,03	2,63	7,96	3,06	8,65	2,91	8,68	2,82	24,354	0,00 %
Ballett-aufführungen	1 bis 11	7,51	3,29	6,34	3,55	6,77	3,39	7,06	3,41	20,690	0,00 %
klassische Konzerte	1 bis 11	10,83	0,55	10,49	1,00	10,39	1,31	10,59	1,01	40,158	0,00 %

Tabelle 18: Interesse an Kultur nach Besuchergruppen

---

150 siehe Kapitel 4

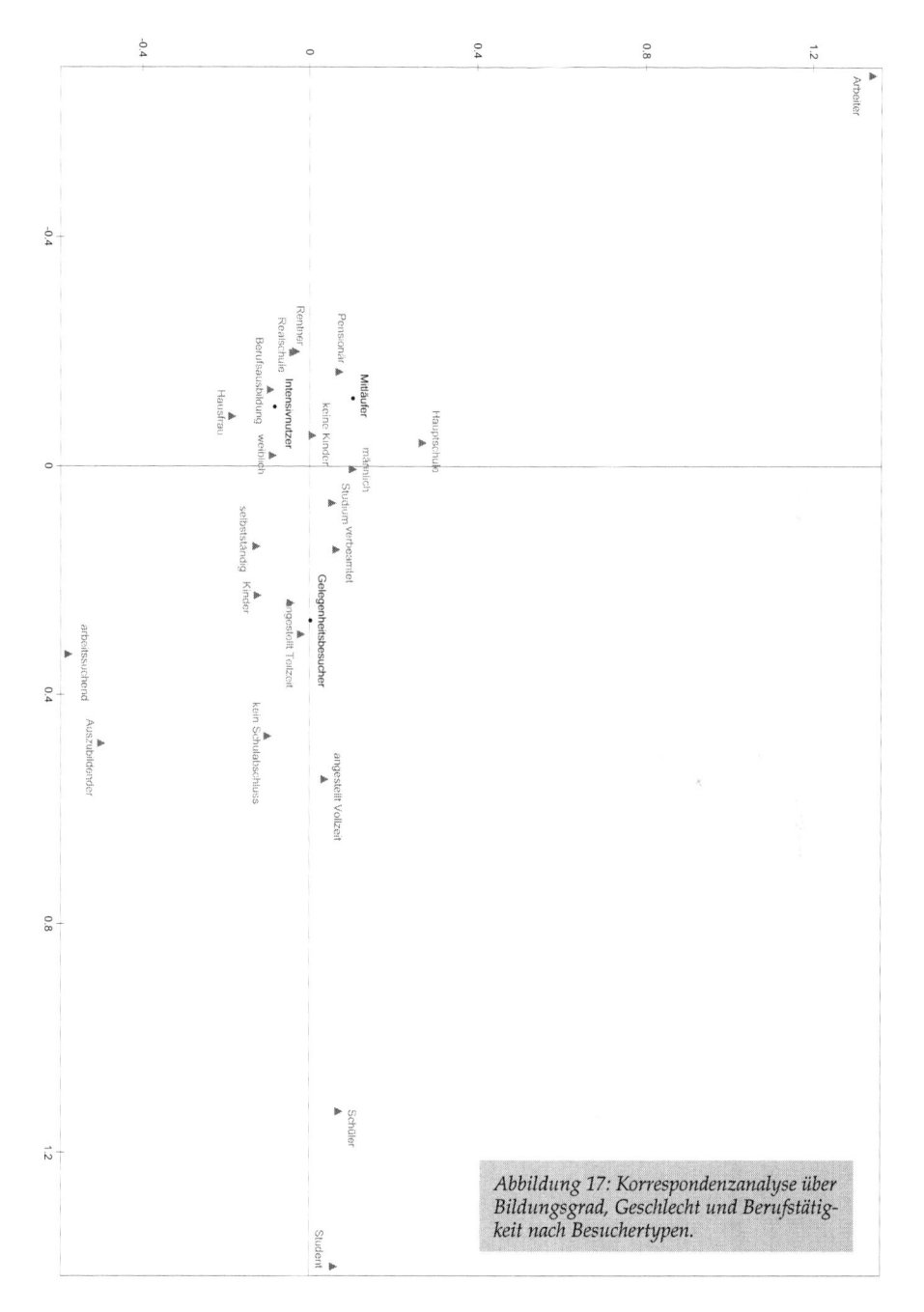

Abbildung 17: Korrespondenzanalyse über Bildungsgrad, Geschlecht und Berufstätigkeit nach Besuchertypen.

Kulturnutzung allgemein

Die Korrespondenzanalyse der bevorzugten Kulturnutzung (Abbildung 16) zeigt, dass das klassische Konzert, der Besuch eines Schauspiels oder einer Oper bei allen Clustern sehr beliebt sind. Die Skalierung der Achsen, die das Abweichen von der Normalverteilung repräsentiert, lässt deutlich die geringe Gesamtvarianz im Datensatz erkennen. Die x-Achse in Abbildung 16 lässt sich als Skala für musikalisches Wissen deuten, die y-Achse als Form des Zuhörens (nebenbei bis genussvoll), wobei »nebenbei« mit »wenig Wissen« und »kritisch« mit »viel Wissen« korrespondiert. Gelegenheitsbesucher und Intensivnutzer sind tendenziell kritischer als Mitläufer. Die Unterschiede zwischen den Clustern sind zwar sehr gering, wie die nachstehende Tabelle zeigt, allerdings durchaus signifikant – mit Ausnahme der Neigung zum Musical und zu Jazz, die sich nicht über die gefundenen Cluster erklären lassen.

Soziodemographische Daten

Ähnlich lässt sich auch eine Korrespondenzanalyse über die soziodemographischen Daten (Abbildung 17) interpretieren. Links der y-Achse finden sich die beiden Abo-Cluster, auf der rechten Seite die Gelegenheitsbesucher. Schüler und Studenten sind eher bei den Gelegenheitsbesuchern zu finden, Pensionäre und Rentner bei den Abonnenten. Arbeiter, Arbeitssuchende und Auszubildende sind deutliche Ausreißer, genau wie die genannten Schüler und Studenten. Die Geschlechter sind relativ gleichmäßig über die Cluster verteilt (beide stehen nah am Ursprung), genauso wie das Studium oder die fehlenden Kinder im Haushalt. Auch hier zeigt die Skalierung der Korrespondenzanalyse deutlich, wie homogen die Besucherstrukturen insgesamt sind.

Zwischenfazit

Die oben vorgestellten Besucheranalysen von Adorno, Schulze und Keuchel finden sich in unterschiedlichen Ausprägungen beim niedersächsischen Publikum wieder. Der Intensivnutzer findet wohl vor allem im Bildungskonsumenten Adornos eine Entsprechung, der Mitläufer könnte mit dem klassisch musealen Bildungsbürger von Keuchel »verwandt« sein. Alles in allem bilden aber alle drei Typen ein relativ homogenes Milieu, wie Schulze es beschrieben hat.

8. Intermezzo

Die Ergebnisse der Korrespondenz- und Clusteranalysen lassen erkennen, dass sich das Publikum wie auch die Struktur der Orchester deutlich von dem Bild unterscheidet, das die Knight-Studie in den USA gezeichnet hat. Vor allem die Homogenität der Musikliebhaber verbunden mit dem hohen Durchschnittsalter führen zu den von Hamann prognostizierten Einbrüchen bei den Besucherzahlen[151] und machen eine Suche nach den Ursachen notwendig. Die klassischen Marketing-Instrumente der Kundenbindung kommen für Sinfonieorchester nicht in Betracht, besitzt doch ein Großteil der Besucher ohnehin ein Abonnement. Zudem ergab die Befragung, dass kaum einer der abgefragten Anreize zu einem häufigeren Konzertbesuch führen würde.

Die Unterschiede zwischen den gefundenen Clustern sind zwar überwiegend signifikant, aber nicht sehr groß. Die unterschiedlichen Besuchertypen der Knight-Studie zeigen deutlich, dass es den Orchestern in den USA viel stärker gelungen ist, über die traditionellen Milieus hinaus Publikum zu gewinnen. Dabei mag es eine Rolle spielen, dass in den USA nicht der Konzertbesuch an sich das Distinktionsmerkmal ist, sondern die Zugehörigkeit zu einem der *Donation Circles*. Deren Mitglieder werden, abgestuft nach ihrer jährlichen Spende, in den Spielzeitheften namentlich genannt und genießen bei den Konzerten besondere Aufmerksamkeit und Privilegien, bis hin zu speziellen Lounges, die nur den Mitgliedern des jeweiligen Circles zugänglich sind. Immerhin akquirieren die amerikanischen Orchester durchschnittlich 36 % ihres Budgets über private Spender und Sponsoren, wobei Letztere fast zu vernachlässigen sind.[152]

Die nachfolgenden Kapitel wenden sich daher der Frage zu, wie die Grenzen des bestehenden Publikums überschritten werden können und warum dies bisher nicht erfolgt ist. Als eine Ursache für die Legitimationskrise der Orchester, die mit der sinkenden Reichweite verknüpft ist, ist die abnehmende Präferenz für klassische Musik bei der jüngeren Bevölkerung zu nennen.

---

151 Hamann 2005, S. 10
152 Hamann 2004, S. 26

Da die musikalische Sozialisation mit etwa 24 Jahren abgeschlossen ist[153], wird sich danach eine Präferenzänderung nur mit erheblichem Aufwand erzielen lassen. Der Besuch von Orchesterkonzerten bedingt ein Grundinteresse an klassischer Musik, worunter hier natürlich nicht spezifisch die Wiener Klassik, sondern E-Musik[154] insgesamt verstanden werden soll.

höre ich sehr gern/auch noch gern	Altersgruppen						
	14–19	20–29	30–39	40–49	50–59	60–69	70+
	in %						
Oldies, Evergreens	27,1	47,1	62,6	76,1	87,1	88,6	82,1
Deutsche Schlager	16,6	28,0	41,0	48,7	66,0	79,6	82,0
Volksmusik, Blasmusik	4,5	4,5	10,2	15,5	30,9	51,8	73,8
Tanzmusik	26,5	32,3	36,7	42,7	55,6	64,4	62,2
Jazz	18,8	23,7	27,2	29,2	32,3	31,7	20,3
Dt. Rock- und Popmusik	77,1	78,5	79,8	78,6	67,1	40,7	17,8
Engl. Rock- und Popmusik	87,3	89,6	87,6	83,9	64,7	32,2	8,0
Dance, Hip Hop, Rap	69,3	58,4	34,4	22,1	11,3	3,5	1,2
Techno, House	60,9	50,6	24,3	13,6	5,3	1,5	0,9
Hardrock, Heavy Metal	44,9	43,3	33,8	25,4	13,8	3,4	0,9
Blues, Spirituals, Gospels	19,2	25,8	34,5	38,8	42,8	40,4	28,2
Chansons	6,2	11,6	20,1	24,4	41,1	44,3	37,5
Musicals	29,3	35,8	45,2	49,1	57,9	59,1	52,1
Oper, Operette, Gesang	5,9	8,6	16,7	20,9	37,1	50,5	55,0
Klassik, Konzerte, Sinfonien	11,9	16,9	26,9	30,3	40,3	48,0	50,6

Tabelle 19: Übersicht Musikpräferenzen nach Alter in 2009
Quelle: http://www.miz.org/intern/uploads/statistik31.pdf (abgerufen am 1. Mai 2011)

Deutlich ist in Tabelle 19 zu erkennen, dass die Affinität zu klassischer Musik in der jüngeren Generation deutlich geringer ist als bei der älteren. Über die Ursachen sind verschiedene Theorien zu finden: Götz Alsmann, Musiker und Musikwissenschaftler, vermutet, dass die Einführung des Spartenradios in den siebziger Jahren die Trendwende eingeläutet hat.[155] Waren zuvor auf dem gleichen Kanal der öffentlich-rechtlichen Rundfunkanstalten Beatles und Bizet, Abba und Albinoni zu hören, konnten die Zuhörer infolge der Ausdifferenzierung der Kanäle, insbesondere nach der Gründung von privaten Rundfunkanbietern in den achtziger Jahren, ihr spezielles Repertoire ausschließlich auswählen. Somit kommen die Hörer nicht mehr en passant mit dem klassischen Repertoire in Berührung.

153 Dollase 1992, S. 428
154 E-Musik = »ernste« Musik im Sinne der GEMA, von Leonard Bernstein auch mit »exakte« Musik übersetzt, da sie explizit bis ins Detail auskomponiert ist.
155 http://www.br-online.de/br-klassik/zukunftswerkstatt-klassik-DID1268907789425/ klassik-news-zukunftswerkstatt-klassik-goetz-alsmann-ID1274364405640.xml (abgerufen am 30. April 2011)

Insbesondere die Operette als »leichte Muse« ist aus den Programmen verschwunden. Das mag auch die Auffälligkeit erklären, dass in der älteren Generation das Musiktheater, das die Operette mit einschließt, beliebter ist als »akademische« Konzerte. Auch die Bildung könnte eine Rolle spielen. Der Anteil der Abiturienten in den 40er- und 50er-Jahrgängen betrug gerade einmal 5 bis 7 % und ist bis 2008 auf über 45,1 % gestiegen.[156]

Die 68er-Generation mit ihrem bewussten und konsequenten Bruch zur klassischen Kultur wirkt bis heute nach. Geht man, wie oben bereits erwähnt, davon aus, dass die musikalische Prägung mit 24 Jahren im Wesentlichen abgeschlossen ist[157], werden sich immer weniger Musikhörer nach der Familien- und Karrierephase (Kohortentheorie) im Konzertsaal bei klassischer Musik einfinden. Zudem hat diese Generation auch die Musikvermittlung in den allgemeinbildenden Schulen in den letzten Jahrzehnten geprägt. Dabei hat sie ihre eigene musikalische Sozialisation in die Lehrpläne hineingetragen. Für die klassische Musik und damit für das Betätigungsfeld von Orchestern steht damit weniger Unterrichtszeit zur Verfügung. Die Orchester müssen also sowohl bei der Schul- und Bildungspolitik als auch bei Lehrern und Eltern Lobbyarbeit betreiben, um ihre Inhalte wieder stärker im Schulunterricht zu verankern. Darüber hinaus werden sie aber auch eigene Aktivitäten entfalten müssen, um die musikalischen Präferenzen im gewünschten Sinne zu beeinflussen.

So werden in Kapitel 9 zunächst zwei klassische Modelle zur musikalischen Präferenzbildung vorgestellt. Das Modell von LeBlanc aus den achtziger Jahren galt lange als summarische Zusammenfassung des Kenntnisstandes.[158] Unter dem Eindruck seiner eigenen düsteren Zukunftsprognose entwickelte Hamann ein Modell, das den Diskurs maßgeblich prägte. Kontrastiert werden die beiden Ansätze mit einem Modell aus dem Bereich der allgemeinen Psychologie, das auch im Marketing eingesetzt wird. Es liefert hilfreiche Erkenntnisse und eröffnet Handlungsoptionen für die Orchester.

Auf Basis dieser Erkenntnisse werden in Kapitel 10 die bisherigen Anstrengungen von Orchestern, ein neues Publikum zu gewinnen, hinsichtlich ihrer Tauglichkeit zur Änderung von musikalischen Präferenzen überprüft. Dabei muss im Blick behalten werden, dass die Orchester nur sehr begrenzte Möglichkeiten zur Beeinflussung des Nichtpublikums haben. Grundsätzliche Forderungen nach mehr Musikunterricht in den all-

---

156 http://www.studentenwerke.de/pdf/WS100205_Prof_Dr_Wolter_HIS.pdf
     (abgerufen am 26. April 2011)
157 Dollase 1992
158 Kloppenburg 2005, S. 364

gemeinbildenden Schulen oder einem Ausbau der Musikschulen mögen zwar den gewünschten Effekten dienen, dies liegt aber nicht im Ermessen der bestehenden Klangkörper.

Zudem sind die strategischen Erwartungen an die Orchester von den verschiedenen Anspruchsgruppen sehr unterschiedlich. Daher ist es notwendig, die verschiedenen Anforderungen mithilfe des Stakeholderansatzes zu systematisieren (Kapitel 11), denn auch hier lassen sich besondere Schwierigkeiten bei der Gewinnung neuer Publikums-Segmente erkennen.

Schließlich wird in Kapitel 12 der Versuch unternommen, das derzeitige Marktgeschehen mithilfe des Ansatzes von Clayton Christensen zu beschreiben, weil gerade dieses Modell von relevanten Kundengruppen ausgeht, die mehr oder weniger systematisch vom Kauf oder von der Nutzung eines Produktes oder einer Dienstleistung ausgeschlossen werden. Das Modell ist als Analyseinstrument nutzbar und zeigt zugleich strategische Optionen für die Akteure an den untersuchten Märkten auf.

9. Musikalische Präferenzbildung

Die vorstehende Problemanalyse hat deutlich gemacht, dass die Präferenz für klassische Musik in der jüngeren Bevölkerung schwindet und damit potenzielle zukünftige Besucher. Denn ohne eine Präferenz für das entsprechende Repertoire wird kaum ein Besucher regelmäßig Konzerte besuchen, unabhängig vom jeweiligen Genre. Das macht es für die Akteure notwendig, sich mit dem Prozess der Präferenzbildung im Bereich der Musik auseinanderzusetzen. Man mag darüber streiten, ob es überhaupt legitim ist, diese Präferenzbildung bewusst zu beeinflussen, gerade bei Kindern. Es bleibt eine ethische Frage, die letztendlich auf politischer Ebene entschieden werden muss. Das Eigeninteresse der Orchester, die dauerhaft auf ein Publikum angewiesen sind, ist dabei eindeutig und lässt sich aus den aktuellen Bemühungen im Rahmen von Kinderkonzerten und Schulprojekten ablesen. Zudem ist eine Reihe von Akteuren aus Wirtschaft und Politik damit befasst, frühzeitig Trends und Präferenzen auch und gerade bei jungen Zielgruppen zu verankern. Eine musikalische Sozialisation – unabhängig vom bevorzugten Genre – findet zudem in jedem Fall statt.

9.1. Das Modell von LeBlanc

Den ersten Versuch, ein umfassendes Modell für musikalische Präferenzbildung zu entwickeln, unternahm in den frühen achtziger Jahren der Musikpädagoge Albert LeBlanc. In seiner ersten Publikation sprach er noch von *musikalischem Geschmack*[159], legte sich zwei Jahre später aber auf den Begriff der *Präferenz* fest.[160] Aus seinen Forschungen extrahierte er die Quellen von musikalischen Präferenzen, ausgehend von einem Stimulus, also einem konkreten Hörerlebnis, und fasste sie in einem achtstufigen Modell zusammen.

---

159 LeBlanc 1980
160 LeBlanc 1982

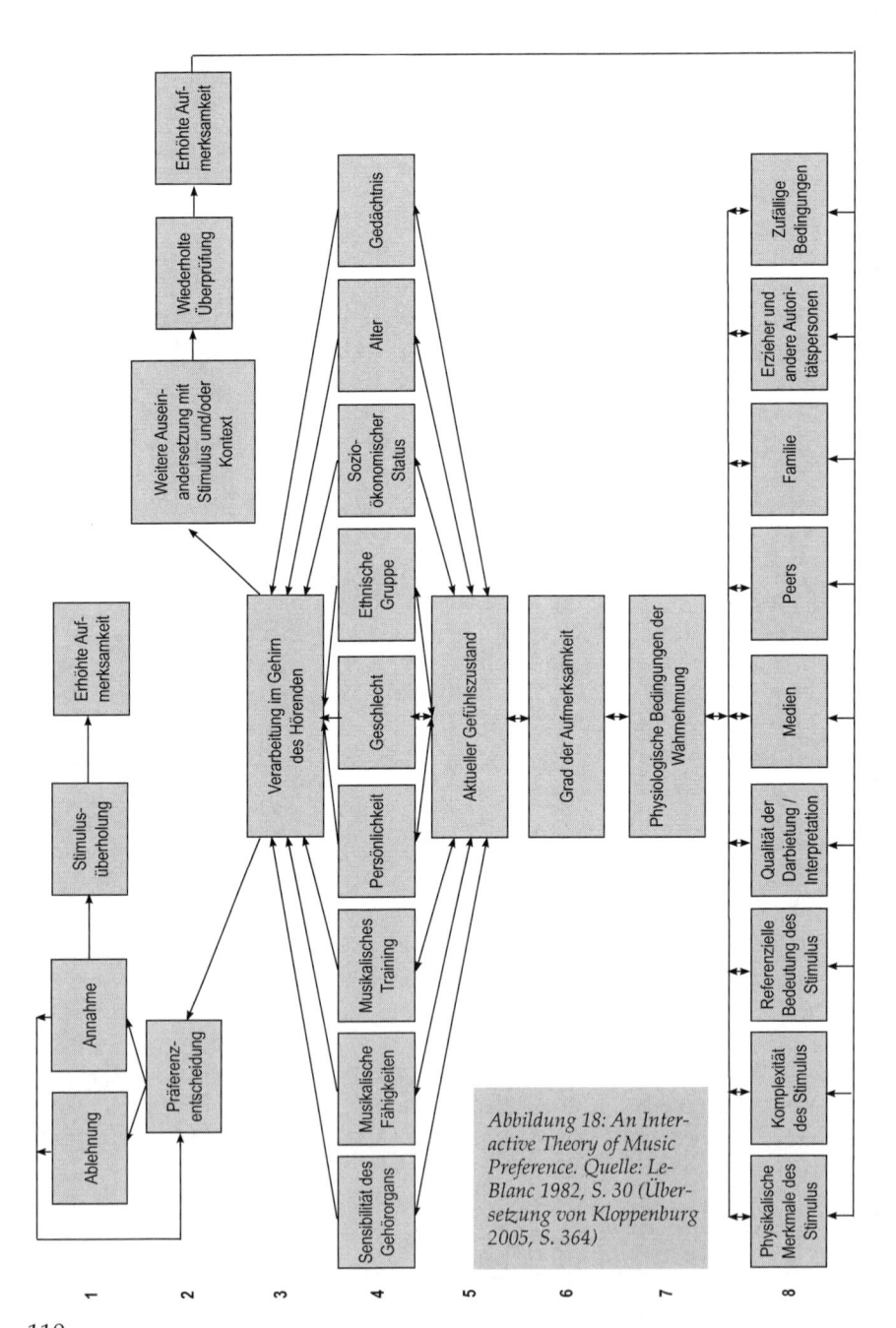

Abbildung 18: An Interactive Theory of Music Preference. Quelle: Le-Blanc 1982, S. 30 (Übersetzung von Kloppenburg 2005, S. 364)

110

LeBlanc weist darauf hin, dass jedes Hörerlebnis neu vor dem Hintergrund von Erfahrungen und der persönlichen Situation bewertet wird, auch wenn das gleiche Stück wiederholt wird. Die Verarbeitung des Hörerlebnisses hängt dabei unmittelbar mit dem Stimulus selbst zusammen: Der Stimulus lässt sich hinsichtlich seiner *physikalischen Merkmale*, seiner *Komplexität*, der *Qualität* und seiner *referenziellen Bedeutung* erfassen, wobei sich das letzte Kriterium direkt auf den Hörer bezieht. Dabei sind die Variablen als sehr umfassend zu verstehen, so schließt zum Beispiel die *Qualität* unter anderem auch das Charisma des ausführenden Künstlers mit ein.[161] Zu den *physikalischen Merkmalen* gehören zum Beispiel Lautstärke, Klangfarbe, Metrum und Rhythmus. Die *Komplexität* gibt Auskunft über das Werk selbst, ob es sich zum Beispiel um einen einfachen Kanon oder eine fünfstimmige Doppelfuge in Bachscher Manier handelt. Unter *referenzieller Bedeutung* versteht LeBlanc Assoziationen, die im Kopf des Hörers entstehen, wie Farbenvorstellungen oder Erinnerungen an Gemälde. Vor dem Hintergrund der persönlichen Erfahrung wird ein hermeneutischer Zugang zur Musik ausgelöst, ähnlich wie es bei Programm-Musik[162] durch den Komponisten beabsichtigt ist. Auf der gleichen Ebene wie die unterschiedlichen Eigenschaften des Stimulus selbst, siedelt LeBlanc auch die Instanzen der musikalischen Sozialisation an: Dazu gehören die *Familie, Lehrer* und andere *Autoritätspersonen*, die *Peer-Group* und auch *zufällige Bedingungen*, unter deren Einfluss der akustische Reiz aufgenommen wird. Dabei lassen sich – abhängig vom Alter – Unterschiede ausmachen. Prägt zunächst die *Familie* den musikalischen Geschmack, haben in der Grundschulzeit auch die Lehrer einen wichtigen Einfluss. Dieser schwindet mit dem Eintreten in die Pubertät und geht tendenziell auf die *Peer-Group* über.[163] Zwischen allen Variablen bestehen wechselseitige Abhängigkeiten.

Die *Medien* nehmen eine zentrale Stellung ein. Vor allem dem kommerziellen Radio schreibt LeBlanc mit seinen starken wirtschaftlichen Interessen eine strategische Rolle zu, versuchen doch die einzelnen Sender mit Blick auf die Werbekunden möglichst klar definierte Zielgruppen zu

---

161 Das Beispiel, das LeBlanc (1982, S. 33) anführt, trifft jedoch nicht zu: Die Rolle des *Samiel* im Freischütz von Carl Maria von Weber ist eine Sprechrolle. In der besagten Wolfsschluchtszene sind die Einwürfe und Passagen von Samiel nur zu einem kleinen Teil als Melodram ausgeführt. Damit wird kein musikalischer Stimulus im eigentlichen Sinne erzeugt.

162 Unter Programm-Musik werden reine Instrumentalwerke verstanden, die einen außermusikalischen Inhalt transportieren, zum Beispiel ein Gemälde nachempfinden (Mahler *4. Sinfonie*) oder ein Gedicht »nacherzählen« (Vivaldi *Die vier Jahreszeit*en). Die Beliebtheit der Programm-Musik im 19. Jahrhundert spiegelt sich in der Vielzahl sinfonischer Dichtungen aus dieser Zeit wider.

163 Dollase 1998, S. 341f.

erzeugen und an das musikalische Portfolio zu binden. Auch die Medien stehen in Wechselwirkung mit dem sozialen Umfeld und wirken auf die Qualität des Stimulus.

Auf den darüber gelagerten Ebenen (7 bis 5) sind intervenierende Variablen zusammengestellt. Dazu gehören die *physiologischen Bedingungen der Wahrnehmung*, die zum Beispiel durch Schwerhörigkeit, Erkältung oder ähnliches eingeschränkt sein können. Sie stehen in Wechselwirkung mit den Basisvariablen. Ist der Hörer beispielsweise aus seinem Umfeld laute Musik gewohnt, spricht er auf leise Stimuli entsprechend schwächer an. Des Weiteren nennt LeBlanc die *Aufmerksamkeit* sowie den derzeitigen *emotionalen Status*, die sich entweder wie ein Filter über den Stimulus legen oder in anderen Fällen ihn auch verstärken können. Die Aufmerksamkeit kann nach LeBlanc auch eine Barriere bilden, die eine weitere Auseinandersetzung mit dem Stimulus verhindert. »More like a gate than a filter, the basic attention variable may leave the listener's processing system essentially open or closed.«[164]

Die Kriterien in Level 4 beschreiben den Hörer in seinen Fähigkeiten und Erfahrungen im Umgang mit Musik sowie seine soziodemographischen Daten. Mit der *Sensibilität des Gehörorgans* werden die physiologischen Eigenschaften aus dem 7. Level spezifiziert. So kann sich eine Schwerhörigkeit nur auf bestimmte Frequenzbereiche beziehen, sodass sich das Klangspektrum verschiebt.[165] *Musikalische Fähigkeiten* umschreiben bei LeBlanc eine angeborene Musikalität, also die Fähigkeit, sich musikalische Fertigkeiten ohne Anleitung selbst beizubringen. Dabei führt er kritisch aus, dass es wohl ganz ohne *musikalisches Training* nicht gehen wird[166], ein vergleichbares musikalisches Training kann aber, je nach Begabung, zu extrem unterschiedlichen Resultaten führen. Daher werden diese beiden Variablen separat aufgeführt. Die *Persönlichkeit* wird auf der einen Seite von Einflussfaktoren wie Peers, Familie, ethnischer Zugehörigkeit etc. geprägt, sie ist auf der anderen Seite zum Teil aber – wie die Musikalität – auch Veranlagung; daher wirkt sie als eigene Variable auf die Musikrezeption. Beim *sozioökonomischen Status* weist LeBlanc ausdrücklich darauf hin, dass Musik hier als Ausdruck der Zugehörigkeit zu einer bestimmten Statusgruppe genutzt wird, also als Distinktionsmerkmal. Das *Geschlecht* wirkt sich vor allem bei der Wahrnehmung der Künstler

---

164 LeBlanc 1982, S. 35, siehe dazu Kapitel 9.3.
165 Je schlechter Obertöne wahrgenommen werden, umso schwieriger wird es, verschiedene Klangfarben zu identifizieren und damit zum Beispiel Instrumente am Klang zu unterscheiden.
166 LeBlanc 1982, S. 36

aus. Bevorzugt werden Musiker des jeweils anderen Geschlechtes, denen tendenziell ein höheres Charisma zugeschrieben wird. Die ethnische Zugehörigkeit spielt gerade bei musikalischen Präferenzen eine wichtige Rolle, gelingt es doch zum Beispiel in Deutschland kaum, Menschen mit Migrationshintergrund in den klassischen Kulturbetrieb zu integrieren.[167] Das *Alter* – LeBlanc spricht von *maturation*, also von Reife – ist ein Indikator dafür, wie beweglich oder wie beeinflussbar der Hörer jeweils ist. Ähnlich wie die Variablen des 8. Levels interagieren die des 4. Levels mit den intervenierenden Variablen der 5. bis 7. Stufe. So hängt die Sensibilität des Gehörorgans eng mit den physiologischen Bedingungen der Wahrnehmungen zusammen.

Die 3. Ebene beschreibt LeBlanc analog zu klassischen S-O-R-Modellen als Informationsverarbeitung im Gehirn, die in ihrer Form (zum damaligen Zeitpunkt) kaum genauer zu fassen war.[168] So beschreibt er *mögliche* kognitive Vorgänge im Prozess der Verarbeitung: »Possible events during brain processing include the formulation and testing of expectations, development of fantasy or imagery, and the signaling and experiencing of physiological and motor responses, including body movements.«[169]

Für LeBlanc sind unter der Vielzahl der Variablen weitere subsumiert, die nicht separat aufgeführt werden. Dazu gehört zum Beispiel die Reihenfolge, in der musikalische Stimuli dem Hörer angeboten werden – im Konzertwesen also die *Dramaturgie*. Das Modell beschreibt nur die Verarbeitung zu einem genauen Zeitpunkt, nicht über eine Zeitspanne. Am Ende steht die Entscheidung, ob der Stimulus als angenehm empfunden oder abgelehnt wird (1. Level) oder ob der Stimulus bei einer Wiederholung einer erneuten Überprüfung, dann mit erhöhter Aufmerksamkeit, unterzogen wird (2. Level). Auch die individuellen Erwartungen des Hörers werden durch den gesamten Entscheidungskreislauf (Sprung vom 2. zum 8. Level) dargestellt und sind keine unabhängigen Variablen.

9.2. Das Modell von Hamann

Unter dem Eindruck der aufkommenden Diskussion um die Prinzipien des Audience Development veröffentlichte Thomas Hamann 2004 eine umfassende Untersuchung darüber, wie Kindern und Jugendlichen wieder

---

167 Hausmann 2009, S. 144
168 Die Magnetresonanztomographie (MRT) konnte zum Beispiel erst ab 1985 in der Hirnforschung eingesetzt werden.
169 LeBlanc 1982, S. 39

stärker eine Präferenz zur klassischen Musik vermittelt werden kann.[170] Im Rahmen einer Publikumsbefragung beim Lucerne Festival erfragte er gestützt verschiedene Einflussfaktoren ab, die die Besucher zur klassischen Musik gebracht haben.[171]

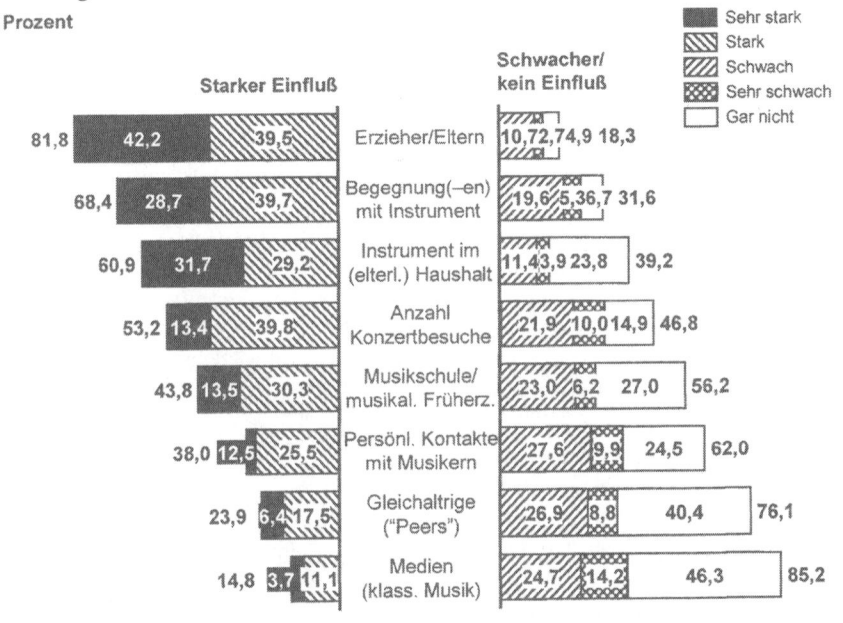

Abbildung 19: Einfluss auf musikalische Präferenz. Quelle: Hamann 2004, S. 164

Vor allem Eltern oder andere Erzieher haben in der Selbsteinschätzung großen Einfluss auf die Präferenzbildung bei dem untersuchten Publikum. An zweiter Stelle standen die »Begegnung(en) mit Instrument[en]«; für die Gesamtsozialisation entwickelte Hamann davon ausgehend ein Modell der musikalischen Sozialisation, das vor allem um eigene musikalische Aktivitäten herum konstruiert ist.

Das Modell von Hamann kreist vor allem um drei Kristallisationspunkte: (1) Zunächst einmal ist die erwartete *soziale Anerkennung* aufgrund bestimmter musikalischer Aktivitäten, also die klassische Musik als Distinktionsmerkmal, zu nennen. Mit klassischer Musik können sich die Kinder und Jugendlichen Respekt in einem erwachsenen Umfeld verschaffen. Dies führt zu einem weiteren Kristallisationspunkt, dem Grad der Moti-

170 Hamann 2004 und 2005
171 Hamann 2004, S. 359

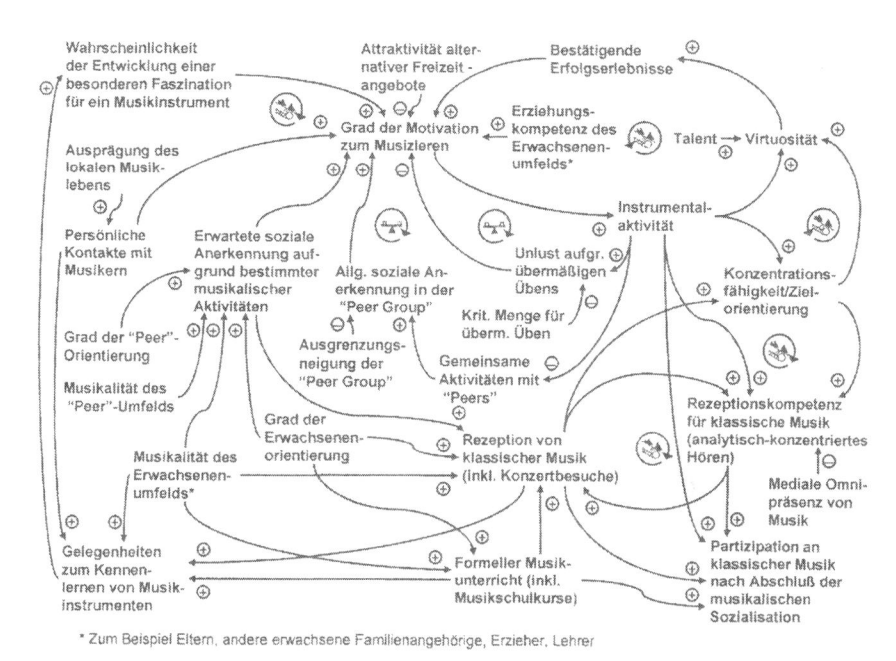

Abbildung 20: Erwerb von musikalischen Präferenzen. Quelle: Hamann 2004, S. 199

vation, selbst zu musizieren. (2) Das gesamte Modell von Hamann orientiert sich an *eigenen musikalischen Aktivitäten*, die Kinder und Jugendliche entwickeln sollten. Er weist nach, dass eine rein intellektuelle Vermittlung von Musik dem Konzertbesucher nicht in dem Maße zuträglich ist, wie sich die Orchester das wünschen. (3) Die *soziale Anerkennung* führt auch zu einer verstärkten Rezeption klassischer Musik, einschließlich des Konzertbesuches. Aber auch der Konsum von Tonträgern oder anderen audiovisuellen Medien ist darin eingeschlossen. Die mediale Omnipräsenz von Musik wirkt nach Hamann jedoch eher hemmend auf die Entwicklung eines musikalischen Geschmacks, hier ausgedrückt als Rezeptionskompetenz, die mit der Anforderung des analytischen Hörens an den *guten Zuhörer* von Adorno erinnert. Als Inputvariablen tauchen die Peer-Orientierung, die Gelegenheit, verschiedene Instrumente kennenzulernen, aber auch persönliche Kontakte mit aktiven Musikern auf. In einigen Bereichen des Modells bilden sich stabilisierende Regelkreise heraus, so die Intensität des eigenen Übens, das sich über Erfolgserlebnisse und damit soziale Anerkennung verstärkt. Die Unlust bei übermäßigem Üben dämpft diese

Wirkung. Ähnlich verhält es sich bei den Peers: Nur wenn mit diesen gemeinsam musikalische Aktivitäten entfaltet werden können, verstärkt sich der Effekt. Befinden sich im Umfeld der Kinder und Jugendlichen Gleichaltrige, die keinen Zugang zu klassischer Musik haben und entsprechend zur Ausgrenzung verleiten, wird dieser Effekt wiederum gedämpft.

Aus seinen Analysen leitet Hamann die Forderung ab, Kindern möglichst frühzeitig ein Instrument anzubieten. Nur so könne für die bestehenden Orchester auf Dauer ein Kulturpublikum gesichert werden. Das Land Nordrhein-Westfalen hat diese Forderung aufgegriffen und im Rahmen des Kulturhauptstadtprojektes 2007 die Initiative »Jedem Kind ein Instrument« ins Leben gerufen.[172] Die langfristigen Effekte wird man erst in einigen Jahren sehen können. Hamann prognostiziert, dass die Besucherzahlen mindestens vorübergehend sinken werden, weil die Generation, die mit Popularmusik aufgewachsen ist, kaum mehr für die klassischen Konzerte gewonnen werden kann. So gilt es, den Bestand der Orchester über die Durststrecke hinweg zu sichern.

9.3. Das Elaboration Likelihood Model

Das Elaboration Likelihood Model (ELM) wurde Ende der siebziger Jahre von Richard E. Petty und John T. Cacioppo entwickelt und Mitte der achtziger Jahre vollständig publiziert.[173] Es stammt damit aus der gleichen Zeit wie das Modell von LeBlanc und ist damit deutlich älter als das Modell von Hamann. Es ist in einem gänzlich anderen Kontext entstanden als die beiden zuvor genannten Modelle und ist keinesfalls spezifisch auf Musik ausgerichtet. Trotzdem können aus ihm wertvolle Hinweise für Orchester abgeleitet werden.

Da diese weder auf die Variablen des LeBlanc'schen Modells noch auf den Instrumentalunterricht von Kindern und Jugendlichen direkten Einfluss nehmen können, zeigt das ELM alternative Instrumente auf, mit denen die Orchester Einfluss auf Präferenzen bei potenziellem Publikum nehmen können, insbesondere, wenn keine wirklichen Erfahrungen mit klassischer Musik bei den Rezipienten vorliegen. Zudem bietet es Ansätze für die erwartete »Durststrecke« zwischen dem Verlust des bisherigen Publikums und dem Gewinnen neuer Besucher durch intensive Kinder- und Jugendarbeit.[174]

---

172 www.jedemkind.de (abgerufen am 24. April 2011)
173 Petty / Cacioppo 1986
174 Hamann geht von einem massiven Rückgang der Besucher ab 2020 aus (Hamann 2005, S. 12), bis dahin werden eingeleitete Maßnahmen keine neue »Klassikgeneration« entstehen lassen.

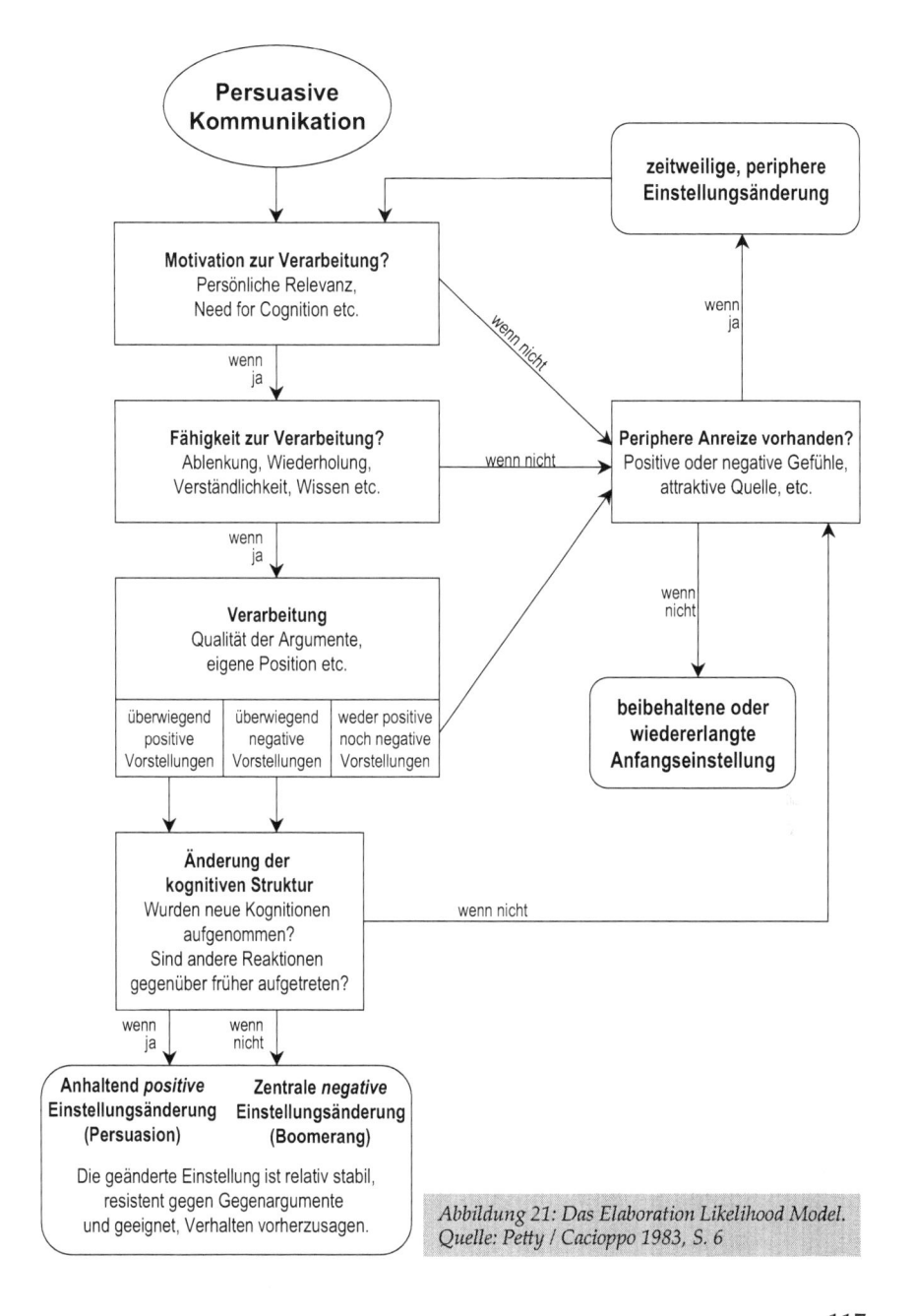

Abbildung 21: Das Elaboration Likelihood Model.
Quelle: Petty / Cacioppo 1983, S. 6

Übersetzen ließe sich der Name etwa mit »Modell der Wahrscheinlichkeit einer (aktiven) Verarbeitung (einstellungsrelevanter Informationen)«.[175] Die Wahrscheinlichkeit einer kognitiven Verarbeitung und damit einer Veränderung des Verhaltens wird hier aus Sicht des Rezipienten analysiert. Das ELM fasst unterschiedliche Ansätze aus älteren Studien zur Einstellungsänderung zusammen. Es versucht, die unterschiedlichen Einflussfaktoren auf die Akzeptanz von neuen Eindrücken in ein einheitliches Modell zu gießen. Die einzelnen Faktoren sind dabei aus anderen Studien entnommen und in einem Gesamtmodell empirisch überprüft worden. Das ELM geht aus von einer Kommunikation, die sich im Spannungsfeld zwischen *Überzeugen* und *Überreden* bewegt (persuasive communication). Dabei unterscheidet das Modell zwischen zwei Möglichkeiten, den Konsumenten zu beeinflussen. Der kognitive Vorgang, Informationen zu verarbeiten, wird als zentrale Route bezeichnet. Nimmt der Rezipient Informationen nicht kognitiv auf, kann es dennoch über die periphere Route zu einer Einstellungsänderung kommen. Beide Wege können nicht trennscharf voneinander beschritten werden.

Das Modell geht von sieben Postulaten aus, in denen Petty und Cacioppo ihre Grundannahmen zusammenfassen.[176] Kern der Betrachtungen sind Einstellungen (attitudes) zu unterschiedlichen Gegenständen des Lebens.

Das **erste Postulat** besagt, dass jeder Mensch bestrebt ist, adäquate Einstellungen zu erwerben oder sie zu besitzen. Inadäquate Einstellungen führen zu Verhaltensauffälligkeiten und damit zur Ausgrenzung aus der sozialen Norm. Dabei geht es nicht um »richtig« oder »falsch« im Sinne einer (vermeintlich) objektiven Bewertung, sondern um eine permanente Anpassung der persönlichen Sichtweise an die soziale Realität und das individuelle Umfeld.

Das **zweite Postulat** geht davon aus, dass trotz des Strebens nach adäquaten Einstellungen die Intensität sowie die Art und Weise, mit der relevante Informationen bearbeitet werden, von einer Vielzahl von Faktoren abhängen. Dabei spielt es zunächst keine Rolle, ob die angebotene Information die bestehende subjektive Sichtweise bestärkt oder angreift.[177] Die Informationsverarbeitung hängt vielmehr von der eigenen Motivationslage und den kognitiven Fähigkeiten der betroffenen Person ab. Dabei spielt die individuelle Veranlagung genauso eine Rolle wie die Situation, in der die neue Information kommuniziert wird. Ist also eine Person genügend

---

175 Stahlberg / Frey 1993, S. 327
176 Petty / Cacioppo 1986, S. 5-24
177 Auf das Problem der kognitiven Dissonanz wird an anderer Stelle im Modell eingegangen.

motiviert und verfügt zudem über die relevanten Fähigkeiten, die Information aufzunehmen und zu verarbeiten, dann ist die Wahrscheinlichkeit (*likelihood*) einer intensiven Verarbeitung hoch. Beim Rezipienten werden die Informationen dabei mit Bildern und Erfahrungen aus dem Gedächtnis verknüpft. Die vorgebrachten Argumente werden abgewogen und auf ihre Stichhaltigkeit geprüft. Eine erfolgreiche Integration der neuen Einstellung in die vorhandene Einstellungsstruktur ist im Wesentlichen von fünf Faktoren abhängig: (1) Die Eigenschaft der Kommunikation selbst. Ist das Thema für die betroffene Person nicht relevant oder das Informationsmaterial hoch komplex, sinkt die Chance einer kognitiven Verarbeitung. (2) Auch der Kommunikationskontext spielt eine Rolle. Ist sich der Rezipient bewusst, dass die Kommunikation auf eine Einstellungsänderung bei ihm zielt, ist ein besonders kritischer Umgang mit den Argumenten zu erwarten. Findet die Kommunikation in einem Umfeld mit vielen Störungen oder unter Zeitdruck statt, sinkt die Möglichkeit der intensiven Auseinandersetzung. (3) Natürlich spielt auch die Grundveranlagung des Rezipienten eine wichtige Rolle. Der eine wägt grundsätzlich bei Problemen ausführlich das Für und Wider ab und ist von daher grundsätzlich motivierter, neue Erkenntnisse in diesen Prozess einzubeziehen, dem anderen fehlt dafür gegebenenfalls die Geduld oder das notwendige Vorwissen. (4) Der Sender der Botschaft ist von essenzieller Bedeutung. Entscheidend ist dessen Glaubwürdigkeit, die unter anderem davon abhängt, ob ein Eigeninteresse unterstellt wird. Aber auch physische Merkmale wie eine angenehme Stimme oder die Erscheinung beeinflussen den Grad der kognitiven Verarbeitung. (5) Schließlich sind es noch die Medien, die für die Übermittlung der Botschaft genutzt werden. Printmedien erlauben in der Regel die Übermittlung komplexerer Botschaften, da die Rezeptionsgeschwindigkeit an den Prozess der kognitiven Verarbeitung angepasst werden kann. Audiovisuelle Medien hingegen ermöglichen es dem Sender der Botschaft, die Informationen lebendiger und anschaulicher zu übermitteln.

Das **dritte Postulat** besagt, dass die Vielzahl der Einflussvariablen das Ausmaß und die Richtung der Einstellungsänderung in drei Richtungen beeinflussen kann: (1) Die Botschaft wird als Argument wahrgenommen. (2) Die gleiche Information kann jedoch auch als peripherer Reiz wirken. (3) In beiden Fällen kann die Botschaft angenommen oder abgewiesen werden. Im Bereich der Werbung spielen zum Beispiel die Vorerfahrungen mit Produkten eine Schlüsselrolle bei der Aufnahme oder Ablehnung von Werbebotschaften.

Die gleichen Variablen können gemäß des **vierten Postulats** bei unterschiedlichen Personen zu einer eher kognitiven oder peripheren Verarbeitung führen. Als Beispiel sei hier die Häufigkeit der Wiederholung der Information genannt. Während auf der zentralen Route eine häufige Wiederholung zu einer schnellen Ermüdung und Übersättigung des Rezipienten führt (und damit tendenziell eher zu einer Ablehnung), trägt die gleiche Anzahl an Wiederholungen auf der peripheren Route eher zu einer Einstellungsänderung bei.

Einige Variablen tragen nach dem **fünften Postulat** zu einer grundsätzlichen Verzerrung bestimmter Botschaften bei. Voreingenommenheit kann eine positive oder negative kognitive Reaktion, unabhängig von einer objektiven Abwägung, auslösen. Das wird vor allem dann deutlich, wenn sowohl gewichtige als auch schwache Argumente vorgetragen werden. Diese werden nicht auf ihre Überzeugungskraft hin geprüft, sondern darauf, inwieweit sie dem eigenen Weltbild entsprechen. Ein solcher positiver oder negativer Bias kann die Auswirkungen der zentralen Route blockieren.

Ist eine Verarbeitung auf der zentralen Route nicht möglich, weil entweder die Motivation oder die Fähigkeit für eine kognitive Verarbeitung fehlt, gewinnen gemäß des **sechsten Postulats** die peripheren Hinweisreize an Bedeutung. Sie ersetzen im Prozess der Einstellungsüberprüfung oder -änderung die inhaltliche Auseinandersetzung mit den Argumenten. Je stärker dagegen die kognitive Auseinandersetzung mit den neu gewonnenen Informationen ist, desto weniger fallen die peripheren Reize ins Gewicht.

Das **siebte Postulat** geht davon aus, dass Einstellungsänderungen, die über die zentrale Route erfolgen, also kognitiv basiert sind, wesentlich stabiler über die Zeit und robuster gegen anderslautende Informationen sind, als wenn die Einstellungsänderungen über periphere Reize erfolgen. Somit lassen sich im ersten Falle auch leichter Vorhersagen über das Verhalten desjenigen, dessen Einstellungen über Kommunikation beeinflusst worden sind, treffen. Im Zusammenhang mit einer Marktkommunikation führt der zentrale Weg daher zu einer höheren Markenbindung.

Die beiden Autoren des ELM haben auf Basis bereits vorliegender Untersuchungen und mit eigenen Experimenten eine Reihe von Einflussfaktoren und Variablen bestimmt, die auf die Informationsverarbeitung durch den Rezipienten wirken. Zunächst einmal beschreiben sie den Effekt der *Ablenkung*. Je größer die Störungen im Umfeld sind, desto weniger ist der Mensch in der Lage, sich auf relevante Informationen zu konzentrieren. Das führt erstaunlicherweise dazu, dass die Einstellungsänderung schneller und stärker eintritt. In den siebziger Jahren führte man das darauf zurück, dass ein Abwägen und die Suche nach Gegenargumenten unterbleiben und daher der Informationsgehalt der Botschaft unkritischer übernommen wird.[178] Petty und Cacioppo stützen diese These, erweitern sie aber um den Aspekt der peripheren Route. Wird eine Botschaft mit *starken* Argumenten an den Rezipienten gerichtet, so wird zunächst auf der zentralen Route eine positive kognitive Reaktion hervorgerufen. Die Störungen aus dem Umfeld verhindern jedoch eine tiefer gehende Auseinandersetzung auf der zentralen Route. Die Einstellungsänderung ist entsprechend schwächer, als wenn sie ohne die externen Einflüsse erfolgt wäre. Anders sieht es jedoch bei *schwachen* Argumenten aus. Diese würden ohne die externen Störungen als solche entlarvt und entsprechend nur eine schwache oder gar keine Einstellungsänderung hervorrufen. Da die kritische Analyse auf der zentralen Route entfällt, bleiben die vordergründig positiven Reaktionen, die Einstellungsänderungen begründen. Die inhaltliche Auseinandersetzung mit den jeweiligen Argumenten wird durch das Umfeld unterbrochen oder gar verhindert. Dieser Effekt konnte experimentell nachgewiesen werden.[179] Das Modell ermöglicht also, zwei unterschiedliche Variablen in ihrer Wechselwirkung zu erfassen. Im Ergebnis erwiesen sich unter Störungen starke und schwache Argumente als gleich wirksam. Ohne Störungen wurde die Qualität der Argumente auf der zentralen Route überprüft und durchschaut.

Der Einfluss der individuellen *Stimmung* des Rezipienten auf die Informationsverarbeitung ist ebenfalls auf den ersten Blick überraschend. Je besser die Grundstimmung der betroffenen Person ist, umso eher wird eine angebotene Information über die periphere Route verarbeitet. Personen, die sich in einer guten Stimmung befinden, vermeiden kognitive Anstrengungen.[180] Auch dieser Zusammenhang wurde experimentell überprüft und bestätigt. Bei einer positiven Grundstimmung wirkten starke und schwache Argumente gleich stark. Wurden die Versuchspersonen jedoch vorher in eine schlechte Stimmung versetzt, prüften sie die angebotenen Informationen wesentlich gründlicher. Die Autoren vermuten, dass bei einer positiven Grundstimmung die Motivation fehlt, sich tiefer gehend mit einer Angelegenheit zu befassen. Denn die kognitive Auseinandersetzung birgt das Risiko, dass sich die Stimmung eintrüben könnte. Andere Autoren vermuten, dass in einer positiven Grundstimmung viele Bilder und

178   Baron / Baron / Miller 1973
179   Petty / Wells / Brock 1976 nach Stahlberg / Frey 1993, S. 336
180   Isen 1987

Assoziationen verarbeitet werden, sodass für eine kognitive Verarbeitung von neuen Informationen weniger Kapazität zur Verfügung steht. Die zentrale Route ist quasi »verstopft«.[181] Dafür spielen Reize, die über die periphere Route verarbeitet werden, eine verstärkte Rolle: Experimentell konnte nachgewiesen werden, dass Personen in einer positiven Grundstimmung viel stärker auf die Ausstrahlung des Kommunikators reagieren, dafür aber die Qualität der Botschaften weniger kritisch analysieren. In einer neutralen Stimmung verhielt es sich genau umgekehrt. Die Ausstrahlung des Kommunikators wirkt kaum, die dargebotenen Informationen werden aber kritisch auf ihre Stichhaltigkeit hin überprüft.[182]

Die Häufigkeit der *Wiederholung* einer Botschaft wirkt ebenfalls auf zentraler und peripherer Route sehr unterschiedlich. Werden Argumente moderat wiederholt, fällt es den Rezipienten leichter, die Botschaften intensiv zu verarbeiten. Besonders bei komplexen Zusammenhängen macht es Sinn, die Informationen mehrfach unter guter Aufbereitung anzubieten. Nur dann kann der Rezipient die Komplexität vollständig erfassen. Hat der Rezipient die Botschaft vollständig erfasst, tragen weitere Wiederholungen nicht zu einer positiven Einstellungsänderung bei, sondern können zu Langeweile und damit zu Reaktanz oder zur Ablehnung führen. Die erzwungene Weiterbeschäftigung mit einem abgeschlossenen Prozess führt dazu, dass eine verstärkte Suche nach Gegenargumenten in Gang gesetzt wird.[183] Nachrichten, die auf der peripheren Route verarbeitet werden, vertragen eine wesentlich häufigere Wiederholung.

Die Neigung, sich mit komplexen Situationen auseinanderzusetzen, ist bei verschiedenen Menschen unterschiedlich ausgeprägt. Bereits in den fünfziger Jahren entwickelten Cohen, Stotland und Wolfe einen Index für das Bedürfnis nach kognitiver Verarbeitung von Reizen.[184] Diese *Need-for-Cognition-Scale* (NC-Skala) macht den Drang, Dinge kritisch zu hinterfragen, messbar. Baut man dieses *Bedürfnis nach Kognition* in das ELM ein, verbessern sich die Vorhersagewerte für die Änderung der Einstellungen. Personen, die einen hohen NC-Wert aufweisen, verarbeiten Informationen tendenziell eher auf der zentralen Route und kommen daher zu tiefer gehenden Einstellungsänderungen. Dabei gibt es zwischen dem Bedürfnis nach Kognition und der Intelligenz keinen Zusammenhang; der NC-Wert ist eine vom Intelligenzquotienten (IQ) unabhängige Variable.

---

181 Mackie / Worth 1989
182 Worth / Mackie 1987
183 Cacioppo / Petty 1979 nach Stahlberg / Frey 1993, S. 340
184 Cohen / Stotland / Wolfe 1955

Ein weiterer Aspekt spielt eine wesentliche Rolle: die *persönliche Relevanz*. Es liegt auf der Hand, dass sich Personen, für die sich aus den Informationen persönliche Änderungen ergeben, stärker und bewusster mit der Thematik befassen als Nicht-Betroffene. Auch für diesen Aspekt lassen sich experimentelle Bestätigungen finden. So wirken starke und schwache Argumente bei betroffenen und nicht betroffenen Personen entsprechend der Erwartung.[185] Blair Johnson und Alice Eagly fanden aber eine Ausnahme. In einer Meta-Studie verglichen sie 38 verschiedene Studien, die den Zusammenhang zwischen Betroffenheit und Einstellungsänderung verfolgen. Dabei erkannten sie, dass die objektive Botschaftsverarbeitung bei den Betroffenen auch davon abhängt, inwieweit Grundwerte betroffen sind. Hat die Nachricht für den Rezipienten nachhaltige Konsequenzen, werden die Gegenargumente besonders stark gewichtet und die eigene Einstellung verteidigt.[186]

In ihrem Werk weisen Cacioppo und Petty noch auf eine Vielzahl anderer Variablen hin, die darüber entscheiden, ob eine Nachricht über die zentrale oder die periphere Route verarbeitet wird. Werden zum Beispiel Informationen innerhalb einer Gruppe aufgenommen, schwindet die Motivation des Einzelnen, sich kognitiv mit den Botschaften auseinanderzusetzen. Auch die Körperhaltung spielt eine Rolle: Personen, die liegen, neigen zu einer tieferen Verarbeitung von Botschaften als Personen, die sitzen oder stehen.[187] Natürlich spielen auch die Verständlichkeit sowie die Komplexität einer Botschaft eine Rolle, genauso wie die mediale Aufbereitung der Botschaft. Die Bereitschaft, Informationen gründlich zu analysieren, ist auch an die Herzfrequenz gekoppelt: Je höher die Frequenz ist, desto stärker ist die Bereitschaft, sich mit der Botschaft auseinanderzusetzen. Und schließlich spielt auch die Anzahl der Kommunikatoren eine wichtige Rolle. Vertreten viele Menschen die gleiche Meinung und kommunizieren ähnliche Botschaften, wirkt dies wie ein peripherer Reiz: So viele können sich nicht irren; eine inhaltliche Auseinandersetzung mit den Argumenten unterbleibt. Treffen aber beim Rezipienten verschiedene Botschaften aufeinander, fördert dies die kritische Auseinandersetzung und ein Abwägen der Argumente.

Die bisher genannten Faktoren geben an, ob eine Information tendenziell über die zentrale oder die periphere Route verarbeitet wird. Dabei geht das ELM davon aus, dass sich der Rezipient um eine möglichst objektive Bewertung der Informationen bemüht. Petty und Cacioppo benennen aber

185 Petty / Cacioppo 1979 nach Stahlberg / Frey 1993, S. 341
186 Johnson / Eagly 1989
187 Stahlberg / Frey 1993, S. 343

auch Faktoren, die die Wahrnehmung verzerren. Zunächst einmal sind die *Vorkenntnisse* zu nennen. Verfügt eine Person bereits über eine gut organisierte Wissensstruktur oder über festgefügte Einstellungen zu einem Thema, neigt sie dazu, Informationen zu widerlegen, die dem eigenen Schema widersprechen. Informationen, die dem eigenen Standpunkt entsprechen, werden besonders schnell aufgenommen und in die eigene Wissensstruktur eingefügt (Dissonanztheorie). Auch dieser Faktor konnte experimentell nachgewiesen werden.[188]

Der folgende Punkt ist für die vorliegende Untersuchung von besonderer Bedeutung: Ist sich der Rezipient der Überzeugungsabsicht des Kommunikators bewusst, kann dies verstärkende oder abschwächende Wirkung haben. Eine solche *Vorwarnung* kann sich sowohl auf den Botschaftsinhalt als auch auf die Überzeugungabsicht beziehen. Wird die Botschaft über die periphere Route rezipiert, gewinnt sie durch die Vorwarnung leicht an Gewicht. Die Autoren vermuten, dass die Offenlegung der Absicht zu einem größeren Vertrauen gegenüber dem Kommunikator führt. Bei der zentralen Route hingegen führt die Ankündigung dazu, dass die Information besonders kritisch hinterfragt wird. Eine Einstellungsänderung lässt sich somit deutlich schwerer erreichen. Der Rezipient sucht vielmehr nach Gegenargumenten, um seine bisherige Position zu stützen (biased processing). Wird die Warnung über die Botschaftsinhalte ausgesprochen, verstärkt ein Zeitfenster zwischen der Ankündigung und der Botschaft selber diese Wirkung. Der Rezipient hat Zeit, sich seines Standpunktes zu vergewissern und mit Gegenargumenten zu wappnen. Bezieht sich die Warnung jedoch auf die Beeinflussungsabsicht, wird die Botschaft selbst abgewertet und nicht weiter beachtet. Die Warnung ruft Widerstand gegenüber der eigentlichen Botschaft hervor. Hintergrund ist das Drängen nach der Freiheit des Rezipienten, eigene Einstellungen vertreten zu können.

Schließlich benennen die beiden Autoren noch das *Umfeld*, in der die Beeinflussung vorgenommen werden soll. So können Reaktionen von dritten Personen, die ebenfalls anwesend sind, die vorgetragenen Botschaften in einem neuen Licht erscheinen lassen. Schwerpunkte werden neu gesetzt und der Fokus bei der Verarbeitung auf bestimmte Aspekte gelenkt. Zudem können neue Gegenargumente auftauchen, die der Rezipient sonst nicht entwickelt hätte. Gerade im musikalischen Feld, wo die Interaktionen in der Regel mit einem größeren Publikum vonstatten gehen, darf dieser Faktor nicht unterschätzt werden.

---

188 Cacioppo / Petty / Sidera 1982

Klassische Ansätze in der Kommunikation basierend auf einem hierarchischen Wirkungsmodell zielen auf die zentrale Route, so zum Beispiel das AIDA-Modell.[189] Für die nachfolgenden Überlegungen soll der Blick aber noch einmal auf die peripheren Reize gelenkt werden. Als Schlüsselkategorie werden die Eigenschaften des Kommunikators benannt. Die Quellenkompetenz des Absenders der Botschaft wird vom Rezipienten eingeschätzt und bewertet. In Experimenten konnte nachgewiesen werden, dass auf dem peripheren Weg die Beurteilung der Qualität der Argumente hinter das Vertrauen in den Sender zurückfällt.[190] Kommunikatoreigenschaften sind vor allem dann wichtig, wenn das Thema keine persönliche Relevanz für den Rezipienten hat und er daher nicht zu einer kognitiven Auseinandersetzung zu motivieren ist.

Für die periphere Route benennen Petty und Cacioppo eine Reihe weiterer Faktoren, die die Rezeption von Botschaften beeinflussen. Einer davon ist angenehme Musik, die die Akzeptanz von Botschaften erhöht.[191] Auch die Wirkung von Medien ist auf den beiden Routen unterschiedlich. Werden Printmedien vorwiegend zentral verarbeitet, neigen Rezipienten bei audiovisuellen Medien eher zu peripherer Verarbeitung. Bei der peripheren Route wirken zudem sympathische Kommentatoren wesentlich stärker als solche, die ihre Überzeugungskraft aus dem Expertentum ableiten.

Neu gewonnene Überzeugungen, die über die zentrale Route erworben wurden, erweisen sich über die Zeit gesehen als wesentlich stabiler, als wenn sie über die periphere Route adaptiert wurden. Je intensiver sich ein Rezipient mit den dargebrachten Argumenten auseinandergesetzt hat, umso eher ist er bereit, den neu gewonnenen Standpunkt gegenüber anderen Argumenten zu verteidigen. Im Gegenzug muss aber nicht jede Einstellung, die über einen langen Zeitraum »mitgeschleift« wurde, sehr stabil sein. Bestimmte Einstellungen sind möglicherweise nie hinterfragt oder kognitiv überprüft worden. Diese sogenannten Truismen sind eher Glaubenswahrheiten als wirkliche Überzeugungen. Sie bleiben so lange bestehen, wie sie nicht herausgefordert werden.

Dies könnte auch auf die Attribute zutreffen, die klassischer Musik zugeschrieben werden, treffen doch Kinder und Jugendliche in ihrem täglichen Umfeld kaum auf entsprechende Angebote.

---

189 Die *attention* als erster Schritt bewirkt eine bewusste Auseinandersetzung mit der Werbebotschaft. Kroeber-Riel 2009, S. 633f.
190 Hovland / Janis / Kelly 1953
191 Petty / Cacioppo 1986 nach Stahlberg und Frey 1993, S. 348

10. Audience Development

Das Konzept des Audience Development entstand in den neunziger Jahren in den USA. Die dortigen Orchester sind im Hinblick auf die Finanzierung viel stärker auf den Rückhalt des Publikums angewiesen, als dies in Deutschland der Fall ist. Zwar bilden die Abonnenten mit 68,6 % auch in den USA das Rückgrat der Besucher[192], aufgrund der größeren Platzkapazität müssen dennoch entsprechend viele Tickets im Freiverkauf abgesetzt werden. Das bedeutet, dass die Besucher stets aufs Neue motiviert werden müssen, ein Konzert zu besuchen. In Deutschland konnten die Orchester hingegen lange Jahre auf nahezu ausabonnierte Häuser verweisen. So ist der Druck, sich immer wieder um das Publikum zu bemühen, in den USA viel stärker. Öffentliche Subventionen werden zudem fast ausschließlich für *educational programs* gewährt. Die kulturelle Bildung wird von den *public schools* auf die entsprechenden Kulturinstitutionen übertragen. So berichtete noch im Jahr 2000 der Marketingdirektor der New Yorker Philharmoniker, dass in der ganzen Stadt nur zwei Musiklehrer an öffentlichen Schulen beschäftigt seien.[193] Kulturelle Bildung hat aber in den letzten zehn Jahren wieder an Bedeutung gewonnen. Trotzdem sahen sich die Orchester vor der Herausforderung, immer wieder neue Besucherschichten zu erschließen. Die Gesellschaft in den USA ist sehr viel heterogener als die in Deutschland. Ethnische Faktoren, Hautfarbe oder Religionszugehörigkeit spielen zurzeit in Deutschland eine untergeordnete Rolle.[194] So weist eine Studie nach, dass Bürger hispanischer Abstammung, die inzwischen den zweitgrößten Anteil an der US-amerikanischen Bevölkerung stellen, im klassischen Kulturpublikum kaum präsent sind.[195] Die Notwendigkeit, die Grenzen des klassischen Publikums immer wieder zu überschreiten, ist existenziell. So ist es nicht verwunderlich, dass in den USA das Verhältnis zwischen Verwaltungspersonal und Musikern etwa eins zu zwei

---

192 Die Angabe stammt von Jeff Bladt vom Research and Development Department der League of American Orchestras (per e-Mail am 11. Mai 2011).
193 Gespräch mit Theodore Wiprud (New York Philharmonic Orchestra) am 14. September 2000
194 Kutzner 2009, S. 24f.
195 Walker-Kuhne 2009, S. 37

ist, in Deutschland hingegen eins zu zehn.[196] Fundraising, Marketing und Audience Development hängen eng zusammen und erfordern hohe personelle Ressourcen. Dass in Zeiten der angespannten Finanzmärkte selbst dies keine Sicherheit bedeutet, mussten die Musiker des *Philadelphia Symphony Orchestra* am 16. April 2011 erfahren – das älteste Orchester der USA musste Insolvenz anmelden.[197]

Die *League of American Orchestras* (LAO) stellt ihren Mitgliedern regelmäßig Daten über die demographische Zusammensetzung ihrer Besucher zur Verfügung. Betrachtet man jedoch die Rahmenbedingungen, lassen sich die zum Teil sehr erfolgreichen Ansätze der USA nur bedingt auf den deutschen Markt übertragen.

Die Literatur über Audience Development in Deutschland führt eine ganze Reihe von Beispielen an, die das Publikum stärker an das Orchester binden oder neue Besucherschichten erschließen sollen. Das spektakulärste Beispiel ist das Projekt »rhythm is it!« der Berliner Philharmoniker aus dem Jahre 2003. Das Projekt wurde filmisch dokumentiert und ist mehrfach ausgezeichnet worden. Etwa 200 Schülerinnen und Schüler erarbeiteten eine Choreographie zu Igor Strawinskys *Le sacre du printemps*. Die intensive Auseinandersetzung der Schüler aller Schulformen – vor allem aber Haupt- und Realschulen – mit dem Werk über den Weg einer Choreographie führte zu einem neuen Zugang zu der Musik. Trotz vielfältiger Bemühungen um innovative Vermittlungskonzepte lässt sich bisher keine Trendwende hinsichtlich der Überalterung des Konzertpublikums erkennen. Die Gewinnung eines neuen und vor allem jüngeren Publikums ist aber für das Überleben der Orchester von substanzieller Bedeutung.

Audience Development wird als ein besucherorientiertes Managementkonzept verstanden, das normative, strategische und operative Elemente einschließt.[198] In der amerikanischen Literatur wird der Begriff weiter konkretisiert als ein »umfassender Regenschirm«, unter dem Werbung, Öffentlichkeitsarbeit, Marketing, Public Relations und Konzertpädagogik zusammengefasst werden.[199] Dabei verfolgt zumindest die Musikvermittlung zwei – wie im Weiteren gezeigt werden soll – gegenläufige Ziele: Zum einen soll sie Musikerinnen und Musikern helfen, ein Publikum zu finden, zum anderen soll sie dem Publikum zur Musik verhelfen.[200] Der

---

196 Schmidt-Ott 1998, S. 219
197 http://www.philorch.org/pdfs/Philadelphia%20Orchestra%20Reorganization.pdf (abgerufen am 8. Mai 2011)
198 Siebenhaar 2009, S. 13
199 Morison 1987, S. 7
200 Tröndle 2008, S. 135

Widerspruch fällt auf den ersten Blick nicht auf. Aber »das Kulturpublikum verfolgt mit der Teilnahme an Kultur oftmals andere Interessen als die von Kulturschaffenden und Kulturpolitik intendierten. Während Letztere ästhetisch-künstlerische beziehungsweise Bildungsziele realisieren wollen, will die Mehrheit des Publikums von Kultur unterhalten werden. Zwischen Rationalität der Nachfragerseite (Erlebnisorientierung) und dem Selbstverständnis der Anbieter (Bildung, Aufklärung) entsteht eine Lücke.«[201]

Je stärker sich das Orchester um sein bestehendes Publikum bemüht, um es mit den Instrumenten des Audience Development zu einem vertieften Verständnis von klassischer Musik zu führen und das Repertoire vor allem in die Moderne hinein erweitert, umso schwieriger wird es für Neukunden, in das bestehende System einzusteigen. In ausgefeilten Modellen wird der Frage nachgegangen, wie man neues Publikum gewinnen und vor allem das vorhandene stärker an sich binden kann.

Thomas Schmidt-Ott führt in seinem Überblicksartikel verschiedene Aktionsfelder für Audience Development im Konzertwesen an.[202] Von der Anbahnung über die Sozialisation und die Wachstums- und Reifephase reicht das Kundenbindungsmanagement bis hin zur Gefährdung und der Kündigung des Abonnements. Ob sich bereits verlorene Kunden, vor allem Abonnenten, revitalisieren lassen, muss im Zusammenhang mit den Orchestern in Niedersachsen und vermutlich in Gesamtdeutschland in Frage gestellt werden. Dazu wären die Kündigungsgründe zu hinterfragen. Angesichts der Altersstruktur der Konzertbesucher dürften die Hauptgründe für die Kündigungen von Abonnements gesundheitliche Beeinträchtigungen, Gebrechlichkeit oder der Tod sein. Von daher gibt Abbildung 22 bereits eine Schieflage des Audience Developments in Deutschland wider. Die Literatur befasst sich im Wesentlichen mit dem Kundenbindungsmanagement. Dafür müssten die Kunden aber zunächst einmal ins Haus gelockt werden. Die Anbahnung von Geschäftsbeziehungen, hier also die Generierung von Interesse für klassische Musik bei bisherigen Nichtkunden, wird in der Literatur mehrheitlich dem Marketing überlassen. Plakate, Flyer, Zeitungen sowie Rundfunk und Fernsehen sollen es richten. Der zweite Fokus liegt auf den Schulen. Der Diskurs kreist um die PISA-Ergebnisse, aus denen die Notwendigkeit für eine stärkere kulturelle Bildung abgeleitet wird. Die Verantwortung wird somit an die Schulen delegiert – vielleicht auch zu Recht. Die endgültige musikalische

---

201 Mandel 2008, S. 38; »Kunst möchte Nachfrager anziehen, aber sie möchte keine spezifischen Erwartungen befriedigen.« (Mandel 2008, S. 43)
202 Schmidt-Ott 2009, S. 83f.

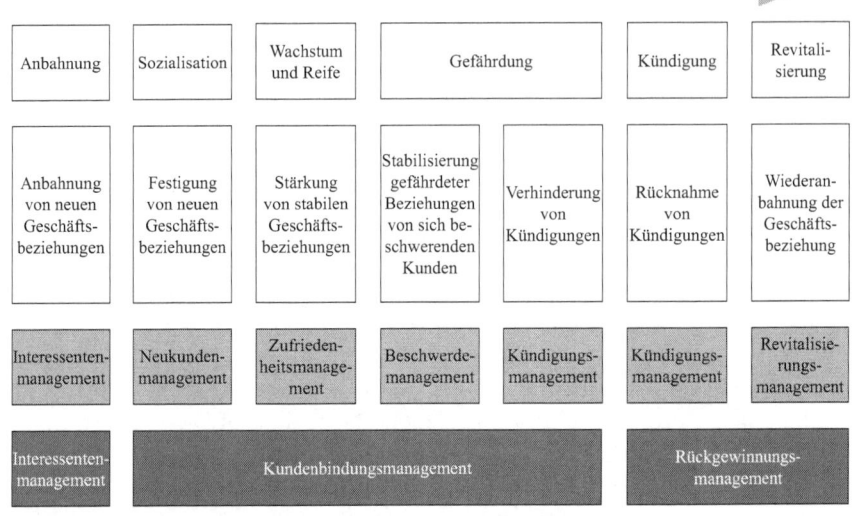

Abbildung 22: Audience Development. Quelle: Schmidt-Ott 2009, S. 83

Sozialisation erfolgt aber um das 20. Lebensjahr herum.[203] Hier kann die Schule nicht mehr viel bewirken, die Orchester sind selbst gefordert.

Audience Development taucht in Deutschland erst seit etwa 2005 im wissenschaftlichen Diskurs auf. Die Literatur bietet eine Fülle von Beispielen, bei denen auf diese Weise zusätzliches Publikum generiert werden konnte. Selten aber wirken die Instrumente über die klassischen Milieus des Kulturpublikums hinaus. Angesichts der überschaubaren Budgets im Bereich Marketing, über die die Kultureinrichtungen in der Regel verfügen, bietet das ELM einen Erklärungsansatz: So spielt die Wahl der eingesetzten Medien bei der Frage, ob die zentrale oder periphere Route angesprochen wird, eine wesentliche Rolle. Kulturveranstalter – zumindest in den live performance arts – sind regional gebunden und für audio-visuelle Massenmedien wie Rundfunk und Fernsehen kaum tauglich. Ein einziger Fernsehspot würde das gesamte Jahresbudget »Werbung« eines durchschnittlichen Orchesters verschlingen. So nutzen die Institutionen klassische Instrumente wie Spielzeithefte, Flyer, Plakate und Pressemitteilungen, um ihre Zielgruppen zu erreichen. Bestenfalls gelingt eine kurze Radioreportage oder ein redaktioneller Beitrag im regionalen Fernsehprogramm.

203 Holbrook / Schindler 1989

Die Rezeption von Printmedien erfolgt klassisch über die zentrale Route. Ist der Konzertbesuch nicht bereits in der »Mindmap« verankert, werden die Botschaften nicht rezipiert. Einstellungsänderungen gegenüber klassischer Musik, wie sie persuasive Werbung versucht, lassen sich mit diesen Medien nicht erzielen. Somit wirkt die professionalisierte Werbung innerhalb der bestehenden Zielgruppen, sie reicht aber nicht darüber hinaus. Nicht umsonst setzen große Wirtschaftsunternehmen auf die emotionale Wirkung und die häufige Repetition von Fernsehwerbung, um Einstellungsänderungen gegenüber dem Markenkonstrukt zu erzielen. Dieser Weg ist den Kultureinrichtungen aus finanziellen Gründen verschlossen. Dafür liefert ihnen der Gegenstand des künstlerischen Tuns, hier also das Konzert, per se eine hohe Emotionalität. Es bedarf möglicherweise gar keiner ausgefeilten Dramaturgie, um Musik über die periphere Route wirken zu lassen.

Die Aktivitäten der neunziger Jahre haben aber sicherlich zu einem professionellen Umgang mit dem Publikum geführt. Dazu tragen auch die zahlreichen Besucherstudien sowie Servicetests bei, die in den letzten 20 Jahren durchgeführt worden sind.[204] Die nachfolgenden Analysen und Diskussionen führten zu einer neuen Sichtweise des kulturpolitischen Auftrags von Kultureinrichtungen. Die klassischen Instrumente des Marketing-Mixes sind inzwischen in vielen Kulturinstitutionen erfolgreich etabliert. Auch die ernsthaften Bemühungen um eine Markenpolitik im Sinne des strategischen Managements sind nicht zu übersehen, auch wenn sie von den kulturellen Paradigmen bisweilen überlagert werden.

Neuere Ansätze, wie die *Kulturvermittlung*, verstehen sich dabei ausdrücklich als Übersetzung zwischen dem ästhetischen Produkt und einem im Umgang damit unerfahrenen Publikum.[205] Auch damit wird die zentrale Route innerhalb des ELM bedient.

Sieht man sich die Definitionen und die praktischen Umsetzungen von Audience Development an, so lassen sich verschiedene Bereiche herausarbeiten. Im Bereich der Neukundengewinnung lassen sich ambitionierte Projekte mit Schulen, insbesondere in sozialen Brennpunkten, aufzählen. Dazu zählen die Projekte von *zukunft@philharmoniker*[206], dem *Education Program* der Berliner Philharmoniker mit dem bereits erwähnten »rhythm is it!«, »Carmina Burana« und anderen Projekten. Auch die vom NDR dokumentierte Zusammenarbeit des Osnabrücker Theaters mit Haupt- und Gymnasialschülern zum »Freischütz« von Carl Maria von Weber fällt in

---

204 siehe Kapitel 7.4
205 Mandel 2008, S. 17
206 http://www.berliner-philharmoniker.de/education/ (abgerufen am 8. Mai 2011)

diese Kategorie. Wie den filmischen Dokumenten zu entnehmen ist, profitieren die Schüler von diesen Projekten in ihrer persönlichen Entwicklung enorm. Der Aufwand, der auf Seiten der Kulturinstitution zu betreiben ist, steht aber im Hinblick auf die Reichweite dieser Aktionen (20 bis 200 Schülerinnen und Schüler je Projekt) in keinem Verhältnis. Zudem führen solche Projekte aufgrund ihrer Einmaligkeit im Lebenslauf der teilnehmenden Schülerinnen und Schüler bestenfalls in Ausnahmefällen zu einer Einstellungsänderung hinsichtlich klassischer Musik. Dass von den Teilnehmern kaum einer den Weg ins Stammpublikum des Orchesters finden wird, ist den Akteuren aber zum Teil durchaus bewusst.[207]

Betrachtet man das ELM, so wird deutlich, dass für eine Einstellungsänderung über die periphere Route ein regelmäßiges Kulturangebot notwendig wäre. Dieses müsste dem Modell zufolge auch lange nicht so aufwändig inszeniert werden, wie das bei den genannten Vorzeigeprojekten der Fall ist. »Künste sind per se Kulturvermittler, das heißt, in ihrer Produktionsästhetik sind Formen und Prinzipien erfolgreicher Vermittlung angelegt.«[208] Ließe man die Kunst, hier also die Orchesterwerke, für sich selber sprechen, wäre der Theorie zufolge mehr gewonnen. Das erfordert aber eine sorgfältige Auswahl der Stimuli, mit denen unerfahrene Hörer konfrontiert werden. Sicherlich ist die Musik des 20. Jahrhunderts dabei weit ungeeigneter. Carl Orffs »Carmina Burana« mag da in zweierlei Hinsicht eine Ausnahme bilden. Zum einen gehört es mit seinen bewusst populistisch und monumental angelegten musikalischen Strukturen zu den meistaufgeführten chorsinfonischen Werken der Weltliteratur, da das Stück konfessionsunabhängig und für semiprofessionelle Chöre gut zu bewältigen ist.[209] Zum anderen hat die Verwendung des Eingangschores »O Fortuna« in einem Fernsehspot für Kaffee in den neunziger Jahren für eine überraschende Verbreitung dieses Werkes gesorgt.

Erklärungspotenzial des ELM
Um das Erklärungspotenzial des ELM zu überprüfen, werden im Folgenden verschiedene Ansätze und Instrumente des Audience Developments in das Modell eingeordnet. Im Rahmen dieser Arbeit wurden dazu keine Primärdaten über Musikvermittlungsstrategien gesammelt, sondern diesbezüglich auf bestehende Wissensbestände zurückgegriffen. Dabei werden die genannte Studie von Sarakacianis[210], die Aufsatzsammlungen

207 Foik 2008, S. 126
208 Sting 2008, S. 112
209 Gebhard 1995, S. 34 und 287f.
210 Sarakacianis 2008

von Tröndle[211], Mandel[212] und Siebenhaar[213] sowie der Praxisleitfaden von Knava[214] berücksichtigt. Besonders das letztgenannte Werk eignet sich als gute Datenbasis, da Knava eine Vielzahl von Interviews mit Intendanten von Theatern und Orchestern geführt hat, die als Statements in großem Umfang im originalen Wortlaut zitiert werden. Dies macht eine erneute Primärdatenerhebung in diesem Zusammenhang überflüssig, da die vorliegenden Berichte ebenso gut als Material für die nachfolgende Überprüfung genutzt werden können.

Zunächst werden Statements und exemplarische Ansätze aus der Literatur und anderen Quellen zusammengestellt, die auf die zentrale Route des ELM zielen. So weist Knava schon im Vorfeld darauf hin, dass die Nutzung von Kultur erklärungsbedürftig sei. Ohne vorherige Erklärung könne ein potenzieller Besucher keinen kulturellen Nutzen für sich ableiten.[215] Sie räumt allerdings selbst ein, dass Bildung auch abschrecken kann[216], insbesondere dann, wenn sie im Sinne einer kanonischen Schulbildung betrieben wird. Dafür möge man sich vom »hohen Ross« herunterbegeben und mit dem Publikum auf Augenhöhe kommunizieren.[217] Die Einschätzung, dass Karten für Kinderkonzerte überwiegend vom regulären Publikum gekauft werden[218], zeigt aber auch, dass diese Formate nicht zwingend dafür sorgen, das Publikum über die bestehenden Grenzen hinaus zu erweitern. Daneben hat die Schule sicher eine wichtige Vermittlungsfunktion, weil sie von ihrer Struktur her die zentrale Route der Informationsverarbeitung bedient. Bei Erwachsenen lassen sich identische Strukturen feststellen. So beklagt Diem[219], dass die Besucher offensichtlich in Kategorien denken. Man könnte dies mit Schubladen übersetzen, in die Besucher kulturelle Angebote stecken. Werden die Erwartungen an eine bestimmte Schublade nicht bedient, verliert das Publikum den Anschluss an den vermeintlichen Schlingerkurs der Künstler. Diese Einschätzung zeigt, dass erfolgreiche Kulturvermittlung zu einer Strukturierung des Angebotes führt. Demzufolge verfügen große Teile des Publikums über das gleiche Schubladen-System. Dieses wird über einen kognitiven Prozess, also über die zentrale Route, erworben.

---

211 Tröndle 2009
212 Mandel 2008
213 Siebenhaar 2009
214 Knava 2009
215 ebenda, S. 42
216 ebenda, S. 47
217 ebenda, S. 96
218 Desirée Nick, Leiterin des Education Department des Musikvereins Wien, in Knava 2009, S. 117
219 Michael Diem, Geschäftsführer der Bregenzer Festspiele, in Knava 2009, S. 305

Vielfältiger sind die Möglichkeiten auf der peripheren Route. Knava weist zunächst auf die Bedeutung von Mund-zu-Mund-Propaganda hin.[220] Diese funktioniert nur, wenn die Personen, die Informationen weitertragen, bei den Rezipienten ein gewisses Vertrauen genießen. Die Weiterempfehlung kann inzwischen auch über das Internet erfolgen, indem zum Beispiel Videos oder Hörproben weitergeleitet werden. Knava weist darauf hin, dass es besonders auf den sinnlichen Eindruck der Spielstätte ankommt.[221] Die Mundpropaganda und auch die Strategien des viralen Marketings funktionieren jedoch nur, wenn man Multiplikatoren in den neuen Zielgruppen gewinnt. Das Instrument selbst bleibt sonst wirkungslos. Wichtig ist es daher, Vorbilder zu gewinnen, die »cool« sind.[222] Damit wird über die Vorbilder die periphere Route angesprochen, die damit zu einer Einstellungsänderung führen kann. Eine konkrete Strategie, genau dieses Problem zu lösen, bieten die Handbücher jedoch nicht. Das Gegenteil scheint der Fall: Wer sich für klassische Musik interessiert, ist per se »uncool« und fällt damit als Multiplikator in den entsprechenden Zielgruppen aus. Eine der vorgeschlagenen Lösungen, gezielt Cliquen anzusprechen, dürfte an eben diesem Punkt scheitern. Klassische Konzerte in ihrer derzeitigen Form haben den Hautgout des Konservativen und Verstaubten. Die permanente Suche nach neuen »Botschaftern«[223], die in ihrem Umfeld für den klassischen Konzertbesuch werben, übersteigt die Möglichkeiten der Orchester. Diese haben schließlich, sofern die Jugendlichen nicht freiwillig kommen, keinen direkten Zugang zu dieser Zielgruppe. So bleibt die Schule wieder einmal wichtige Instanz, die mit Probenbesuchen[224] eine Initialzündung geben kann.

Dass es im Konzertwesen deutlich schwieriger als im Bereich des Theaters ist, emotionale Erfahrungen zu vermitteln, kann man an der Vielzahl der Beispiele aus dem Bereich erkennen. Nicht nur, dass Theater ohne Vorkenntnisse unter Anleitung selbst gestaltet werden kann, auch die Faszination einer Theaterbühne erschließt sich ohne Vorwissen. Gerade männliche Theaterbesucher lassen sich von der technischen Ausstattung beeindrucken. So empfiehlt Knava augenzwinkernd, dieses Klientel einmal auf der Drehbühne fahren zu lassen, mit ihm den Schnürboden zu erkunden

220 Knava 2009, S. 43
221 ebenda, S. 51ff.
222 ebenda, S. 45
223 Die Jugendlichen sind schließlich vor allem in ihrem eigenen Jahrgang vernetzt und wachsen schnell aus der Rolle heraus.
224 Knava 2009, S. 105

und die Variationsmöglichkeiten der Lichtanlage vorzuführen.[225] Beim Tag der offenen Tür faszinieren der Kostümfundus und die Werkstätten.

Eine erfolgreiche langfristige Bindung erhofft sich die Wiener Volksoper von ihrem Kinderchor. Durch die regelmäßige Auseinandersetzung mit dem Material sowie durch kostenlose Stimmbildung werden die Kinder an die Musik herangeführt.[226]

Alle diese Möglichkeiten der sinnlichen Erfahrung stehen dem Konzertwesen nicht zur Verfügung. Die Probenräume sind in der Regel unspektakulär und nüchtern, die Aufführungen erfolgen auf einer statischen Bühne ohne Lichtregie. Zwar sind Probenbesuche möglich, aber nicht jederzeit hilfreich. Sie können den Probenbetrieb erheblich stören, da sich zum einen ein Orchester ungern vor Publikum beim Üben von technisch anspruchsvollen Passagen vom Dirigenten »vorführen« lässt, zum anderen, weil das Publikum vor allem dann profitiert, wenn es die Ansagen des Dirigenten verstehen und nachvollziehen kann. Die Art des Probens müsste dazu bei der Aufschlüsselung des Werkes helfen. Sonst bleibt nichts, »außer herzukommen und hier zu sitzen oder zu stehen und stundenlang zuzuschauen.«[227] Eine künstlerische Mitwirkung von Laien innerhalb eines Orchesters ist nicht möglich. Voraussetzung sind Notenkenntnis und das Beherrschen eines Instrumentes.

Die Hürde, die es also bei der Vermittlung klassischer Musik zu überwinden gilt, ist das mangelnde fachliche und inhaltliche Verständnis für die kommunizierte Botschaft. Dies dürfte auch auf Anbieterseite eine Hürde sein, neigen doch Dramaturgen und Kulturmanager gelegentlich zu »Namedropping« von Künstlern und Komponisten, die außerhalb der eigenen Szene wenig bekannt sind. Der Adressat der Botschaft steigt in einen kognitiven Prozess der Verarbeitung ein. Am Ende steht eine bewusste Entscheidung für die Annahme oder Ablehnung einer Verhaltensänderung. Der klassische Konzertbesucher gehört, wie sich aus den empirischen Daten deutlich ablesen lässt, zu einer Gruppe von Menschen, die vergleichsweise viel Grundwissen im Bereich der Musik mitbringen und motiviert sind, Neues und mehr zu erfahren.[228]

Zwischenfazit

Offensichtlich ist es den Veranstaltern in den letzten 20 Jahren nicht gelungen, bei potenziellen Zielgruppen, die ohnehin schrumpfen, eine Verhal-

225 Knava 2009, S. 59
226 Christoph Landstätter, Geschäftsführer der Volksoper Wien, in Knava 2009, S. 115
227 Ioan Holender, Direktor der Wiener Staatsoper, in Knava 2009, S. 112
228 siehe Kapitel 5

tensänderung in Richtung Abonnement zu bewirken. Doch das Problem liegt noch tiefer. Auch hier liefert das ELM einen Erklärungsansatz: Fehlt die Motivation zur bewussten Auseinandersetzung mit den gewonnenen Informationen, ist eine Verhaltensänderung nur über den sogenannten peripheren Weg möglich. Dieser grenzt an die klassische Konditionierung. Die Informationen müssen emotional und mit häufiger Wiederholung an eine potenzielle Zielgruppe herangetragen werden. Ziel ist es, Aufmerksamkeit für das Thema zu gewinnen. Je weniger sich potenzielle Zielgruppen für klassische Musik interessieren, umso weniger können sie mit Sachinformationen für den Konzertbetrieb gewonnen werden. Die Werbung, aber auch die Aktivitäten des Audience Development zielen fast ausschließlich auf den zentralen Weg und sind damit außerhalb des angestammten Milieus quasi von vornherein zum Scheitern verurteilt. Der zentrale Weg ist denjenigen vorbehalten, die ohnehin ein großes Involvement zeigen. Doch gerade Musik bietet ein großes Potenzial für eine emotionale Ansprache neuer Zielgruppen – über alle Genres hinweg. Petty und Cacioppo weisen in ihrem Werk darauf hin, dass der periphere Weg auch über den Umweg von Testimonials und Stars beschritten werden kann.[229] Diese übernehmen mit ihrem Kultcharakter die Emotionalisierung der Botschaft. Dieses Phänomen lässt sich im klassischen Konzertwesen deutlich erkennen: Stars wie Lang Lang, Hilary Hahn, David Garrett, Mischa Maisky, Nigel Kennedy oder Anna Netrebko wirken weit über die klassischen Zielgruppen hinaus und werben so für das Repertoire, das sie aufführen. Für die Konzertveranstalter und die Tonträgerindustrie ist es bisher ein Rätsel, welche Interpreten den Sprung über die Grenzen des klassischen Publikums hinaus schaffen.

An dieser Stelle seien einige Hypothesen über die Errichtung von Barrieren für den Konzertbesuch genannt. Um ihrem kulturpolitischen Auftrag gerecht zu werden, haben sich die Orchester in den vergangenen Jahrzehnten verstärkt um die Pflege des Repertoires des 20. Jahrhunderts bemüht. Sichtet man die Konzertprogramme der letzten Jahre, so ist das Bemühen um die Weiterentwicklung der Hörgewohnheiten innerhalb des Stammpublikums deutlich zu erkennen. Mit engagierten Projekten, Kompositionsaufträgen und speziellen Vermittlungsangeboten sowie durch Kopplung mit dem vertrauten Repertoire hat die zeitgenössische Musik Eingang in die Konzertsäle gefunden. Inwieweit sie wirklich goutiert wird, ist im Rahmen dieser Arbeit nicht untersucht worden. Die Auswertung der Befragung in Niedersachsen hinsichtlich der Lieblingskompo-

---

229 siehe Kapitel 9.3

nisten lässt aber stark vermuten, dass Schubert Stockhausen vorgezogen wird. Je atonaler und komplexer die Neue Musik ist, umso aufwändiger ist für das Publikum die Rezeption. Spezialensembles gelingt es zwar, ein entsprechendes Publikum aufzubauen (zum Beispiel dem Ensemble Modern), eine Breitenwirkung entfaltet diese Musik jedoch nicht. Wie viele Hörer durch verstärkte Pflege der zeitgenössischen Musik den Orchestern verloren gegangen sind, wird man nicht erfassen können. Dennoch sei hier die Hypothese gewagt, dass die anspruchsvollen Programme die Hürde für neue, unerfahrene Konzertbesucher noch erhöhen. Das in der Befragung ermittelte Bildungsniveau der Besucher mag dafür ein Indikator sein. Ohne solides musikalisches Grundwissen und ausreichende Hörerfahrungen lassen sich die dargebotenen Programme nicht rezipieren. In gewisser Weise hat sich ein »market of lemons« im Sinne Akerlofs[230] entwickelt, basierend auf den Informationsasymmetrien zwischen Anbietern und Publikum. Fehlen bekannte Namen in der Konzertankündigung, sei es bei Komponisten oder Solisten, ist es ungleich schwieriger, ein Publikum für die Veranstaltung zu gewinnen. Dass die amerikanischen Orchester dieser Strategie folgen, ist hinlänglich dokumentiert.[231] Und so bitter diese Erkenntnis für die hiesigen Orchester auch sein dürfte, aber die Gewinnung eines neuen Basispublikums hängt auch von der Gestaltung des Repertoires ab. Hier sei auch noch einmal auf die Erkenntnisse von Knackstedt[232] verwiesen.

---

230 siehe Kapitel 12
231 Ziegler 2005, S. 132
232 Knackstedt 2009

11. Stakeholder

Das Konzept der Stakeholder wurde 1984 von R. Edward Freeman entwickelt. Es geht davon aus, dass verschiedene Anspruchsgruppen Organisationen beeinflussen und auch von ihnen beeinflusst werden. Die Relevanz der einzelnen Anspruchsgruppen ist aber unterschiedlich. Sie wird anhand von Macht, Legitimität und Dringlichkeit gewichtet. Freeman benennt in seinem Werk beispielhaft eine Reihe von Stakeholdern, mit denen sich eine Organisation auseinandersetzen muss.[233]

Das Modell von Freeman wurde von Sophie Schulenburg auf Theater übertragen[234] und kann in ähnlicher Form auch auf deutsche Orchester angewendet werden. Dabei wird deutlich, dass die Besucher zwar eine sehr wichtige Stakeholdergruppe darstellen, bei Weitem aber nicht die einzige, die nachdrücklich Einfluss auf das Orchestergeschehen nimmt.

Als besonders wichtige Stakeholder benennt Schulenburg *Politik* und *Verwaltung*. Angesichts des hohen Bedarfes an Transfersummen, um die Lücke zwischen Eigeneinnahmen und Kosten zu schließen, ist die Abhängigkeit von den politischen Gremien existenziell. Es obliegt alleine der Politik, die notwendigen Mittel in den kommunalen Haushalten zu verankern. Als Träger der Orchester kann sie auch über die Schließung oder Fusionierung entscheiden. Selbst bei privaten Rechtsformen und scheinbarer Autonomie ist das Überleben eines Orchesters vom Rückhalt und der Unterstützung aus der Politik abhängig, wie das Beispiel des Berliner Sinfonieorchesters gezeigt hat.[235] Das Interesse der Politik besteht auf der einen Seite darin, den Bürgern ein abwechslungsreiches und anspruchsvolles Kulturprogramm zu liefern, auf der anderen Seite die Zuschüsse so gering wie möglich zu halten.[236] So sind die Verantwortlichen in einem Orchester darauf angewiesen, sich immer wieder den Rückhalt in der Politik

---

233 Freeman 1984
234 Schulenburg 2006, S. 39ff.
235 Dem Orchester wurden vom Berliner Senat sämtliche Haushaltsmittel gestrichen. Der Versuch der Musiker, das Orchester auf privatwirtschaftlicher Basis weiterzubetreiben, endete 2004 in der Insolvenz. (Mertens 2010b, S. 4)
236 Schulenburg 2006, S. 40

zu sichern; und das auch – oder gerade besonders –, wenn die verantwortlichen Politiker selbst keine Konzertbesucher sind.

Die Bedeutung der Verwaltungen ist sehr stark abhängig von der Rechtsform, in der das Orchester geführt wird. Als Regiebetrieb ist es selbst Teil derselben, in anderen Rechtsformen sind die Abhängigkeiten mehr oder weniger stark ausgeprägt. Im Vergleich zu anderen Abteilungen einer kommunalen Verwaltung sind die Erfordernisse im Kulturbereich doch sehr spezifisch. Das hängt mit den Besonderheiten des TVK zusammen, aber auch mit dem kulturellen Produktionsprozess an sich. Dass kurzfristig Arbeitskräfte aus dem Ausland angestellt werden müssen, zum Beispiel Dirigenten oder Solisten, kommt in der normalen Verwaltung kaum vor. Vor allem, wenn Musiker kurzfristig im Orchester für erkrankte Kollegen einspringen müssen, sind auch am Wochenende oder abends entsprechende Verträge zu schließen. Eine kommunale Personalverwaltung kann eine Menge Sand in den Orchesterbetrieb streuen, wenn diesen Besonderheiten nicht Rechnung getragen wird. Und natürlich gilt es, einen guten Draht zum Kämmerer zu pflegen, kann er doch im Rahmen der politischen Vorgaben die finanzielle Absicherung mitgestalten.

Ähnlich wichtig wie Politik und Verwaltung sind für die Orchester natürlich die *Besucher*. Ihre Anzahl und ihre Treue bilden ein Stück weit den Rückhalt ab, den das Orchester in seinem Einzugsgebiet genießt. Das Publikum ist die inhaltliche Legitimation für den Orchesterbetrieb. Das Publikum hat dabei eine doppelte Funktion: Zum einen kann es als Gruppe von Wählern die Politik beeinflussen und bei etwaigen Krisen entsprechenden Druck aufbauen, zum anderen kann es mit seiner Nachfrage dem Orchester auch ein Stück Unabhängigkeit sichern.

Die Rolle des *künstlerischen Leiters*, der in aller Regel nur befristet berufen wird, ist aufgrund seiner Machtfülle von der des Orchesters zu trennen.[237] Der künstlerische Leiter entscheidet über Repertoire, Sonderkonzerte, Solisten und Gastdirigenten. Auch die Besetzungsstärke[238] der einzelnen Programme liegt in seiner Hand. Und natürlich ist er bei den

---

237 Laugwitz 2010, S. 11
238 Die Besetzungsstärke variiert von Konzert zu Konzert, vor allem in den Streichern. Für klassische Werke geht man in der Regel von einer 8er-Besetzung aus. Das heißt, es werden acht 1. Violinen, sechs 2. Violinen, vier bis fünf Bratschen, zwei bis drei Violoncelli und ein bis zwei Kontrabässe besetzt. Für romantisches Repertoire sind 12er, 14er oder 16er-Besetzungen die Regel (letztere bedeutet: sechzehn 1. Violinen, vierzehn 2. Violinen, zwölf Bratschen, zehn Violoncelli und acht Kontrabässe). Alleine bei diesen Beispielen schwankt die Besetzung bei den Streichern zwischen 21 und 58 Musikern. Dazu kommen noch die sogenannten Harmoniestimmen – also die Holz- und Blechbläser sowie Pauke, Harfe und Schlagzeug. Die Besetzung der Harmoniestimmen ist in der Regel durch den Komponisten festgelegt.

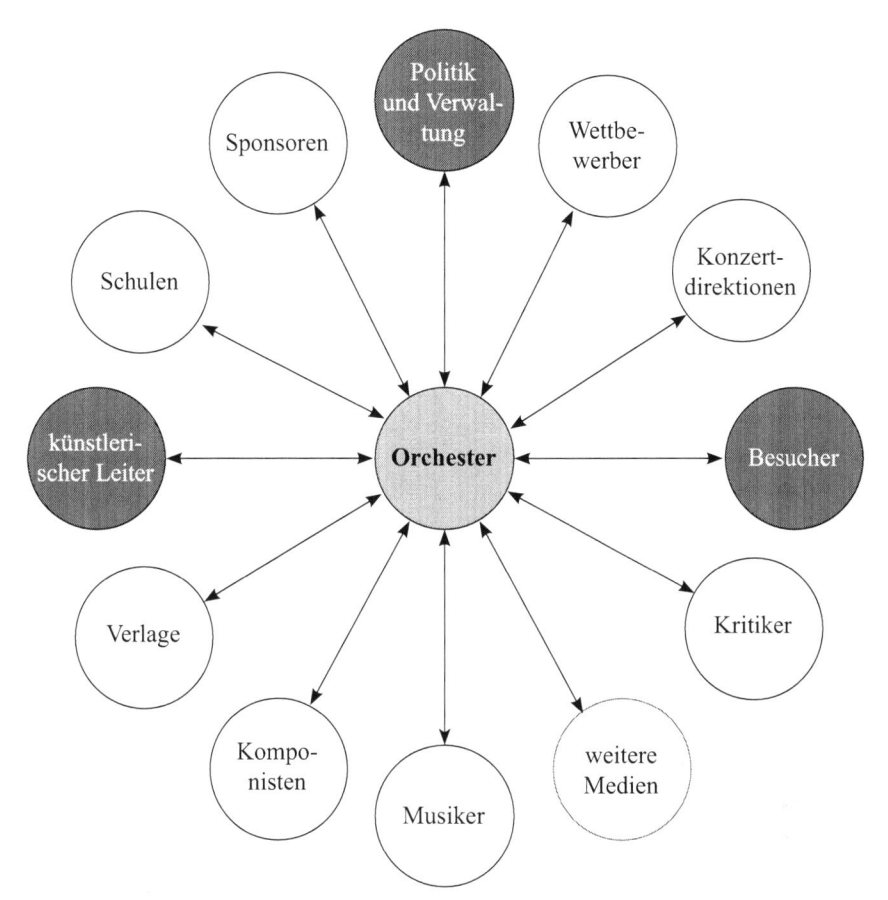

Abbildung 23: Stakeholder von Orchestern (eigene Darstellung in Anlehnung an Freeman 1984, S. 55). Key-Stakeholder sind grau hinterlegt.

Konzerten, die er selbst leitet, für die Interpretation und damit für die musikalische Handschrift des Orchesters zuständig. Mit Ausnahme der Dramaturgie sind alle anderen Mitarbeiter von künstlerischen Entscheidungsprozessen ausgeschlossen. Bestenfalls hat ein kaufmännischer Leiter ein Vetorecht, wenn es gilt, den Finanzrahmen einzuhalten. Eine inhaltliche Mitbestimmung durch die Orchestermusiker ist in diesem, an das romantische Idealbild des künstlerischen Genies angelehnten System nicht vorgesehen. Die Reputation innerhalb der Fachwelt und der Musikkritik entscheidet über die zukünftige Karriere. Zwar wird kaum ein Dirigent von einem anderen Orchester verpflichtet, der bewusst sein Publikum ignoriert, angesichts der grundsätzlichen Befristung von Verträgen für GMD stehen diese aber innerhalb der Musikszene unter einem gewissen Druck, durch spektakuläre Projekte, wie zum Beispiel Erst- oder Uraufführungen, auf sich aufmerksam zu machen, um Einladungen für Gastdirigate oder Anschlussengagements zu bekommen.

Die *Orchestermusiker* sind trotzdem eine wichtige interne Anspruchsgruppe. Aufgrund ihres hohen gewerkschaftlichen Organisationsgrades können Orchester über ihren Vorstand, also die gewählte Mitarbeitervertretung, die Einhaltung tariflicher Rahmenbedingungen unabhängig von ihrer künstlerischen Sinnhaftigkeit durchsetzen. Damit sind vor allem Probenhäufigkeit und Probendauer gemeint, aber auch die Ablehnung von ungewöhnlichen »Spielarten«[239]. Der Beruf des Orchestermusikers birgt hohe gesundheitliche Risiken: Zum einen führt die Körperhaltung bei vielen Instrumenten auf die Dauer zu Verschleiß an den Gelenken[240], zum anderen liegt der Schalldruck insbesondere in der Nähe der Blechbläser über dem von den Berufsgenossenschaften für Arbeitsplätze zugelassenen Höchstwert von 85 dB(A).[241] Zwar darf dieser Wert kurzfristig überschritten werden, bei einer dreistündigen Probe in großer Besetzung werden die zulässigen Grenzwerte aber regelmäßig überschritten.[242] Orchestermusiker sind in der Regel auch bei aufkommender Schwerhörigkeit unkündbar und können damit für den gesamten Klangapparat zu einer Belastung werden. Die restriktiven Beschränkungen im TVK sind zwar auf den ersten Blick kunstfeindlich, können aber zur langfristigen Qualitätserhaltung beitragen, indem sie die physischen Belastungen in zeitlichen Grenzen halten. Innerhalb des Orchesters ist auch zwischen den Stimmgruppen zu unterscheiden; kann man bei den Streichern im Tutti »mitschwimmen«, haben die Bläser häufiger exponierte Stellen und damit größere psychische Belastungen zu bewältigen.

Schulenburg weist auf die Rolle der *Kritiker* hin.[243] Dabei spielt die Konzertkritik für den Erfolg eines Orchesters eine weit weniger wichtige Rolle, als dies im Theaterbereich der Fall ist. Schließlich werden Konzerte in der Regel nur ein- bis zweimal aufgeführt. Bis die Kritik in der Zeitung erschienen ist oder über das Radio gesendet wurde, ist das Programm abge-

---

239 Als *Spielart* wird die Art der Tonerzeugung auf dem Instrument bezeichnet. So wird bei Streichern zum Beispiel zwischen *arco* (= gestrichen), *pizzicato* (= gezupft), *col legno* (= mit der Rückseite des Bogens geschlagen oder gestrichen) und weiteren Formen unterschieden. (Jost 2004, S. 65f.)
240 Brezinka 2005, S. 30f.
241 BGV B3 in der Fassung vom 1. Januar 1997
242 Brezinka 2005, S. 31
243 Schulenburg 2006, S. 42

spielt. Als Instrument, um neugierig auf das Programm zu machen, ist die Kritik ungeeignet. Natürlich kann die Konzertkritik aber auf lange Sicht den Ruf eines Orchesters beeinflussen. Fortlaufend schlechte Kritiken lassen Zweifel an der Qualität des Ensembles aufkommen. Genauso können bestimmte Eigenschaften immer wieder positiv herausgestellt werden, wie zum Beispiel die besonderen Fähigkeiten bestimmter Stimmgruppen oder einzelner Musiker. Die Konzertkritik ist im Gegensatz zur Theaterkritik regional aufgestellt. Überregionale Kritiken werden bestenfalls bei Uraufführungen oder besonderen Festivals publiziert. Anders ist das bei CD-Rezensionen, für die es eine Reihe von Fachmagazinen gibt und die auch Eingang in die überregionale Presse finden. Angesichts gesättigter Tonträgermärkte sind solche Aufnahmen im Alltagsgeschäft der untersuchten Orchester – abgesehen vom NDR – aber die absolute Ausnahme.

Die *weiteren Medien*, genauer gesagt die anderen Rubriken in denselben Massenmedien, spielen natürlich auch eine Rolle. So werden im Hörfunk und in der Zeitung Konzertveranstaltungen angekündigt, mit Interviews unterstützt und durch Kartenverlosungen promotet. Je enger die Zusammenarbeit zwischen Orchester und Redaktion ist, umso leichter gelingt es, Nachrichten im redaktionellen Teil (Feuilleton) zu platzieren. Dazu gibt es eine ganze Reihe von Medien, die ihren Nutzern zwar Kulturtipps geben, aber keine Konzertkritiken publizieren. Fachzeitschriften nur für den klassischen Konzertmarkt existieren in Deutschland nicht. Auch der Konzertalmanach[244], der in den neunziger Jahren das Konzertleben in Deutschland relativ vollständig abbildete, musste nach wenigen Jahren aufgrund mangelnder Wirtschaftlichkeit wieder eingestellt werden.

Schulenburg nennt noch zwei weitere Stakeholder, nämlich Sponsoren und Schulen.[245] Die *Sponsoren* spielen derzeit im Umfeld der Orchester eine untergeordnete Rolle, fördern sie doch eher Veranstalter oder Festivals, aber nicht die kontinuierlichen Konzertreihen.[246] Eine Ausnahme sind allenfalls die Sparkassen, die aufgrund ihres öffentlich-rechtlichen Auftrags zur Förderung von Kunst und Kultur verpflichtet sind. Einen direkten Einfluss auf die Programmgestaltung oder die strategische Ausrichtung der Orchester nehmen sie bisher nicht.

Die Rolle der *Schulen* wurde im Abschnitt über Audience Development bereits angeschnitten. Sie verfügen über einen gewissen Grad an Autonomie, sind aber bei groß angelegten Projekten und grundsätzlichen Ent-

---

244 Der Konzertalmanach erschien für die Jahrgänge 1981 bis 2002 im Heel-Verlag (Königswinter).
245 Schulenburg 2006, S. 41f.
246 Kohlenberg, 1994 S. 94ff.

scheidungen über Lehrpläne an die Vorgaben aus den Kultusministerien gebunden. Die großen Umbrüche in der Schullandschaft nach den PISA-Studien bieten aber auch den Orchestern die Chance, ihre Angebote stärker in den Curricula zu verankern. Aus den Überlegungen zum ELM und zum Modell von LeBlanc lässt sich durchaus ableiten, dass die Schulen, anders als bei Schulenburg[247], mit einer gewissen Dringlichkeit, gegebenenfalls auch über den Umweg der Schulpolitik, zu den Key-Stakeholdern gehören sollten. Allerdings haben die Orchester kaum Einflussmöglichkeiten auf Schulcurricula und Unterrichtsgestaltung.

Weitere wichtige Stakeholder sind deckungsgleich mit den im Modell von Michael E. Porter genannten Anspruchsgruppen.[248] Im Falle von Orchestern sind dies Verlage, Komponisten, Agenturen, alternative Freizeitangebote und natürlich Orchester, die im Rahmen einer Tournee vor Ort auftreten.

Zwischenfazit

Das Orchestermanagement bewegt sich in einem Spannungsfeld aus vor allem drei Key-Stakeholdern: Der Kulturpolitik, den Besuchern und der künstlerischen Leitung. Die dahinterliegenden Zielkonflikte finden sich bereits in der in Kapitel 2 genannten Studie von Wahl-Zieger: Sie sieht einen Konflikt zwischen *künstlerischen Qualität* und dem *Absatzerfolg.*[249] Sie spricht dabei von einem *qualitativen Marktversagen.*[250] Dazu führt sie an, dass »sich das de facto öffentliche Angebot bundesdeutscher Theater und Orchester leichter rechtfertigen [ließe], wenn den hohen öffentlichen Betriebskostensubventionen nicht nur ein traditionell-erstarrtes, dem Ausschlußprinzip unterliegendes Angebot an Aufführungen gegenüberstände, sondern eine breitere Streuung der Benefits angestrebt würde.«[251] Die in Kapitel 2.5 beschriebene Legitimitätskrise der Orchester war also schon lange vor ihrem Ausbruch in der Zielkonkurrenz der Key-Stakeholder systemisch angelegt.

---

247 Schulenburg 2006, S. 44
248 siehe Kapitel 12
249 Wahl-Zieger 1978, S. 138ff.
250 ebenda, S. 238f.
251 ebenda, S. 209

12. Disruptive Innovation

Um die Phänomene, die auf dem klassischen Konzertmarkt in Niedersachsen zu beobachten sind, zu analysieren, wird die Theorie der *Disruptive Innovation* von Clayton Christensen herangezogen. Die Theorie wurde 1997 unter dem Titel »The Innovator's Dilemma« veröffentlicht. Es folgten zwei weitere Bände »The Innovator's Solution« (2003) und »Seeing what's next« (2004), in denen Christensen seine Theorie genau ausführt und anhand von Beispielen empirisch belegt. Er selbst übertrug seinen Ansatz auf die Bereiche »Bildung«[252] und »Gesundheit«[253]. Eine Übertragung in kulturelle Felder wurde bislang nicht vorgenommen.

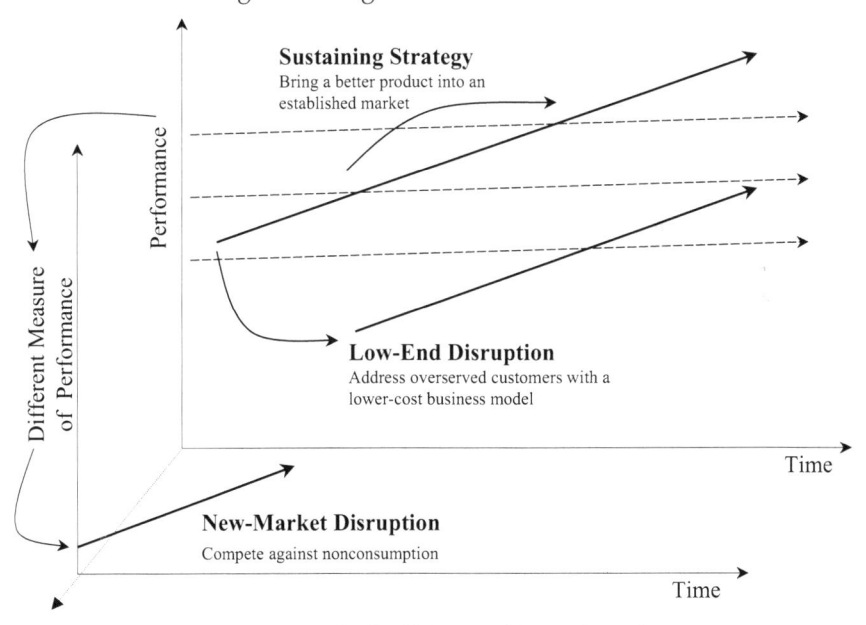

Abbildung 24: Disruptive Innovation. Quelle: Christensen / Raynor 2003, S. 44

---

252 Christensen et al. 2008
253 Christensen 2009

Die Theorie der Disruptive Innovation geht davon aus, dass Unternehmen und andere Organisationen aus der Perspektive des Marketings alles richtig machen können, aber dennoch am Markt scheitern. Gerade die intensiven Bemühungen um die Bedürfnisse von Kunden verstellen den Blick auf notwendige Veränderungen.

Klassische Innovations-Theorien besagen, dass in dynamischen Märkten, besonders im Technologiesektor, eine permanente Verbesserung von Qualität oder Kundennutzen für das Überleben eines Unternehmens wichtig ist. Mittels Marktforschung werden Prognosen über bestehende und zukünftige Bedürfnisse von Konsumenten erarbeitet. Auf Basis dieser Prognosen werden bestehende Produkte auf die erfassten Bedürfnisse der Konsumenten hin optimiert. Gerade technische Produkte werden dadurch komplexer und im Zweifel auch teurer, verfügen aber über immer mehr Funktionen und Möglichkeiten. Produktqualität und -funktionalität entwickeln sich dabei schneller, als sie von den Kunden in Gänze adaptiert werden können. Ein Teil der Konsumenten ist schlichtweg überfordert. Die meisten Beispiele, aus denen heraus Christensen seine Theorie entwickelte, stammen aus dem Technologiesektor. Ausgangspunkt für ihn war die Geschichte der Diskettenindustrie, die in relativ kurzer Zeit viele Umbrüche erlebt hat.[254] Die Dynamik der Technikmärkte ist aber keine notwendige Bedingung für das Vorliegen von Disruptive Innovation. Sie lässt sich dort nur leichter entdecken.

12.1. Kundentypen

Auch die Theorie der Disruptive Innovation wird vom Kunden her gedacht. Christensen teilt den Markt in drei relevante Segmente.

12.1.1. Nonconsumer

Zunächst benennt er die *nonconsumer*[255], also Zielgruppen, die das Produkt oder die Dienstleistung nicht in Anspruch nehmen, obwohl bei ihnen ein grundsätzlicher Bedarf besteht. Christensen weist nach, dass besonders bei technisch komplexen Produkten potenzielle Kunden überfordert sind, das Produkt richtig einzusetzen. Je genauer und umfangreicher ein Unter-

---

254 Christensen vergleicht die Disketten-Branche mit der Drosophila-Fliege in der Biologie. Aufgrund der kurzen Lebensdauer (ein Tag) lassen sich Wirkungszusammenhänge schneller erkennen als bei länger lebenden Arten. Die Mechanismen sind aber die gleichen. (Christensen 2000, S. 3)
255 Christensen 2004, S. 6ff.

nehmen auf die spezifischen Wünsche seiner Kunden eingeht und zusätzliche technische Features in das Produkt integriert, umso größer wird die Barriere für unerfahrene und neue Kunden, das Produkt sinnvoll einzusetzen. Christensen identifiziert die nonconsumer als »people who lack the ability, wealth, or access to conveniently and easily accomplish an important job for themselves; they typically hire someone to do the job for them or cobble together a less-than-adequate solution«[256]. Ergänzend könnte man sagen, dass die nonconsumer auch ersatzlos auf das Produkt oder die Dienstleistung verzichten. Durch die kontinuierliche Verbesserung des Produktes oder der Dienstleistung werden die nonconsumer immer stärker vom bestehenden Markt abgekoppelt. Das bedeutet gleichzeitig, dass auch bestehende Kunden, die mit der technischen Weiterentwicklung nicht mehr mitgehen können oder wollen, als Konsumenten ausfallen. Je spezifischer und ausgefeilter die Technik im Laufe des Innovationsprozesses geworden ist, umso größer wird die Gruppe der nonconsumer.

Für das Konzertwesen sind nonconsumer somit als Personen zu beschreiben, die ein vages Grundinteresse an klassischer Musik haben oder diese zumindest nicht ausdrücklich ablehnen. Die Konzerte sind ihnen aber zu akademisch, zu lang oder zu kontemplativ. Dem musikalischen Geschehen könnten sie zwar emotional folgen, eine inhaltliche Struktur erkennen sie aber nicht (zum Beispiel Satzform). Sofern es keinen äußeren Anlass gibt, werden sie nicht mit Musik konfrontiert und beschäftigen sich kaum von sich aus mit entsprechenden Inhalten. In der Knight-Studie wären dies die Blue-Mooner oder Family Occasion.[257]

12.1.2. Overshot consumer

Die zweite Gruppe, die Christensen benennt, sind die *overshot consumer*.[258] Christensen charakterisiert diese Gruppe als Konsumenten, die ein Produkt zwar kaufen oder eine Dienstleistung nutzen, deren Bedürfnisse aber mit viel einfacheren Produkten genauso gut oder sogar besser befriedigt werden könnten. Es geht eben nicht um die Vielzahl an Funktionen und Zusatznutzen eines technischen Gerätes, sondern lediglich um die Basisfunktionen. Die overshot consumer sind dem Unternehmen solange als Kunden treu, wie sie nicht auf einfachere oder preiswertere Alternativen zurückgreifen können. Alternativen können qualitativ schlechtere Produkte sein, aber auch Substitute, die den Kundennutzen erfüllen. Overshot consumer sind tendenziell eher preisbewusst, da sie nicht bereit sind, für

256 Christensen 2004, S. 5
257 siehe Kapitel 7.1.
258 Christensen 2004, S. 11ff.

Funktionen, die sie ohnehin nicht nutzen, zusätzliches Geld zu bezahlen. Allerdings weist Christensen nach, dass Kunden zum Teil sogar bereit sind, für technisch schlechtere Lösungen mehr Geld zu bezahlen, wenn diese dafür einfacher in der Anwendung sind.

Im Konzertpublikum entspricht diese Gruppe am ehesten den Mitläufern, wie sie in der Befragung bei den niedersächsischen Orchestern identifiziert wurden.[259] Sie sind klassischer Musik gegenüber durchaus aufgeschlossen, würden aber populärere Programme bevorzugen. Vor allem aber dürfte hier das Publikum von Neujahrskonzerten, Festivals und Crossover-Programmen zu finden sein.

12.1.3. Undershot consumer

Die dritte von Christensen herausgearbeitete Gruppe sind die *undershot consumer*.[260] Sie sind die eigentliche Zielgruppe der kontinuierlichen Innovation, da sie mit den bestehenden Lösungen noch nicht zufrieden sind. Sie würden teurere Produkte oder Dienstleistungen in Anspruch nehmen, wenn bestimmte Zusatzleistungen oder Zusatznutzen damit verbunden wären. Sie bilden für technische Innovationen einen wichtigen Markt, da sie als early adaptors Produktneuheiten sofort aufnehmen.

Auf das Konzertleben übertragen, scheint der Bildungskonsument von Adorno diesem Typus am nächsten zu kommen.[261] Dabei handelt es sich um diejenigen, die für den Konzertbesuch weite Anfahrten auf sich nehmen, um ein besonders bekanntes Orchester, einen namhaften Solisten oder ein ausgefallenes Programm zu hören. Sie gehen in den Konzerthäusern der Welt ein und aus und sind mit der musikalischen Qualität des lokalen Orchesters vor Ort nicht zufrieden. Sie sind im Zweifel bei Konzerten dort auch nicht anzutreffen.

Für die Disruptive Innovation sind vor allem die ersten beiden Gruppen relevant, da sie durch einen scheinbaren Rückschritt auf dem Markt aktiviert werden können. Die Disruptive Innovation wird dabei in der Regel als grundsätzliche Vereinfachung eines Produktes oder einer Dienstleistung verstanden. Sie durchbricht die kontinuierliche Entwicklung hin zu immer besseren, schnelleren, raffinierteren oder anspruchsvolleren Produkten und wartet mit einer radikalen Reduktion auf den Grundnutzen auf. Sie unterscheidet sich dabei von den klassischen Innovationsansätzen, die durchaus auch radikale Innovationssprünge vorsehen. Diese

---

259 siehe Kapitel 7.5.2.
260 Christensen 2004, S. 9ff.
261 siehe Kapitel 7.2.

sind jedoch nach vorne gerichtet und als Verbesserung, Weiterentwicklung oder eben Neukonstruktion des Bisherigen zu verstehen. Die Disruptive Innovation ist vor allem dann am Markt erfolgreich, wenn die Zahl der overshot consumer und der nonconsumer besonders groß ist. Die Disruptive Innovation »krempelt« den Markt also vom unteren Ende her um (*low-end disruption*).[262]

12.1.4. Well-served consumer

In Ergänzung zu den drei Kundengruppen von Christensen soll hier im Hinblick auf die vorliegende Untersuchung eine weitere Gruppe hinzugefügt werden: die *well-served consumer*. Diese sollen als Konzertbesucher verstanden werden, die mit dem derzeitigen Konzertangebot restlos zufrieden sind. Sie würden den Unterschied zu qualitativ besseren Orchestern nicht erkennen, mit populären Programmen wären sie auch nicht zufrieden. Programmatischer Anspruch und musikalisches Niveau der Konzerte müssen mindestens ein mittleres Level erreichen. Auf den ersten Blick könnte man sagen, dass alle befragten Konzertbesucher in diese Gruppe gehören, da die Zustimmung und Qualitätsbewertung der Konzerte durchweg positiv ist und die Weiterempfehlungstendenz mit 94,5 % sehr hoch liegt. Doch gerade bei Orchestern wird man genauer hinschauen müssen. Die soziale Erwünschtheit von bestimmten Antworten und die gute Absicht, dem Orchester nicht zu schaden und den Rückhalt zu dokumentieren, könnten diese Bewertung ins Positive verschoben haben. Zudem sind die overshot consumer naturgemäß mit dem, was sie zu hören bekommen, sehr zufrieden. Sie würden es aber auch per Definition nicht bemerken, wenn sich die musikalische Qualität verschlechtern würde. Als Indikator dafür kann man nehmen, dass der Zufriedenheitswert bei allen untersuchten Konzerten etwa gleich hoch liegt; und das, obwohl unterschiedliche Orchester gespielt haben und selbst die Vorstellungen desselben Orchesters nie identisch sind. Unterstellt man bei einer Liveaufführung natürliche Qualitätsschwankungen, müssten diese sich in der Bewertung durch das Publikum niederschlagen.

Die Gesamtbewertung schwankt zwischen 1,3 und 1,8 und liegt im Mittel bei 1,5 (siehe Tabelle 20). Die Weiterempfehlungstendenz lag zwischen 87 % (Lüneburg) und 99 % (Oldenburg) und betrug im Durchschnitt 94,5 %. Wie auch bei allen anderen Items ist die Streuung innerhalb der Stichprobe bei der Beurteilung der musikalischen Qualität sehr gering.

---

262 Christensen 2003, S. 46ff.

Orchester	Datum	Solist	Dirigent	Orche-ster	gesamt	Weiter-empfeh-lung	bekann-tere Stücke?
Göttingen	24. April	1,2	1,5	1,4	1,4	94,8 %	2,5
Oldenburg	26. April	1,3	1,3	1,3	1,3	99,1 %	2,6
	27. April	1,2	1,2	1,3	1,3	98,8 %	2,7
	28. April	1,2	1,3	1,4	1,4	99,3 %	2,9
Lüneburg	10. Mai	kein Solist	1,6	1,6	1,8	87,1 %	2,8
Braunschweig	10. Mai	1,2	1,3	1,2	1,3	98,7 %	2,5
	11. Mai	1,3	1,4	1,3	1,4	98,7 %	2,7
Osnabrück	10. Mai	1,4	1,7	1,6	1,6	93,5 %	3,0
	11. Mai	1,4	1,6	1,5	1,7	91,6 %	3,0
NDR	14. Mai	1,3	1,6	1,4	1,6	88,8 %	2,8
	15. Mai	1,3	1,5	1,3	1,5	90,3 %	2,9
Hannover	17. Mai	1,6	1,5	1,4	1,4	93,6 %	3,1
	18. Mai	1,7	1,6	1,5	1,5	96,3 %	2,9
gesamt		1,3	1,5	1,4	1,5	94,5 %	2,8
F		15,624	6,597	6,643	8,619	7,590	2,214
α		0,000	0,000	0,000	0,000	0,000	0,009

Tabelle 20: Bewertung (Mittelwert) der musikalischen Qualität von Solisten, Dirigenten und Orchestern durch die Konzertbesucher in Schulnoten, Anteil derjenigen, die das Konzert weiterempfehlen würden und ob bekanntere Stücke auf dem Spielplan häufigere Besuche nach sich ziehen würden (1=gar nicht bis 6=sehr). Angegeben sind die Mittelwerte außer bei der Weiterempfehlung.

Dies ließe sich vor dem Hintergrund der Theorie Christensens auf zwei Weisen deuten: (1) Entweder vermeiden die undershot consumer Konzertveranstaltungen in Niedersachsen oder verteilen sich gleichmäßig auf die Orchester, sodass am Ende bei allen Konzerten eine durchschnittliche Bewertung erfolgt, oder (2) weite Teile des Publikums gehören zu den well-served beziehungsweise overshot consumer, unabhängig von Orchester und Aufführungstag. Die overshot consumer könnten dann entgegen der eigenen Einschätzung musikalische Qualitätsunterschiede kaum wahrnehmen. Eine Auffälligkeit ergibt sich beim NDR in Hannover: Die Weiterempfehlungsrate liegt unter dem Durchschnitt. Auch hierfür gibt es zwei Deutungsmöglichkeiten: (1) Entweder führt die insgesamt kritischere Haltung des Publikums[263] zu einer zurückhaltenderen Weiterempfeh-

263 Der Anteil an »Kritischen Hörern« liegt beim NDR über dem Durchschnitt.

lung oder (2) das etwas spröde Violinkonzert von Bohuslav Martinů hat trotz der romantischen Interpretation von Frank Peter Zimmermann die klassischen Erwartungen des Publikums nicht ganz erfüllt. Am Geiger hat es jedenfalls nicht gelegen, liegt die Bewertung des Solisten doch genau im Durchschnitt.

12.2. Kennzeichen für eine drohende Disruptive Innovation

Michael Urlocker benennt in Anlehnung an Christensen sieben Kriterien, die anzeigen, dass einem bestimmten Markt eine Disruptive Innovation droht.[264]

(1) Der Preis wird zu einem entscheidenden Kriterium für die Kunden.
Auf den ersten Blick ist dies für die Orchesterlandschaft in Niedersachsen nicht erfüllt. Weder sind die Konzertbesucher besonders preissensibel noch empfinden sie die derzeitigen Eintrittspreise als überhöht.[265] Betrachtet man die Zusammenhänge jedoch genauer, wird der Preis zu einem sehr entscheidenden Kriterium. Schließlich trägt der Konzertbesucher nur einen Bruchteil der Kosten für den Unterhalt der Orchester. Die bereits erfolgten Orchesterschließungen und die ständige Debatte um die Zukunftssicherung zeigen deutlich, dass der »Preis« – hier verstanden als die Transfersumme, die die öffentliche Hand zu leisten hat – eine zentrale Rolle im Alltagsgeschäft der Orchester spielt. Der immense Kostendruck, dem die Orchester ausgesetzt sind, erzwingt in zunehmendem Maße Innovationen innerhalb des Marktes. Die öffentliche Hand ist, in Abhängigkeit von den politisch Verantwortlichen, immer weniger bereit, die steigenden Kosten automatisch zu übernehmen. Hinzu kommt, dass es den hiesigen Orchestern immer schwerer fällt, neue Spielstätten zu erschließen oder Abstecher[266] für bestehende Programme einzuwerben. Nach dem Fall des Eisernen Vorhangs in Europa sahen sich viele Orchester einer zunehmenden Konkurrenz aus den osteuropäischen Staaten ausgesetzt. So wurden Gastspiele von den Verantwortlichen systematisch mit den preiswerteren Orchestern aus Polen, der damaligen Tschechoslowakei oder Ungarn be-

---

264 Urlocker 2006, S. 4
265 Das Preis-Leistungsverhältnis erhielt von den niedersächsischen Konzertbesuchern in Schulnoten ausgedrückt eine »2«.
266 Unter »Abstechern« versteht man die Bespielung von Konzertsälen an anderen Orten. Als Veranstalter tritt nicht das Orchester selbst auf, sondern eine lokale Institution, zum Beispiel eine Konzertdirektion oder die zuständige Kommunalverwaltung.

stückt. Zudem waren die Musiker dieser Orchester gegen harte Währung sogar bereit, auf Hotelzimmer zu verzichten und während einer Tournee überwiegend im Bus zu nächtigen. Den hiesigen Orchestern entfielen dadurch wichtige Einnahmen. Für die Veranstalter – oft Kommunen, die kein eigenes Orchester vorhalten – bedeutete dies aber eine finanzielle Entlastung. Hinter den Kulissen, also bei den Verhandlungen mit den jeweiligen öffentlichen Trägern sowie mit öffentlichen oder privaten Veranstaltern, spielt der Preis eine wesentliche Rolle. Das von Christensen benannte Kriterium ist damit erfüllt, auch wenn es für den Konsumenten zunächst nicht offensichtlich ist.

(2) Neue Produkte oder besserer Service bewirken keine Marktreaktion.
Übertragen auf den Orchestermarkt spiegeln sich darin die Erfahrungen der letzten zwanzig Jahre wider. Wie in Kapitel 10 gezeigt, konzentrierten sich die Marketingaktivitäten der Orchester und Konzertveranstalter auf eine Verbesserung des Services. Kundenorientierung im Vorderhausmanagement wurde großgeschrieben. Mit einer Reihe von Maßnahmen wurden Verbesserungen in der Gastronomie, im Ticketvertrieb oder bei der Gestaltung des Konzertsaales eingeführt. Dazu gehört auch der Neubau von Konzerthäusern, wie ihn eine Reihe von Städten in den letzten zwanzig Jahren vollzogen haben. Heute gehören Werkeinführungen und Publikumsgespräche zum Standard eines Konzertbesuches.[267] Trotz all dieser Bemühungen kann man bestenfalls von einem stagnierenden Publikumsinteresse sprechen. Es ist müßig zu spekulieren, ob der Publikumsschwund ohne diese Maßnahmen noch dramatischer ausgefallen wäre. Aus der Befragung beim niedersächsischen Publikum ist erkennbar, dass die vielen Aktivitäten bei der Verbesserung der Servicequalität keinen grundsätzlichen Durchbruch bei der Erschließung neuer Publikumsschichten erzielt haben.

(3) Obskure Anbieter treten in den Markt ein und gewinnen Marktanteile, zunächst mit marginalen Umsätzen.
Bei diesem Kriterium ist es schon schwieriger, es auf dem Orchestermarkt zu identifizieren. Die Theaterszene in Deutschland hat diesen Prozess anhand der kommerziellen Musicals der Stella AG erfahren müssen.[268] Zudem gibt es eine Reihe kleinerer Orchester, die privatwirtschaftlich mit unterschiedlichen Businesskonzepten arbeiten und sich am Markt halten.

---

267 Knackstedt 2009, S. 84
268 In Wien werden die gleichen Produktionen von den öffentlichen Theatern auf die Bühne gebracht.

Das Heidelberger Kammerorchester, das sich seit knapp 50 Jahren projektweise aus freien Musikern bildet, die dann mit einem bestimmten Repertoire auf eigene Rechnung in kleinen und mittleren Konzerträumen oder Kirchen in Deutschland auftreten, wäre ein Beispiel. Die Finanzierung erfolgt auch über den Verkauf von selbst eingespielten Tonträgern.[269] Zwar konkurriert dieses Orchester nicht direkt mit den etablierten sinfonischen Orchestern, ist doch das Repertoire vornehmlich auf Barockmusik ausgerichtet, bei der Wiener Klassik gibt es aber deutliche Überschneidungen. Gerade Letztere ist, wie die vorliegende Befragung zeigt, beim Publikum besonders beliebt und damit auch marktrelevant.

Andere Geschäftsmodelle, wie das des Kölner Kammerorchesters, greifen sogar noch weiter, unterhält dieser Klangkörper in der Kölner Philharmonie doch eine eigene Abonnementkonzertreihe und präsentiert seine Programme regelmäßig in München und Paris. Dabei handelt es sich bei den Musikern im Kern um Studenten der Musikhochschule Köln, die für die einzelnen Projekte engagiert werden. Die Kostenstruktur ist daher eine gänzlich andere als bei den stehenden Orchestern[270] nach TVK. Wie bei den Heidelberger Kollegen bildet die Musik des Barock und der Klassik den Kern des Repertoires, aber auch Werke des 19. Jahrhunderts finden sich im Programm. Aktuell wagte das Orchester auch mit einem Werk Igor Strawinskys den Schritt ins 20. Jahrhundert; damit bricht das Ensemble in die beiden Domänen der sinfonischen Orchester ein.[271] Sicher sind diese Orchester für die gewachsene Infrastruktur zunächst nicht existenzgefährdend. Je weiter sie sich aber aus ihrer Nische der Barockmusik heraus in das Feld der populären Klassik und Romantik bewegen, umso mehr können sie Publikum von den öffentlich-rechtlichen Orchestern abziehen.

Das dritte Geschäftsmodell, was den Umsatz angeht sicherlich das erfolgreichste, finden wir bei dem Stargeiger André Rieu. Für seine in Walzer- und Operetten-Seligkeit schwelgenden Programme hat er sein eigenes Orchester gegründet. Hinter den als Konzert angekündigten Veranstaltungen verbirgt sich eine professionell choreografierte Show mit Werken rund um den Wiener Komponisten Johann Strauß. In großen Sporthallen mit Kartenpreisen zwischen 40 und 120 €[272] zieht er entsprechende Kaufkraft von den Sinfonieorchestern mit ihren Neujahrs- und Promenadenkonzerten ab. Über die Größe des Marktanteils kann nur

---

269 http://www.heidelbergerkammerorchester.de/ (abgerufen am 25. März 2011)
270 Unter »stehendem Orchester« werden diejenigen verstanden, die mit fest angestellten Musikern in stets gleicher Besetzung kontinuierlich proben und konzertieren.
271 http://www.koelnerkammerorchester.de/?page_id=19 (abgerufen am 25. März 2011)
272 www.eventim.de (abgerufen am 24. April 2011)

spekuliert werden, der Presse kann man jedoch entnehmen, dass André Rieu 2009 mehr als 52 Millionen Euro umgesetzt hat – und das mit einem kammermusikalisch besetzten Orchester.[273]

Auch das dritte Kriterium muss vor allen Dingen im Hinblick auf das letzte Beispiel – unabhängig von den zukünftigen Erfolgen dieser Geschäftsmodelle – als erfüllt angesehen werden.

(4) Die vertrauten Managementkonzepte versagen.

Dies lässt sich in zweifacher Hinsicht feststellen: (1) Wurden Kulturbetriebe wie Theater und Orchester bis in die neunziger Jahre hinein vor allem nach künstlerischen oder verwaltungstechnischen Regeln geführt, hat sich in den neunziger Jahren ein professionelles Kulturmanagement überhaupt erst entwickelt, weil eben jene alten Strukturen nicht geeignet waren, die wirtschaftliche Existenz der Orchester zu sichern. Die Grundlagenliteratur von Peter Bendixen, Werner Heinrichs und Armin Klein[274] löste in der Praxis ein radikales Umdenken in den Kultureinrichtungen aus. Die zunehmende Professionalisierung des Managements hat auch bei den Orchestern einen Effizienzschub in die künstlerische Produktion gebracht.[275] Sie hat damit die Schere des baumolschen Dilemmas ein wenig geschlossen und den Orchestern damit ökonomisch Luft verschafft. (2) Die stillen Effizienzreserven der achtziger Jahre sind aber nunmehr aufgelöst. Damit setzt sich das ökonomische Dilemma wieder fort, ohne dass eine weitere Professionalisierung im Management zu nennenswerten Lösungen beitragen könnte. Das Potenzial der vor zwanzig Jahren eingeführten Prozesse und Konzepte scheint ausgeschöpft. Damit darf auch das vierte Kriterium als gegeben angesehen werden.

(5) Es entsteht eine Wachstumslücke.

Dieses Kriterium zielt eindeutig auf klassische for-profit-Märkte. Der Ansatz der Disruptive Innovation geht davon aus, dass ein erfolgreiches Unternehmen auf permanentes Wachstum angewiesen ist. Wächst ein Markt langsamer als für das Unternehmen notwendig oder stagniert er gar, steht

---

273 http://www.wallstreet-online.de/nachricht/2656785-andre-rieu-unter-den-10-spitzentourneeveranstaltungen-weltweit (abgerufen am 24. April 2011).
Die Baseler Zeitung berichtete in ihrer Online-Ausgabe, dass Rieu einen Verlust von umgerechnet 10 Millionen Euro aus 2008 innerhalb eines Jahres weitgehend hat ausgleichen können. Rieu beschäftigt 110 Mitarbeiter, davon 35 Musiker.
http://bazonline.ch/kultur/klassik/Walzerkoenig-Andr-Rieu-knapp-am-Konkursvorbei/story/16862638 (abgerufen am 24. April 2011)
274 siehe Kapitel 2.4.
275 Mertens 2010b

das Unternehmen vor einem strukturellen Problem. Die Zahlen des Bühnenvereins zeigen es deutlich: Der Markt stagniert nicht nur, er ist sogar rückläufig.[276] Die Lücke besteht also nicht nur zwischen notwendigem und tatsächlichem Wachstum, sondern zwischen notwendigem Wachstum und tatsächlicher Schrumpfung. Das Kriterium ist für den Markt der Sinfonieorchester viel stärker erfüllt, als es vom Modell her gedacht ist. Das bezieht sich auf beide Geschäftsfelder der klassischen Orchester. Auf der einen Seite nimmt die Zahl der eigenen Konzertbesucher ab, auf der anderen Seite fällt es den Orchestern immer schwerer, zusätzliche Auftrittsmöglichkeiten zu akquirieren. Den öffentlichen und privaten Konzertveranstaltern fällt es aus finanziellen Gründen zunehmend schwer, Orchester für ihre Programme zu buchen.[277]

(6) Das Management braucht ein Wunder.
Angesichts der vielen aufgelösten Orchester kann man durchaus sagen, dass diese ein Wunder gebraucht hätten, um zu überleben. Der umfangreiche Kongressbericht von Martin Tröndle »Das Konzert« spiegelt die Suche nach diesem Wunder eindrucksvoll wider. So fordert der Herausgeber ein radikales Umdenken, um die Zukunft des Konzertes zu sichern, die Vielzahl an widersprüchlichen Ansätzen zeigt jedoch, dass die »Macher« derzeit noch »im Nebel stochern«.[278] Allen, die die Zahlen zu lesen wissen, ist klar, dass ein Umbruch im Konzertleben notwendig ist. Wie in Kapitel 10 angeführt, sind die vorgestellten Lösungen als konsequente Weiterentwicklungen der bisherigen Erfahrungen zu betrachten. Das Konzert völlig neu zu denken, wie es Tröndle fordert[279], wird dabei nicht eingelöst. Dabei sind die Szenarien, rechnet man die Besucherstrukturen für die nächsten 15 bis 20 Jahre hoch, erschreckend.[280] So scheint ein Wunder notwendig, um klassische Musik wieder stärker in der Gesellschaft zu verankern und damit den Orchestern dauerhaft ein Publikum zu sichern. Mit einer gewissen Berechtigung verweisen die Orchester hier auf die allgemeinbildenden Schulen, die mit entsprechenden Angeboten für die notwendige Wissensbasis sorgen müssten. Bisher ist das Wunder ausgeblieben.

---

276 Die in der Summe steigenden Besucherzahlen sind durch eine überproportionale Ausweitung der Konzertangebote »erkauft«. (http://www.miz.org/intern/uploads/statistik20.pdf, abgerufen am 15. Mai 2011)
277 So musste 2010 die Meisterkonzert-Reihe in Osnabrück aufgegeben werden; damit entfallen »Spielgelegenheiten« für auswärtige Orchester.
278 siehe Kapitel 10
279 Tröndle 2009, S. 37f.
280 Hamann 2005

(7) Übernahmen und Fusionen scheinen die einzigen Instrumente für Unternehmenswachstum zu sein.
In diesem Kriterium findet sich die betriebswirtschaftliche Denkweise und Sprache wieder. *Mergers and acquisitions* sind in künstlerischen Prozessen unüblich. Das Instrument einer feindlichen Übernahme ist bei öffentlich-rechtlichen Betrieben schon formal nicht möglich, bei privatrechtlichen Rechtsformen aufgrund des negativen Gewinnes von kulturellen Einrichtungen völlig absurd. Die zweite Alternative – die Fusion – greift aber bei Theatern und Orchestern um sich. Aus der Not heraus haben Städte und Kommunen in den vergangenen zwanzig Jahren mehrfach Klangkörper zusammengelegt, in der Hoffnung, die Infrastruktur zu erhalten, aber doch Geld zu sparen. Auch in den alten Bundesländern wurde vor allem bei den Rundfunkorchestern zu diesem Instrument gegriffen. Die Übersicht der DOV weist fünf Fusionen in den alten Bundesländern und 18 in den neuen aus.[281] Dass damit kulturelles Profil verloren geht, lässt sich aus den vorliegenden Daten am Beispiel Hannover demonstrieren. Die NDR Radiophilharmonie und das Staatsorchester Hannover haben jeweils ein sehr eigenes künstlerisches Profil entwickelt. Würde man diese beiden Orchester zusammenlegen, entstünde mindestens für ein angestammtes Publikum ein inhaltlicher Bruch, je nachdem, welches Profil sich stärker durchsetzen würde. Fusionen sind aber auf dem Orchester-Markt allgegenwärtig; somit kann auch das letzte Kriterium für eine bevorstehende Disruptive Innovation als erfüllt angesehen werden.

Die Orchesterlandschaft in Deutschland steht vor einem grundsätzlichen Umbruch. Die Vorboten sind bereits sichtbar. Und so bietet die Theorie der Disruptive Innovation den Akteuren die Chance, den Prozess aktiv zu steuern.

Wendet man die Theorie Christensens auf den derzeitigen Konzertbetrieb an, ist der Blick auf die overshot consumer und nonconsumer zu lenken. Wie Knackstedt nachweist, unterhalten die Orchester sehr anspruchsvolle Konzertreihen.[282] Bereits Pierre Bourdieu weist darauf hin, dass die Kenntnis des zeitgenössischen Repertoires ein besonderes Distinktionsmerkmal darstellt.[283] Je stärker ein Orchester seinem realen oder vermeintlichen kulturpolitischen Auftrag folgt, den Geschmack des Publikums weiterzuentwickeln, umso eher werden am *low end* Personengruppen vom Konzertbesuch ausgeschlossen. Dieser Ausschluss erfolgt natürlich

---

281 http://www.miz.org/intern/uploads/statistik95.pdf (abgerufen am 25. April 2011)
282 Knackstedt 2009, S. 78ff.
283 Bourdieu 1982, S. 405ff.

nicht explizit, sondern wird durch mangelndes kulturelles Kapital ausgelöst. Wem sich das musikalische Geschehen auf der Bühne nicht erschließt, wird im Zweifel auch keinen Genuss daraus ziehen können. Das gilt vor allem für Werke, die unseren kadenzharmonischen Hörgewohnheiten widersprechen. Es kommt ein Weiteres hinzu: Der kontemplative Hörgenuss, wie er in den Konzertsälen praktiziert wird, funktioniert so ausschließlich bei klassischer Musik. Im Jazz oder bei Konzerten mit populärer Musik ist die Beteiligung des Zuhörers am Konzertgeschehen wesentlich größer. Er applaudiert bei laufender Musik für ein gelungenes Solo, er tanzt oder singt mit. Die Situation der Rezeption ist somit eine gänzlich andere und erleichtert unerfahrenen Hörern den Zugang – sie können weniger »falsch« machen. So stellt Bonita Kolb bei ihren Untersuchungen zu den BBC Proms fest, dass gerade die ungezwungene Atmosphäre, die günstigen Ticketpreise und die launige Moderation durch den Dirigenten den Kreis der Besucher über die normalen Zielgruppen hinaus erweitern. So sind die Besucher im Schnitt jünger als beim normalen Sinfoniekonzert, verfügen aber fast alle über einen Hochschulabschluss.[284] Besonders beliebt waren Programme, die am Freitagabend stattfanden und mit Werken von Mozart bestückt waren. So ist es im Laufe der über einhundertjährigen Geschichte der Promkonzerte zumindest für den englischen Markt gelungen, Zielgruppen am »unteren Ende« der normalen Besuchergruppen anzusprechen. Es sei darauf hingewiesen, dass die Promkonzerte durchaus nicht nur aus der »Last Night« bestehen, wie sie inzwischen auch in Deutschland hin und wieder kopiert wird. Die »free and easy atmosphere«[285] trägt sicher dazu bei, Barrieren für den Konzertbesuch abzubauen. Allerdings fasst die Royal Albert Hall 5.000 Zuhörer und liegt damit weit über der Größe von traditionellen Spielstätten der Orchester.[286] Kolb unterstreicht ihre Ergebnisse mit wörtlichen Zitaten von Besuchern:»I was attracted by the ›populist‹ programme – well-known composers and pieces of music.«[287] Die Mehrheit der Besucher entschied sich aufgrund des Programms, das Konzert zu besuchen – ein bestimmtes Werk, ein besonderer Komponist oder bekannte Interpreten waren die Auslöser. Anders als bei klassischen Konzertveranstaltungen interessieren sich die Besucher jedoch deutlich mehr für das Programm als für die Aus-

---

284 Kolb 1998, S. 19

285 ebenda S. 16

286 Für die Elbphilharmonie sind etwa 2.150 Plätze vorgesehen, die Kölner Philharmonie fasst 2.000 Zuhörer und die Berliner Philharmonie erreicht mit 2.440 Plätzen gerade einmal die Hälfte der Kapazität der Royal Albert Hall.

287 Kolb 1998, S. 22

führenden. Teure Stars sind für den Ausverkauf des Hauses nicht vonnöten.[288]

12.3. Mit Zitronen gehandelt?

Um auszuschließen, dass sich die Überforderung der overshot consumer inhaltlich erklärt und nicht nur auf bestehenden Informationsasymmetrien zwischen den Anbietern (Orchester) und den Kunden beruht, wird im folgenden der Ansatz von Georg A. Akerlof überprüft. In seinem Aufsatz hat Akerlof Marktversagen über Informationsasymmetrien erklärt.[289] Die Grundidee besagt, dass ein Konsument, der die Qualität eines Produktes oder einer Dienstleistung nicht abschätzen kann, zur Risikoverminderung einen möglichst geringen Preis bezahlt. Das entspricht der Entscheidungsregel von Savage-Niehans, die den potenziellen Verlust zu minimieren versucht.[290] Das heißt, wenn das erworbene Produkt schlecht ist, wurde zumindest der wirtschaftliche Schaden begrenzt. Im Gegenzug bedeutet das aber auch, dass Anbieter von höherwertiger Qualität nicht mehr den notwendigen Preis am Markt erzielen können. Nun spielt der Preis für die Konzertbesucher eine untergeordnete Rolle, zumal diejenigen, die die Konzerte besucht haben, bei der durchgeführten Befragung den Aufführungen durchweg hohe Qualität bescheinigt haben. Für unerfahrene Konzertbesucher ist es im Vorfeld jedoch schwer abzuschätzen, ob das angekündigte Programm »leichte oder schwere Kost« ist. Folgen diese Besucher der gleichen Entscheidungsregel, werden sie im Zweifel auf den Konzertbesuch verzichten, bevor sie zwei Stunden an einen Sitz gefesselt einer Aufführung folgen müssen, die sie emotional nicht berührt oder sogar überfordert. Der »Preis« ist hier die Freizeit, die »geopfert« werden muss, um einem Konzert beizuwohnen. Dazu sind insbesondere unerfahrene Konzertbesucher nur dann bereit, wenn populäre Klassik auf dem Programm steht. Die Strategie vieler Konzertanbieter ist daher, zeitgenössische Musik mit populären Werken der klassisch-romantischen Epoche im Konzert zu koppeln.[291] Bei der Beurteilung von zeitgenössischer

288 Kolb 1998, S. 21
289 Akerlof 1970
290 Kahle 2001, S. 133
291 So folgen zum Beispiel beim Göttinger Symphonieorchester in der Spielzeit 2010/11 sechs der insgesamt acht Abonnement-Konzerte dieser Dramaturgie. Stephan Märki, Intendant des Nationaltheaters in Weimar, gewichtet sein Angebot etwa 70 zu 30: »Mit 70 Prozent holt man sein Publikum – was ja auch eine Liebeserklärung ans Publikum ist –, 30 Prozent setze ich für die Avantgarde ein [...].« (zitiert nach Brezinka 2005, S. 99)

Musik durch den Dirigenten oder die Musiker ist diesen sicherlich nicht immer bewusst, dass sie ein solches Werk in fünf bis zehn Proben erarbeiten und sich technisch wie auch musikalisch zwangsläufig intensiv damit auseinandersetzen. Der Hörer hat diesen Vorlauf nicht. Er wird im Konzert direkt und nur einmal mit der Musik konfrontiert, ohne Hilfsmittel wie einer Partitur. Die ausübenden Künstler sind also tatsächlich im Vorteil und mögen sich hinsichtlich dessen, was das Publikum unvorbereitet aufnehmen kann, verschätzen.

Doch auch die musikalische Qualität spielt natürlich eine Rolle. Die overshot und nonconsumer können gemäß der Theorie Christensens den Unterschied zwischen einem guten und einem schlechten Orchester nicht erkennen. Sie werden also nach anderen Kriterien entscheiden, etwa, ob bekannte und vertraute Werke auf dem Programm stehen. Trotzdem kann man bezweifeln, ob es wirklich zu einem »Marktversagen« im Sinne Akerlofs kommt. Dies würde schließlich bedeuten, dass man die Kompositionen von Beethoven, Mozart, Bach und Brahms als *lemons*[292] definieren müsste. Dies sind zumindest die Komponisten, die vom Publikum am stärksten nachgefragt sind.[293] Es bliebe aber unklar, wer dann eigentlich die *peaches* sind, schließlich sind die beliebtesten Komponisten zugleich auch musikhistorisch von besonderer Bedeutung. Es gibt aber auch jenseits des Standardrepertoires wertvolle und interessante Stücke, die es zu entdecken und aufzuführen gilt und die zu den *peaches* gezählt werden können.

So ist der Konzertmarkt zwar durchaus von einer asymmetrischen Informations- und Wissensverteilung geprägt, es kommt aber nicht zu der von Akerlof auf anderen Märkten beobachteten adversen Auslesen, bei der sich die schlechtesten Produkte durchsetzen. Und das gilt auf zwei Ebenen: Zum einen setzt sich das Repertoire – folgt man den Konsumentenwünschen – aus den Werken der musikhistorisch bedeutendsten Komponisten zusammen, zum anderen sind – quasi auf der Makroebene – von Auflösungen die kleinen und qualitativ schlechter aufgestellten Orchester betroffen. So wurden in Berlin die Sinfoniker aufgelöst, nicht die viel teureren Philharmoniker. Orchester mit hoher Reputation haben es leichter, die notwendigen Finanzmittel zu erschließen, als kleine »Provinzorche-

---

292 Unter *lemons* versteht Akerlof die Produkte, die trotz ihrer schlechten Qualität aufgrund des Marktversagens erfolgreich sind, die *peaches* hingegen, qualitativ hochwertiger, erzielen am Markt aufgrund der Informationsasymmetrien nicht den notwendigen Preis und verschwinden vom Markt (adverse Auslese).
293 siehe Kapitel 5

ster«. So gelang es den Münchner Symphonikern über signifikante Qualitätsverbesserungen, ihre gefährdete Existenz zu sichern.[294]

12.4. Triebkräfte des Marktes

Trägt man die Ergebnisse der Befragung in Verbindung mit den theoretischen Überlegungen der Disruptive Innovation zusammen, lassen sich durchaus Perspektiven für die Orchester ableiten. Christensen weist darauf hin, dass dies vor dem Hintergrund der Porterschen Erkenntnisse erfolgen muss.[295]

Michael E. Porter benennt fünf Triebkräfte, die Unternehmen oder Organisationen zur ständigen Anpassung ihrer Produkte oder Dienstleistungen an die Erfordernisse des Marktes zwingen: Mitbewerber, potenzielle neue Anbieter, Kunden, Substitute und die Zulieferer.[296] Diese sind den Stakeholdern (Kapitel 11) hinzuzufügen, da sie die relevanten Anspruchsgruppen ergänzen oder aus einer anderen Perspektive zeigen. Dabei soll hier nicht der Frage nachgegangen werden, ob es sich um einen echten »Markt« handelt, oder ob Konzerte als meritorisches Gut durch die hohen Subventionen praktisch zum öffentlichen Gut geworden sind. Dennoch ist jede der fünf genannten Einflussgrößen auf ihre Wirkung hin zu prüfen.

Beginnend mit den *Mitbewerbern* ist die Beschreibung relativ einfach. Außer Hannover weist jeder Standort nur ein Orchester auf. Angesichts der in Kapitel 5 beschriebenen relativ kleinen Einzugsgebiete der jeweiligen Orchester, die entsprechend überschneidungsfrei zu den nächstgelegenen sind, könnte man von einer Quasimonopol-Situation der einzelnen Klangkörper in Niedersachsen sprechen. Allerdings weist zumindest Braunschweig mit den Meisterkonzerten der Konzertdirektion Walter Schmidt ein vergleichbares Angebot auf. In Osnabrück musste eine vergleichbare Reihe des Konzertbüros Schoneburg eingestellt werden, die Konkurrenz für das Sinfonieorchester entfiel damit. Eine Reihe kleinerer Städte in Niedersachsen (zum Beispiel Celle, Nienburg, Uelzen oder Wilhelmshaven) unterhalten eigene Konzertreihen mit Gastorchestern, was dazu führt, dass das dortige Publikum umso weniger den Weg zum nächstgelegenen »stationären« Orchester findet. Eine direkte Konkurrenz ist damit zurzeit nur für Hannover und Braunschweig nachzuweisen, la-

294 Frei 2011, S. 61
295 Christensen 2004, S. XIV
296 Porter 1980, S. 4

tent ist sie auch in anderen Orten vorhanden. Trotzdem dürfte der hohe Subventionsbedarf bei klassischen Konzerten zumindest das Entstehen neuer sinfonischer Klangkörper derzeit nicht zulassen.[297]

Bei den *potenziellen neuen Anbietern* muss man etwas genauer differenzieren. Die Auswirkungen der im Zuge der Grenzöffnungen im Osten Europas neu in den Markt eingetretenen Orchester sind bereits diskutiert worden.[298] Sie betreffen zwar nicht das in dieser Studie zu Grunde liegende Stammpublikum an den Orchesterstandorten selbst, im Geschäftsfeld der Abstecher und Sonderkonzerte dürften sie die Ertragslage der bestehenden Orchester aber geschwächt haben. Inwieweit sich aus privaten Initiativen weitere Orchester mit professionellem Niveau gründen werden, lässt sich derzeit natürlich nicht prognostizieren. Erste Untersuchungen aus Brandenburg deuten aber an, dass sich einzelne Musiker projektweise zusammenschließen und systematisch Auftritte akquirieren.[299] Als weiteres Beispiel sei hier das Ensemble »La Gioia« in Osnabrück genannt, das sich seit 2000 unter stets gleichem Namen immer wieder neu aus einem Pool von Musikern bildet.[300] Die Anzahl solcher Initiativen dürfte in den nächsten Jahren steigen, verlassen doch immer mehr Absolventen die Musikhochschulen und Konservatorien, bei einem gleichzeitigen Rückgang der Planstellen in den deutschen Orchestern.[301]

Die *Kunden,* vor allem die Konzertbesucher, sind mit ihren Wünschen und Interessen Gegenstand dieser Studie. Allerdings wurde in Kapitel 11 herausgearbeitet, dass auch die *Auftraggeber*, also die Verantwortlichen in Politik und Verwaltung im Sinne eines Stakeholder-Managements, mit ihren spezifischen Anforderungen bedient werden müssen. Das kulturpolitische Selbstverständnis mit einem bisweilen missionarischen Charakter der Orchester ist nicht immer kongruent mit den Erwartungen und Bedürfnissen der Konzertbesucher. Diese Entkopplung, die nur durch eine Außerkraftsetzung der Marktmechanismen möglich ist, hat dazu geführt, dass sich die Orchester von Teilen ihres (potenziellen) Publikums (*nonconsumer*) entfernen. Über die Größe dieses Segmentes kann an dieser Stelle nur auf Basis von anderen Studien spekuliert werden.[302]

---

297 Die Orchestermanager gehen zum Teil von einem weiteren Orchestersterben aus, da sie eine Überversorgung ausmachen. (Knackstedt 2009, S. 160)
298 siehe Kapitel 2.4.
299 Knoblich 2009, S. 138
300 http://www.musikanmarien.de/index/ensembles/barockorchester.html (abgerufen am 27. März 2011)
301 http://www.miz.org/intern/uploads/statistik16.pdf und http://www.miz.org/intern/uploads/statistik8.pdf (abgerufen am 25. April 2011)
302 Keuchel 2006, Wagner 2005 und Opaschowski 2005

Bei den *Substituten* lassen sich zwei grundsätzliche Richtungen problematisieren. (1) Zum einen steht mit immer besseren Tonträgern ein unüberschaubares Repertoire jederzeit für die individuelle Nutzung zur Verfügung. Auch die Anlagen für die Klangwiedergabe haben in den letzten Jahrzehnten qualitative Quantensprünge vollzogen. Zudem bedienen die Sparten-Radios das Mainstream-Publikum mit klassischer Musik. Für Niedersachsen sind dies vor allem das dritte Hörfunkprogramm des NDR sowie der Spartensender »Klassikradio«. (2) Zum anderen sind alternative Freizeitbeschäftigungen als Substitut für den Konzertbesuch zu bewerten. Die Freizeitangebote sind in den vergangenen Jahrzehnten deutlich gestiegen.[303] Die veränderte Arbeitswelt dürfte angesichts des hohen Anteils an Pensionären und Rentnern innerhalb der Stichprobe zumindest beim vorhandenen Publikum kaum einen Einfluss haben. Doch gerade die Arbeitsbelastung von höher qualifizierten Personen, die nach Bourdieu tendenziell eher zum Kulturkonsum neigen[304], ist kontinuierlich gestiegen. Zudem lösen sich mehr und mehr feste Arbeitsstrukturen und -rhythmen auf. Zumindest dürfte sich der generelle Trend hin zu mehr Freizeit in diesem Segment nicht abzeichnen, wie es in anderen Milieus nachgewiesen wurde.[305] Die klassischen Substitute des Konzertbesuches, was die Verwendung der freien Zeit am Abend betrifft, sind die anderen Sparten der life-perfomance-arts, also Schauspiel, Musiktheater und Ballett. Dazu kommen Kino, Restaurantbesuch und im weitesten Sinne auch der Fernsehabend in den eigenen vier Wänden. Diese Aufzählung ist nicht abschließend, sondern könnte fast beliebig weitergeführt werden. Kulturaktivitäten, die nicht an feste Termine gebunden sind, wie zum Beispiel der Museumsbesuch, werden hier nicht als Substitute verstanden. Das knappe Gut, um das die »Marktanbieter« konkurrieren, ist in erster Linie nicht das finanzielle Budget, sondern die Freizeit.

Der Begriff *Zulieferer* muss ebenfalls für das Konzertwesen gesondert definiert werden. Zunächst einmal sind die Verlage zu nennen, die das Aufführungsmaterial überwiegend als *Leihmaterial* zur Verfügung stellen. Dabei versuchen sie natürlich auch, Einfluss auf das gespielte Repertoire zu nehmen und neben der Backlist auch Erst- und Uraufführungen zu platzieren. Sofern es sich um *Kaufmaterial* handelt, sind die Interessen der Verlage nicht mehr berührt, da Aufführungsmaterial über eine hohe Lebensdauer verfügt und etwaige Vergütungen über die entsprechenden Verwertungsgesellschaften (GEMA, VG Musikedition) abgerechnet wer-

---

303 Opaschowski 2005 und 2006
304 Bourdieu 1982, S. 424ff.
305 Opaschowski 2008, S. 38

den. Als weitere Zulieferer sind die Agenturen zu nennen, die Gastsolisten für die Konzerte vermitteln. Insbesondere »große Namen« sind nur über Agenturen zu buchen. Diese versuchen auf der einen Seite, für ihre Künstler möglichst günstige Touren zusammenzustellen und Auftritte in einer Region zu koppeln, auf der anderen Seite möglichst viele Auftrittsmöglichkeiten zu akquirieren, insbesondere bei unbekannteren Künstlern. Als Zulieferer können auch Auftrittsorte wie Stadthallen verstanden werden, die zumindest in Braunschweig und Osnabrück vom Orchester wie von jedem anderen Veranstalter angemietet werden müssen. Alle anderen Orchester Niedersachsens nutzen eigene Räumlichkeiten für ihre Konzerte. Vor allem bei der Terminplanung ist man auf gute Kooperation angewiesen, da bestimmte Termine bei verschiedenen Veranstaltern begehrt sind.

12.5. Disruptive Innovation bei klassischen Radiosendern

Insbesondere bei den Substituten lässt sich ein Trend ablesen, wie eine Disruptive Innovation für den Orchestermarkt aussehen könnte. Der NDR hat 2004 sein kulturelles Hörfunkprogramm komplett neu aufgestellt und orientiert sich dabei an Formaten, wie sie vorher von dem privaten Anbieter »Klassikradio« bekannt waren.[306] Das Programm wird seitdem stärker mit populären Titeln besetzt, zudem werden vollständige Werke wie Sinfonien oder Konzerte in der Kernzeit nicht mehr gesendet; stattdessen präsentiert der Sender einen Mix aus verschiedenen Stilen und Gattungen, repräsentiert von kurzen Stücken oder einzelnen Sätzen größerer Werke. Die Stücke werden seit der Umstellung nicht immer an- und abmoderiert, eine inhaltliche Einführung ist die Ausnahme. Damit erinnert das Hörfunkprogramm beider Anbieter an die Ursprünge des klassischen Konzertwesens. Im 18. Jahrhundert waren derartige Potpourri-Programme die übliche Form des bürgerlichen Konzertes.[307]

Bei der Entwicklung der heutigen Konzertformate haben sich Orchester, Publikum und Musikwissenschaft wechselseitig beeinflusst: Die Musikwissenschaft liefert seit dem 19. Jahrhundert Erkenntnisse über musikalische (formale und harmonische) Sinnzusammenhänge in größeren Werken, das Publikum bezieht einen Teil seiner Distinktion gerade aus dem Umstand, dass es sich nicht »die Rosinen herauspickt« und die Or-

---

306 http://www.dasganzewerk.de/presse/20050331-ek-kid-knauer.shtml
      (abgerufen am 15. April 2011)
307 Ahnsehl 1973, S. 40ff.

chester verweisen auf ihren Bildungsauftrag, nicht nur Highlights spielen zu wollen und zu müssen.

Gewissermaßen haben die Medien die Disruptive Innovation, die sich auch im sinfonischen Konzert andeutet, vorweggenommen. Es überrascht daher nicht, dass gerade die NDR Radiophilharmonie Hannover unter dem Namen NDR Pops Orchestra mit Programmen aus Filmmusik und Popularmusik-Adaptionen auftritt. Auch dieser Trend stammt aus den USA, wo das Boston Symphony Orchestra bereits seit seiner Gründung 1884 mit Unterhaltungsmusik auftritt. Seit 1900 finden diese Auftritte unter dem Namen Boston Pop Orchestra statt.[308] Das Orchester legt unter diesem Namen auch zahlreiche Einspielungen auf Tonträger vor. Für Niedersachsen heißt das, dass der NDR, der als Sendeanstalt die Trends und Entwicklungen am eigenen Programm relativ einfach messen kann und zudem durch die Rundfunkgebühren finanziell unabhängiger von politischen Entscheidungsträgern ist, eine Art Vorreiterrolle für die Branche übernommen hat. Wobei, das sei ausdrücklich angemerkt, hier ein völlig anderes Repertoire gepflegt wird als bei den übrigen Orchestern.

12.6. Die Postmoderne – eine Disruptive Innovation?

Für die Oper und noch stärker für das Schauspiel lässt sich die große Revolution in den siebziger Jahren mit dem Aufkommen des Regietheaters zeitlich verorten. Doch auch in der ernsten zeitgenössischen Musik hat es in den siebziger Jahren einen vergleichbaren Bruch gegeben, der aufgrund der geringen Reichweite dieser Musik außerhalb des musikwissenschaftlichen Diskurses kaum Beachtung gefunden hat. Auf die Moderne, ausgehend von Strawinsky über Schönberg, der Zweiten Wiener Schule, Dodekaphonie und Serielle Musik oder die Musique concrète folgte die postmoderne Musik, die sich als viel sinnlicher, vertrauter und publikumsnäher erwies, zum Beispiel Minimal Music oder die klassisch-jazzigen Kompositionen von Friedrich Gulda. Die postmoderne Musik, als epigonal verschrien, hat es aber noch weniger als die moderne in die Konzertsäle geschafft, obwohl sie es dort vermutlich leichter hätte.[309]

---

308 http://www.bso.org/bso/mods/toc_01_gen_images.jsp?id=bcat13050004 und
http://www.bso.org/bso/mods/toc_01_gen_images.jsp?id=bcat13700026
(abgerufen am 27. März 2011)

309 Die Postmoderne lässt sich nicht exakt an einzelnen Namen festmachen, da viele Komponisten sowohl avantgardistische Werke wie auch postmoderne Kompositionen vorgelegt haben, zum Beispiel Alfred Schnittke, Peter Maxwell Davis, Arvo Pärt, John Rutter und auch Mauricio Kagel.

12.7. Disruptive Innovation im Konzertbetrieb

Wenn sich für das Konzertleben neue Erfahrungen, wie sie Martin Tröndle in seinem Tagungsband fordert[310], herausbilden, werden sie am unteren Ende der bisherigen Besuchergruppen (low end) anzusiedeln sein, wenn sie zu einer breiteren Publikumsbasis führen sollen. Das bedeutet, die Orchester müssen nach Konzertprofilen suchen, die an die wenigen bestehenden Erfahrungen mit klassischer Musik des Nichtpublikums anknüpfen. Zudem wären die Konzertzusammenstellungen dem Aufmerksamkeitszyklus unerfahrener Zuhörer anzupassen; das bedeutet abwechslungsreichere Stückeauswahl, aber doch Werke, die sich beim ersten Hören ohne zusätzliche Erläuterung erschließen. Vermutlich wird auch die Konzertdauer für solche Formate reduziert werden müssen. Dies hätte nicht nur den Effekt, dass Konzerte leichter zugänglich sind, sondern auch, dass sie – mit dem ELM gesprochen – über die periphere Route für sich selber und das Genre werben. Wollen die Orchester nachhaltig für mehr Publikum sorgen, müssen sie sich von der zentralen Route als Instrument der Präferenzänderung verabschieden. Die große Chance der klassischen Musik liegt in der peripheren Route, also in der Emotionalität des Mediums selbst. Zudem dürften die Vorbehalte gegenüber dieser Musik mit vielen Truismen behaftet sein. Sie lassen sich durch neue Erfahrungen besonders leicht erschüttern. Wenn ein neu gewonnenes Publikum nach ersten, vorsichtigen Erfahrungen zu einer intensiveren Auseinandersetzung mit klassischer Musik bereit ist, können die in Kapitel 10 benannten Instrumente des Audience Development ihre Wirkung entfalten.

Folgt man der Theorie von Christensen, steht der Orchesterlandschaft ein radikaler Wandel bevor. Dieser kann durch die Ausdünnung der Orchesterdichte dazu führen, dass nur noch in den Metropolen Klangkörper vorgehalten werden können. Das Streben nach anspruchsvollen Programmen, stetig verbesserter Servicequalität und musikalischer Perfektionierung bewirkt dabei, die »geschlossene Gesellschaft« noch weiter von potenziellen Publikumssegmenten abzugrenzen.

Disruptive Innovation, die auch eine Absenkung der musikalischen Qualität beinhalten kann, würde freie Ressourcen für regelmäßige Audience Development-Programme schaffen. Ein Großteil des Publikums würde es kaum bemerken, wenn für die einzelnen Programme weniger Proben angesetzt würden. Je dichter sich das Programm an den »beliebten Klassikern« des Repertoires orientiert, umso geringer wird der Pro-

---

310 Tröndle 2009, S. 37f.

benaufwand für die Orchester. Da die Anzahl der Orchesterdienste, die im TVK festgeschrieben sind, einen limitierenden Faktor für zusätzliche Angebote darstellt, würden die Orchester »Luft« gewinnen, um beispielsweise Schulkonzerte mit einer gewissen Regelmäßigkeit (notwendig für die periphere Route) ohne wesentliche Mehrkosten anbieten zu können. Das bedeutet nicht, dass die ambitionierten Konzertprogramme vollständig aufgegeben werden müssten. Die Orchester müssen aber eine Brücke zwischen den nonconsumer und dem bestehenden Publikum bauen. Die Angebote brauchen eine Regelmäßigkeit, wie sie die derzeitigen Audience Development-Programme nicht vorsehen. Zudem kann man sie getrost kleiner und vermeintlich anspruchsloser konzipieren, da es sich bei den beliebten Klassikern in der Regel nicht um »lemons« im Sinne Akerlofs handelt. Auch die Befürchtung, das Programm könne sich schnell abnutzen[311], mag für die Musiker und Dramaturgen gelten, für das Publikum besteht diese Gefahr aber kaum. Wollte man das klassisch-romantische Repertoire zyklisch spielen, bräuchte man bei acht bis zehn Sinfoniekonzerten in der Saison mehr als ein Jahrzehnt, um nur die Standardwerke je einmal zur Aufführung zu bringen. Alle zehn bis fünfzehn Jahre lässt sich auch die Wiederholung einer Sinfonie von Beethoven im Konzertsaal verantworten.[312]

Die Disruptive Innovation bietet also zwei Perspektiven: In der Programmatik könnten mit weniger Ressourcen breitere Besuchergruppen angesprochen werden. Je fasslicher sich das angebotene Repertoire für den unerfahrenen Zuhörer erweist, umso weniger wird er dauerhaft aus dem Konzertbetrieb per Distinktion ausgeschlossen. Und ließe man in der Vermittlung die Musik vornehmlich für sich selbst sprechen – also ohne aufwändig gestaltete kognitive Informationsangebote –, würde man gemäß des ELM Präferenzänderungen auch bei denjenigen herbeiführen können, die von den traditionellen Vermittlungsangeboten nicht erreicht werden.

---

311 Herrmann 2001, S. 247
312 Einen ähnlichen Zeitraum lässt man gewöhnlich im Theater verstreichen, bevor eine Oper in einer Neuinszenierung wieder auf den Spielplan gesetzt wird.

13. Finale

Im Rahmen dieser Arbeit wurde versucht, einen neuen Blick auf ein lange bekanntes Phänomen zu eröffnen. Die Orchester in Deutschland geraten in jüngster Zeit in eine Legitimationskrise, die es der öffentlichen Hand zunehmend schwerer macht, den wachsenden Zuschussbedarf auf Dauer zu rechtfertigen. Wahl-Zieger beklagte in den siebziger Jahren die Exklusivität des Theater- und Orchesterangebotes. Den Theatern scheint der Schritt über die Grenzen ihrer damaligen Zielgruppen hinaus gelungen zu sein – aber das ist nicht Gegenstand dieser Untersuchung. Für das klassische Konzert hat Schulze in den achtziger Jahren ebenfalls ein homogenes Publikum diagnostiziert. Seine Beobachtungen von damals lassen sich noch heute im Konzertsaal bestätigen. Eine Segmentierung bringt bestenfalls graduelle Unterschiede ans Tageslicht. Wollte man die gefundenen Typen überzeichnen, wäre da zunächst die Ehefrau, der Abitur oder Studium teilweise verwehrt blieb, die sich aber in Kunst und Kultur engagiert und dort ihren sozialen Status manifestiert. Sie eignet sich eine Fülle von Wissen über das musikalische Geschehen an – mit Adorno gesprochen, eine Bildungshörerin – hier als Intensivnutzerin identifiziert. Der Ehemann wird zum Mitläufer. Für ihn war der Beruf das identitätsstiftende Moment. Er teilt zwar grundsätzlich die Interessen seiner Frau, die Impulse für die Kulturnutzung setzt er jedoch nicht. Wer noch berufstätig ist, mag sich nicht an ein Abonnement binden. Die steigende Mobilität innerhalb des Berufslebens erschwert den Übergang vom Gelegenheitsbesucher zum Abonnenten. Bevor die Verbindung zwischen Besucher und Orchester richtig gewachsen ist, steht möglicherweise der nächste Ortswechsel bevor. Trotzdem werden sich die Orchester besonders um dieses Klientel bemühen müssen, um aus deren Reihen die nächste Generation der Intensivnutzer zu gewinnen.

Das Bild, das in Kapitel 7 von der gesellschaftlichen Relevanz der Orchester gezeichnet wurde, ist vermutlich etwas düsterer geraten, als es in der Realität ist. Das liegt in der Methodik der Befragung begründet. Erstens ist nicht auszuschließen, dass besonders ältere Menschen mit hohem Kommitment zum Orchester tendenziell häufiger den Fragebogen ausgefüllt haben als Besucher, die mitten im Berufsleben stehen und damit keine Zeit für einen entsprechend umfangreichen Fragebogen aufwenden möchten. Zweitens wurde bei Konzerten in der normalen Abonnementreihe befragt. Alle Orchester engagieren sich daneben aber auch mit Kinder- und Jugendkonzerten, auf Festivals und mit Sonderkonzerten wie »Prom-Konzerten«, Neujahrskonzerten, Konzerten mit Filmmusik und vielem mehr. Vor allem die NDR Radiophilharmonie unterhält verschiedene Konzertzyklen mit sehr klar umrissenem Repertoire, die auf andere Zielgruppen ausgerichtet sind. Wären diese Konzerte in die Untersuchung einbezogen worden, wäre das Ergebnis sicherlich bunter geworden. Und drittens werden die Klangkörper neben den eigenen Konzerten auch als Begleitorchester für Oratorienkonzerte von Laienchören gebucht – ein Geschäftsfeld, das hier nicht weiter untersucht wurde. Die Untersuchungen von Keuchel lassen aber vermuten, dass über diesen Weg ein anderes Publikum erreicht wird als über die eigenen Konzerte. Auch die geographische Reichweite wird so erhöht, da die Chöre flächendeckend über Niedersachsen verteilt sind.

Nichtsdestotrotz: Das klassische Sinfoniekonzert ist – neben den Operndiensten – das Kerngeschäft der Orchester. Einer fortschreitenden Ausdifferenzierung des Angebotes für die unterschiedlichen Zielgruppen setzt der TVK mit seinen Restriktionen hinsichtlich der Dienste enge Grenzen, die bereits ausgeschöpft sein dürften. Angebotssteigerungen, wie sie in den vergangenen zwanzig Jahren erzielt worden sind, sind kaum noch möglich – jedenfalls nicht ohne Abstriche bei der künstlerischen Qualität. Zudem ist das Publikum nicht in gleichem Maße mitgewachsen. So kann als ein strategisches Ziel die breitere Rezeption des Standardangebotes von Orchestern definiert werden. Wenn die Säle bei den einzelnen Konzerten wieder voller werden, wäre dies eine besonders elegante Form der Effizienzsteigerung und würde zwar nicht die permanente Finanzkrise, die gemäß Baumol und Bowen systemisch ist, wohl aber das Legitimationsproblem lösen.

Die Besucherbefragung brachte aber auch ein überraschend klares Argument für die engmaschige Orchesterlandschaft in Niedersachsen (und gewiss auch analog für Gesamtdeutschland) hervor. Das Publikum an den verschiedenen Standorten unterscheidet sich und bildet eine Art kollektiven Geschmack aus. Es lässt sich eine Wechselwirkung zwischen dem Orchester und seinem Publikum vermuten. Damit sind die Orchester aber nicht mehr austauschbar oder durch Tournee-Orchester nahtlos ersetzbar. Die bestehenden Orchester tragen so zu einer abwechslungsreichen Kulturlandschaft bei und wirken nachhaltig in ihr Publikum hinein. Wollte man konkrete Lehren aus der Befragung ziehen, so könnten die Orchester noch stärker den Mut entwickeln, sich zu spezialisieren und den individuellen Charakter auszubauen – auch unter dem vielleicht schmerzhaften Verzicht auf ein allumfassendes Repertoire.[313]

Dem drohenden Besucherschwund setzen die musikpsychologischen Präferenzmodelle entweder das individuelle Musizieren (Hamann) oder ausgefeilte soziale Konstrukte (LeBlanc) entgegen. Beide Modelle bieten den Orchestern aber kaum Ansatzpunkte für eigenes Handeln. Bei LeBlanc bleibt die Qualität des musikalischen Stimulus als zu beeinflussende Variable, bei Hamann könnten die Orchestermusiker auch als Instrumentallehrer aktiv werden. Das ist aber deren individuelle Entscheidung – für die Kosten müssen die Eltern aufkommen, die Orchester als Institution können bestenfalls aktivierend wirken. Das Elaboration Likelihood Model eröffnet eine Perspektive aus der Musik selbst heraus. Abseits von engagierten Vermittlungskonzepten dürfen die Akteure auch darauf vertrauen, dass ein bestimmtes klassisch-romantisches Repertoire nicht nur von alleine »funktioniert«, sondern auch für das Genre insgesamt wirbt. Gelingt es, niederschwellige Anlässe zu schaffen, bei denen Menschen, die nicht zu den regelmäßigen Konzertgängern zählen, mit entsprechenden Angeboten versorgt werden, kann sich daraus eine Präferenzänderung in Richtung klassischer Musik ergeben. Angebote wie die Lunch-Konzerte der Hamburger Symphoniker weisen in diese Richtung. Allerdings ist eine gewisse Angebotsdichte notwendig, damit die Stimuli über die periphere Route wirken können – das ist bisher bei keinem der recherchierten Programme gegeben. Dafür müssten sicher auch die Grenzen des TVK neu gezogen werden, damit für einen kurzen Auftritt nicht ein ganzer »Dienst« als verbraucht gilt.

Die Theorie der Disruptive Innovation deutet an, wo noch Potenziale zu suchen sind – und was dafür zu tun ist, um diese zu nutzen. Die Brücke zwischen den *nonconsumer* und den *well-served consumer* ist gemäß des ELM über die Emotionalität und nicht über den Intellekt zu schlagen. Kognitive Vermittlungsangebote – so wichtig und sinnvoll sie sein mögen – vergrößern die Kluft zwischen Besuchern und Nichtbesuchern und erschweren den Quereinstieg zusätzlich.[314] Dabei muss es nicht einmal ein bekannter

---

313 Die Münchner Symphoniker konnten sich mit ebendieser Strategie vor der drohenden Abwicklung retten. (Frei 2011, S. 61)
314 Opaschowski (2005, S. 211ff.) beschreibt dieses Phänomen ebenfalls, leitet es aber aus den wachsenden Freizeitangeboten her, die das Zeitbudget der Nichtbesucher (auf Konzerte bezogen) für alternative Aktivitäten immer kleiner werden lässt.

Komponist sein, dessen Werk man sich bedient, obwohl zugkräftige Namen sicherlich helfen. Die Auswahl sollte sich vielmehr an der Fasslichkeit orientieren, sich also dem Zuhörer auch ohne Erklärungen ästhetisch erschließen. Der Fundus solcher Werke ist nahezu unerschöpflich. Das eifrige Bemühen, durch Vermittlungsangebote Informationsasymmetrien zwischen Dramaturgie, Orchester und Publikum auszugleichen, um ein anspruchsvolles Programm realisieren zu können, hat nach wie vor seine Berechtigung. Zu einem Marktversagen im Sinne einer adversen Auslese, wie Akerlof sie bei asymmetrischen Informationen vorhersagt, wird es aber angesichts der erfassten Publikumspräferenzen nicht kommen.

Sicher konnte im Rahmen dieser Arbeit kein umfassendes Konzept zur Zukunftssicherung der Orchester entwickelt werden. Eine Reihe von Fragen bleibt offen – so wäre zum Beispiel eine umfassende Nichtbesucherbefragung, wie sie bei der Knight Foundation Bestandteil des Gesamtkonzeptes war, wünschenswert. Um das Verhältnis zwischen Orchester und Publikum zu überprüfen, wären entsprechende Erhebungen an Standorten notwendig, die keinen eigenen Klangkörper unterhalten, sondern von Gastspielen versorgt werden. Die herausgearbeiteten Profile der Orchester wären mittels qualitativer Methoden gesondert zu überprüfen. Dennoch lohnt sich der Blick auf eigentlich bekannte Phänomene – hier die Besucherstruktur – aus einer neuen Perspektive wie der Disruptive Innovation.

Entscheidend für die Zukunft der Orchester wird es sein, das Spannungsfeld zwischen den Stakeholdern immer wieder aufs Neue auszubalancieren. Künstlerischer Stillstand wäre sicher das Ende einer lebendigen Konzertkultur. Dem Gestaltungsdrang der musikalischen Leiter muss Raum gegeben werden – auch, damit die Orchester sich weiterentwickeln können. An neuen Herausforderungen können die Ensembles künstlerisch wachsen. Bei der kommunalen Kulturpolitik, die in der Regel nicht mit Fachleuten besetzt ist, müssen die Verantwortlichen immer wieder um Rückhalt werben. Die betriebswirtschaftlichen Kennziffern[315], die seit den neunziger Jahren in die kulturpolitische Diskussion Eingang gefunden haben, müssen dazu mit inhaltlichen Argumenten unterfüttert werden, denn Orchester sind teuer und erreichen nur einen kleinen Teil der Bevölkerung. Damit ihre Legitimität auch bei steigendem Zuschussbedarf nicht infrage gestellt wird, muss die Kunst sichtbar ihre Wirkung in der Gesellschaft entfalten. Dass Kulturinstitutionen über ihren Nutzerkreis hinaus aber einen Rückhalt in der Bevölkerung genießen, zeigen die jüngsten

---

315 zum Beispiel Auslastungszahlen, Einspielquoten etc.

Beispiele aus Wuppertal und Hamburg. Auch ein nennenswerter Teil der Nichtbesucher setzte sich dort für den Erhalt von Kultureinrichtungen ein. Und schließlich ist neben dem bestehenden auch das potenzielle Publikum im Blick zu behalten – sicherlich nicht nur in einfacher Anbiederung, aber doch mit großem Respekt vor den Wünschen und Erwartungen der Besucher.

Die Orchester bewegen sich seit jeher in unruhigen Fahrwassern. Zu allen Jahrhunderten wurden Orchester gegründet und wieder aufgelöst.[316] Dass allerdings eine gewachsene Struktur so schnell ausgedünnt wird, wie es in den letzten zwanzig Jahren zu beobachten war, ist neu. In früheren Zeiten hieß die Formel: kein Orchester = keine Musik. Das ist heute anders, da die Orchester im Musikmarkt nur eine Nische besetzen. Doch das Erlebnis eines Livekonzertes wird hoffentlich auch in Zukunft genügend Menschen faszinieren und begeistern.

---

316 Brezinka 2005, S. 14

Literatur

Adorno, Theodor Wiesengrund (1956). »Kritik des Musikanten« in
Dissonanzen, S. 67-107
Frankfurt am Main: Suhrkamp Verlag, 1997

Adorno, Theodor Wiesengrund (1968). »Typen musikalischen
Verhaltens« in *Einleitung in die Musiksoziologie*, S. 178-198
Frankfurt am Main: Suhrkamp Verlag, 1997

Adorno, Theodor Wiesengrund (1977). »Bach gegen seine Liebhaber
verteidigt« in *Kulturkritik und Gesellschaft*, S. 138-151
Frankfurt am Main: Suhrkamp Verlag, 1997

Ahnsehl, Peter. *Die Theaterzettelsammlung in der DDR und ihre Bedeutung
für die Musikgeschichte.*
Rostock: Dissertation, 1973

Akerlof, George A. »The Market for ›Lemons‹: Quality Uncertainty and
the Market Mechanism« in *The Quarterly Journal of Economics* Vol. 84
Nr. 3, S. 488-500
Oxford: Oxford University Press, 1970

Andreae, Clemens-August. »Verteilungswirkungen der Theaterfinanzie-
rung« in Wilhelmine Dreißig [Hrsg.]. *Öffentliche Finanzwirtschaft und
Verteilung IV*. S. 131-150
Berlin: Duncker & Humblot, 1976

Anthony, Scott A. und Clayton Christensen. »How you can benefit by
predicting change« in *Financial Executive* Vol. 21 Nr. 2, S. 36-41
New York: Financial Executive Institut, 2005

Baacke, Diester [Hrsg.]. *Handbuch Jugend und Musik.*
Opladen: Leske + Budrich, 1998

Bacher, Johann. *Clusteranalyse*. 2. Auflage.
München: Oldenbourg, 2002

Backhaus, Klaus und Margit Meyer. »Korrespondenzanalyse. Ein vernachlässigtes Analyseverfahren nicht metrischer Daten in der Marketing-Forschung« in *Marketing ZFP*. Heft 4, November 1988, S. 295-307
München: Beck-Verlag, 1988

Backhaus, Klaus et al. *Multivariate Analysemethoden*. 10. Auflage.
Berlin: Springer, 2003

Baron, Robert S., Penny H. Baron und Norman Miller. »The relation between distraction and persuasion« in *Psychological Bulletin* Vol. 80,
S. 310-323
Washington: American Psychological Association, 1973

Baumgartner, Alfred. *Propyläen Welt der Musik: Die Komponisten.*
Ein Lexikon in 5 Bänden.
Frankfurt am Main: Ullstein, 1989

Baumol, William J. und William G. Bowen. *Performing arts - the economic dilemma. A study of problems common to theater, opera, music and dance.*
New York: Twentieth Century Fund, 1967

Bekker, Paul. *Story of the orchestra.*
New York: W. W. Norton & Company, 1936

Bekker, Paul. *Das Orchester. Geschichte – Komponisten – Stile.*
Kassel: Bärenreiter, 1989

Bendixen, Peter. *Einführung in die Kultur- und Kunstökonomie.*
Opladen: Westdeutscher Verlag, 1998

Bendixen, Peter. *Einführung in das Kultur- und Kunstmanagement.*
2. aktualisierte Auflage.
Opladen: Westdeutscher Verlag, 2002

Blacher, Johann. *Clusteranalyse*. 2. Auflage.
München: Oldenbourg, 2002

Blasius, Jörg. *Korrespondenzanalyse.*
München: Oldenbourg, 2001

Bourdieu, Pierre. *Die feinen Unterschiede.*
Frankfurt am Main: Suhrkamp, 1982

Boss, Johanna. *Der Konzertsaal als Ort von Musikvermittlung.*
Lüneburg: Magisterarbeit, 2009

Braun, Werner. »Oldenburg« in Ludwig Finscher [Hrsg.]. *Musik in Geschichte und Gegenwart*. 2. überarbeitete Auflage. Sachteil Band 7, Sp. 622-623
Kassel: Bärenreiter, 1997

Brezinka, Thomas. *Orchestermanagement*.
Kassel: Gustav Bosse Verlag, 2005

Butzer-Strothmann, Kristin, Bernd Günter und Horst Degen. *Leitfaden für Besucherbefragungen durch Theater und Orchester*.
Baden-Baden: Nomos-Verlag, 2001

Cacioppo, John T., Richard. E. Petty und John A. Sidera. »The effects of a salient self-scheme on the evaluation of proattitudinal editorials: Top-down versus bottom-up message processing« in *Journal of Experimental Social Psychology* Nr. 18, S. 324-338
Amsterdam: Elsevier, 1982

Chong, Derrick. *Arts Management*.
London / New York: Routledge, 2002

Christensen, Clayton M. (1997) *The Innovator's Dilemma*. Nachdruck des Originals.
New York: First Haper Business, 2000

Christensen, Clayton M. und Michael E. Raynor. *The Innovator's Solution*.
Boston: Harvard Business School Publishing Corporation, 2003

Christensen, Clayton M., Scott D. Anthony und Erik A. Roth. *Seeing what's next*.
Boston: Harvard Business School Publishing Corporation, 2004

Christensen, Clayton M., Michael B. Horn und Curtis W. Johnson. *Disrupting Class*.
New York: Mc Graw Hill, 2008

Clausen, Sonja. *Regionalwirtschaftliche Implikationen öffentlicher Kulturförderung*.
Frankfurt am Main: Peter Lang, 1997

Cohen, Arthur R., Ezra Stotland und Donald M. Wolfe. »An experimental investigation of need for cognition« in *Journal of Abnormal and Social Psychology* Nr. 51, S. 291-294
Washington: American Psychological Association, 1955

Dahlhaus, Carl und Helga de la Motte-Haber [Hrsg.]. *Systematische Musikwissenschaft*. Neues Handbuch der Musikwissenschaft. Band 10
(Sonderausgabe 1997)
Laaber: Laaber 1982

de la Motte-Haber, Helga und Günther Rötter [Hrsg.]. *Musikpsychologie*.
Handbuch der Systematischen Musikwissenschaft. Band 3.
Laaber: Laaber, 2005

de la Motte-Haber, Helga und Hans Neuhoff [Hrsg.]. *Musiksoziologie*.
Handbuch der Systematischen Musikwissenschaft. Band 4.
Laaber: Laaber, 2007

Deutscher Bundestag (16. Wahlperiode). *Schlussbericht der Enquete-
Kommission ›Kultur in Deutschland‹*. Drucksache 16/7000
Berlin: Bundesdrucksache, 2007

Dollase, Rainer, Michael Rüsenberg und Hans J. Stollwerk. *Demoskopie im
Konzertsaal*.
Mainz: Schott, 1986

Dollase, Rainer. »Mit 25 ist alles vorbei. Zur Entwicklungspsychologie
jugendlichen Musikinteresses« in *Das Orchester*. 37. Jahrgang, Heft 4,
S. 426-429
Mainz: Schott, 1992

Dollase, Rainer. »Musikpräferenzen und Musikgeschmack Jugendlicher«
in Dieter Baacke [Hrsg.]. *Handbuch Jugend und Musik*.
Opladen: Leske + Budrich, 1998

Dreißig, Wilhelmine [Hrsg.]. *Öffentliche Finanzwirtschaft und Verteilung IV*.
Berlin: Duncker & Humblot, 1976

Drews, Albert [Hrsg.]. *Nach uns die Kulturwirtschaft?*
Rehburg-Loccum: Loccumer Protokolle, 2009

Ebker, Nikola. *Politische Ökonomie der Kulturförderung – Entwicklungen
zwischen Staat, Markt und 3. Sektor*.
Bonn: ARCult Media, 2000

Elias, Norbert. *Mozart*.
Frankfurt am Main: Suhrkamp, 1993

Finscher, Ludwig und Andreas Jaschinski. »Bundesrepublik Deutschland« in Ludwig Finscher [Hrsg.]. *Musik in Geschichte und Gegenwart*. 2. überarbeitete Auflage. Sachteil Band 2, Sp. 1192-1196
Kassel: Bärenreiter, 1995

Florida, Richard. *Cities and the Creative Class*.
New York: Routledge, 2005

Foik, Jovana. »Tanz zwischen Kunst und Vermittlung« in Birgit Mandel [Hrsg.]. *Audience Development, Kulturmanagement, Kulturelle Bildung*. S. 123-132
München: Kopaed, 2008

Freeman, R. Edward. *Stratigic management: a stakeholder approach*.
Boston: Pitman, 1984

Frei, Marco. »Die Zukunft im Visier – So retteten sich die Münchner Symphoniker vor dem Aus« in *Das Orchester* 59. Jahrgang, Heft 2, S. 61
Mainz: Schott, 2011

Frey, Dieter und Martin Irle [Hrsg.]. *Theorien der Sozialpsychologie*.
Bern: Hans Huber, 1993

Fuhrmann, Peter. *Untersuchungen zur Klangdifferenzierung im modernen Orchester*.
Regensburg: Gustav Bosse, 1966

Gebhard, Hans. *Chorsinfonik Werkkunde*. 2. Auflage.
Viersen: VDKC, 1995

Gembris, Heiner [Hrsg.]. *Musik im Alter*.
Frankfurt am Main: Peter Lang, 2008

Gembris, Heiner. »Entwicklungsperspektiven zwischen Publikumsschwund und Publikumsentwicklung« in Martin Tröndle [Hrsg.]. *Das Konzert*. S. 61-82
Bielefeld: transcript, 2009

Giller, Jan. *Marketing für Sinfonieorchester*.
Aachen: Shaker, 1995

Glogner, Patrick und Patrick S. Föhl [Hrsg.]. *Das Kulturpublikum*.
Wiesbaden: Verlag für Sozialwissenschaften, 2010

Gottschalk, Ingrid. *Kulturökonomik. Probleme, Fragestellungen und Antworten.*
Wiesbaden: Verlag für Sozialwissenschaften, 2006

Greenacre, Michael und Jörg Blasius [Hrsg.]. *Correspondence Analysis in the Social Sciences.*
London: Academic Press, 1994

Gülke, Peter. »Dirigieren« in Ludwig Finscher [Hrsg.]. *Musik in Geschichte und Gegenwart.* 2. überarbeitete Auflage. Sachteil Band 2, Sp. 1257-1273
Kassel: Bärenreiter, 1995

Guhl, Katharina S. *Neue Kulturpolitik. Über die kurze Karriere eines kulturpolitischen Konzepts.*
Lüneburg: Magisterarbeit, 2007

Hamann, Thomas Klaus. *Cultural Dynamics – Zur langfristigen Existenzsicherung von Kulturorchestern in Deutschland und der Schweiz.*
St. Gallen: Dissertation, 2004

Hamann, Thomas Klaus. »Die Zukunft der Klassik« in *Das Orchester.*
58. Jahrgang, Heft 5, S. 10-19
Mainz: Schott, 2005

Hansen, Bernhard. »Englische Ensembles Alter Musik – Eine mediale Erfolgs-Story und ihre Hintergründe« in Evelyn Marien und Andreas Heinen [Hrsg.]. *Musikwissenschaft im Phonomarkt.* S. 29-37
Wilhelmshaven: Noetzel, 2002

Hausmann, Andrea und Sabrina Helm [Hrsg.]. *Kundenorientierung im Kulturbetrieb.*
Wiesbaden: Verlag für Sozialwissenschaften, 2006

Hausmann, Andrea und Jana Körner [Hrsg.]. *Demographischer Wandel und Kultur.*
Wiesbaden: Verlag für Sozialwissenschaften, 2009

Hausmann, Andrea. »Implikationen des demographischen Wandels für das Marketing von Kultureinrichtungen« in Andrea Hausmann und Jana Körner [Hrsg.]. *Demographischer Wandel und Kultur.* S. 132-146
Wiesbaden: Verlag für Sozialwissenschaften, 2009

Heinen, Andreas. *Der Einfluß des Ministeriums für Staatssicherheit auf die Arbeit des Dresdner Kreuzchores.*
Lüneburg: Magisterarbeit, 2001

Heinen, Andreas. »Besucherstrukturen bei Niedersächsischen Sinfonie-orchestern« in Stephan Schöning et al. [Hrsg.]. *Kleine und mittlere Unternehmen: Herausforderungen und Innovationen.* S. 79-92
Frankfurt am Main: Peter Lang, 2010

Heinrichs, Werner. »Nichts wird mehr so sein wie gestern!« in *Handbuch Kulturmanagement.* Loseblattsammlung. Grundwerk, Kapitel D 2.1.
Berlin: Raabe, 1998

Herrmann, Henrike. *Budgetkürzungen im Kulturbereich, untersucht am Beispiel deutscher Orchester.*
Hamburg: Dr. Kovač, 2001

Hilger, Harald. *Marketing für öffentliche Theaterbetriebe.*
Frankfurt am Main: Peter Lang, 1985

Höhne, Steffen [Hrsg.]. *Amerika, Du hast es besser? Kulturpolitik und Kulturförderung in kontrastiver Perspektive.*
Leipzig: Leipziger Universitätsverlag, 2005

Hohenemser, Peter. *Verteilungswirkung staatlicher Theaterfinanzierung. Ein Beitrag zur Theorie der Ausgabeninzidenz.*
Frankfurt am Main: Peter Lang, 1984

Holbrook, Morris B. und Robert M. Schindler. »Some Exploratory Findings on the Development of Musical Tastes« in *Journal of Consumer Research.* Vol. 16 Nr. 1, S. 119-124
Chicago: University of Chicago Press, 1989

Hovland, Carl Iver, Ivring Lester Janis und Harold Harding Kelly. *Communication and persuasion.*
New Haven: Yale University Press, 1953

Hünke von Podewils, Thorsten. *Vorhang auf! Theater in Lüneburg 1946–1990.*
Lüneburg: Neubauer, 1990

Ilkenhans, Matthias und Theo Geissler. *Deutsche Orchester zwischen Bilanz und Perspektive.*
Regensburg: ConBrio, 2004

Isen, Alice M. »Positive affect, cognitive processes, and social behavior« in *Advances of Experimental Social Psychology* Vol. 20, S. 205-253
New York: Academic Press, 1987

Jacobshagen, Arnold. *Strukturwandel der Orchesterlandschaft. Die Kulturorchester im wiedervereinigten Deutschland.*
Köln: Dohr, 2000

Jaschinski, Andreas und Franz Bösken. »Osnabrück« in Ludwig Finscher [Hrsg.]. *Musik in Geschichte und Gegenwart.* 2. überarbeitete Auflage.
Sachteil Band 7, Sp. 1163-1166
Kassel: Bärenreiter, 1997

Johnson, Blair T. und Alice H. Eagly. »Effects of involvement on persuasion: A meta analysis« in *Psychological Bulletin* Vol. 106 (2), S. 290-314
Washington: American Psychological Association, 1989

Jost, Peter. *Instrumentation. Geschichte und Wandel des Orchesterklanges.*
Kassel: Bärenreiter, 2004

Kahle, Egbert. *Betriebliche Entscheidungen.* 6. Auflage.
München: Oldenbourg, 2001

Katzenberger, Günter. »Hannover« in Ludwig Finscher [Hrsg.]. *Musik in Geschichte und Gegenwart.* 2. überarbeitete Auflage. Sachteil Band 4, Sp. 24-39
Kassel: Bärenreiter, 1996

Keil, Werner. »Hildesheim« in Ludwig Finscher [Hrsg.]. *Musik in Geschichte und Gegenwart.* 2. überarbeitete Auflage. Sachteil Band 4, Sp. 293-296
Kassel: Bärenreiter, 1996

Keuchel, Susanne. *Rheinschiene – Kulturschiene. Mobilität – Meinungen – Marketing.*
Bonn: ARCult Media, 2003

Keuchel, Susanne. »Das (un)bekannte Wesen – Analysen des Kulturpublikums« in Norbert Sievers [Hrsg.]. *Publikum. Macht. Kultur.* S. 54-65
Essen: Klartext, 2006

Kirchberg, Volker. »Annäherung an die Konzertstätte. Eine Typologie der (Un-)Gewöhnlichkeit« in Martin Tröndle [Hrsg.]. *Das Konzert.* S. 155-172
Bielefeld: transcript, 2009

Klein, Armin [Hrsg.]. *Starke Marken im Kulturbetrieb.*
Baden-Baden: Nomos, 2007

Kloppenburg, Josef. »Musikpräferenzen. Einstellungen, Vorurteile, Einstellungsänderungen« in Helga de la Motte-Haber und Günther Rötter [Hrsg.]. *Musikpsychologie.* Handbuch der Systematischen Musikwissenschaft. Band 3, S. 357-393
Laaber: Laaber, 2005

Knackstedt, Tim. *Besucherorientierung bei Konzertorchestern.*
Lüneburg: Magisterarbeit, 2009

Knava, Irene. *Audiencing – Besucherbindung und Stammpublikum für Theater, Oper, Tanz und Orchester.*
Wien: facultas, 2009

Knight Foundation [Hrsg.]. *Classical Music Consumer Segmentation Study.*
Southport: Audience Insight LLC, 2002

Knoblich, Tobias J. »Unternehmerisch denken, politisch handeln?« in Albert Drews [Hrsg.]. *Nach uns die Kulturwirtschaft?* S. 137-140
Rehburg-Loccum: Loccumer Protokolle, 2009

Kohlenberg, Markus. *Musiksponsoring: Grundlagen – Strategien – Beispiele.*
Wiesbaden: Deutscher Universitäts-Verlag, 1994

Kolb, Bonita M. »Classical Music Concerts Can Be Fun: The Success of BBC Proms« in *International Journal of Arts Management* Vol 1, Nr 1 (1998), S. 16-23 (http://zonecours.hec.ca/documents/A2004-1-154717.03Kolb%285%29.pdf) (abgerufen am 30. April 2011)

Kolb, Bonita M. *Marketing Cultural Organisations.*
Dublin: Oak Tree Press, 2000

Konold, Wulf [Hrsg.]. *Lexikon Orchestermusik Klassik L-Z.*
Mainz: Schott, 1992

Kramer, Dieter. »Der Sau Ende ist der Wurscht Anfang – Provinzpublikum ist auch nicht mehr das, was es einmal war« in Bernd Wagner [Hrsg.]. *Jahrbuch für Kulturpolitik 2005.* Band 5, S. 309-320
Essen: Klartext, 2005

Kroeber-Riel, Werner, Peter Weinberg und Andreas Gröppel-Klein. *Konsumentenverhalten.* 9. Auflage.
München: Vahlen, 2009

Kühn, Clemens. »Überlegungen im Anschluss an Paul Bekker« in Paul Bekker. *Das Orchester. Geschichte – Komponisten – Stile.* Kassel: Bärenreiter, 1989

Kutzner, Christian. »Die Demographische Entwicklung in Deutschland« in Andrea Hausmann und Jana Körner [Hrsg.]. *Demographischer Wandel und Kultur.* S. 15-33 Wiesbaden: Verlag für Sozialwissenschaften, 2009

Laugwitz, Burkhard. »Des Orchesters General« in *Das Orchester* 58. Jahrgang, Heft 11, S. 11-13 Mainz: Schott, 2010

LeBlanc, Albert. »Outline of a proposed model of sources of variation in musical taste« in *Bulletin of the Council for Research in Music Education* Nr. 61, S. 29-34 Champaign: University of Illinois Press, 1980

LeBlanc, Albert. »An Interactive Theory of Music Preference« in *Journal of Music Therapy* XIX (1), S. 28-45 Washington: National Association for Music Therapy, 1982

Mackie, Diane M. und Leila T. Worth. »Processing deficits and the mediation of positive affect in persuasion« in *Journal of Personality and Social Psychology* Nr. 57, S. 27-40 Washington: American Psychological Association, 1989

Mahling, Christoph-Hellmut und Helmut Rösing. »Orchester« in Ludwig Finscher [Hrsg.]. *Musik in Geschichte und Gegenwart.* 2. überarbeitete Auflage. Sachteil Band 7, Sp. 811-851 Kassel: Bärenreiter, 1997

Mandel, Birgit [Hrsg.]. *Audience Development, Kulturmanagement, Kulturelle Bildung.* München: Kopaed, 2008

Marien, Evelyn und Andreas Heinen [Hrsg.]. *Musikwissenschaft im Phonomarkt.* Wilhelmshaven: Noetzel, 2002

Martin, Uta. *Typologisierung des Theaterpublikums: Das Erkenntnispotential der verhaltensorientierten Marktsegmentierung für das Marketing öffentlich-rechtlicher Theater.* Dresden: Dissertation, 1998

Mehner, Klaus. »Deutsche Demokratische Republik« in Ludwig Finscher [Hrsg.]. *Musik in Geschichte und Gegenwart*. 2. überarbeitete Auflage. Sachteil Band 2, Sp. 1188-1192
Kassel: Bärenreiter, 1995

Mertens, Gerald. *Orchestermanagement*.
Wiesbaden: Verlag für Sozialwissenschaften, 2010a

Mertens, Gerald. *Kulturorchester, Rundfunkensembles und Opernchöre*. Stand Juni 2010b http://sub1.dov.org/tl_files/pdf/Infos%20&%20 Publikationen/DOV_Orchesterlandschaft.pdf
abgerufen am 30. April 2011

Morison, Bradley G. und Julie Gordon Dalgleish. *Waiting in the Wings. A larger audience for the arts and how to develop it.*
New York: ACA Books, 1987

Mueller, John H. *Fragen des musikalischen Geschmacks.*
Köln / Opladen: Westdeutscher Verlag, 1963

Mühlenkamp, Holger. *Der Einfluß der Rechtsform auf die Kosten und den Kostendeckungsgrad von öffentlichen Theatern in der Bundesrepublik Deutschland.*
Lüneburg: Arbeitsbericht, 1998

Nath, S. K. *A reappraisal of welfare economics.*
London: Routledge & Kegan, 1969

Nowicki, Matthias. *Theatermanagement – ein dienstleistungsbasierter Ansatz.*
Dortmund: Dissertation, 1999

Opaschowski, Horst W. »Die kulturelle Spaltung der Gesellschaft. Die Schere zwischen Besuchern und Nichtbesuchern öffnet sich weiter.« in Bernd Wagner [Hrsg.]. *Jahrbuch für Kulturpolitik 2005*, S. 211-216
Essen: Klartext, 2005

Opaschowski, Horst W. »Wachstumsgrenzen des Erlebnismarktes – Folgen für die Kulturpolitik« in Norbert Sievers [Hrsg.]. *Publikum. Macht. Kultur.* S. 256-268
Essen: Klartext, 2006

Opaschowski, Horst W. *Einführung in die Freizeitwirtschaft*. 5. Auflage.
Wiesbaden: Verlag für Sozialwissenschaften, 2008

Opaschowski, Horst W. *Deutschland 2030 – Wie wir in Zukunft leben.*
2. aktualisierte Auflage.
Gütersloh: Gütersloher Verlagshaus, 2009

Petty, Richard E., Garry L. Wells und Timothy C. Brock. »Distraction can
enhance or reduce yielding to propaganda: Thought disruption versus
effort justification« in *Journal of Personality and Social Psychology* Nr. 9,
S. 209-222
Washington: American Psychological Association, 1976

Petty, Richard E. und John T. Cacioppo. »Central and Peripheral Routes
to Persuasion: Application to Advertising« in Larry Percy [Hrsg.].
Advertising and Consumer Psychology.
Lexington: D. C. Heath Company, 1983

Petty, Richard E. und John T. Cacioppo. *Communication and Persuasion.
Central and Peripheral Routes to Attitude Change.*
New York: Springer-Verlag, 1986

Peyser, Joan [Hrsg.]. *The Orchestra.*
Milwaukee: Hal Leonard Cooperation, 2006

Porter, Michael E. *Competitive Strategy.*
New York: Free Press, 1980

Rauhe, Hermann [Hrsg.]. *Management zwischen Kultur und Wirtschaft.*
Regensburg: ConBrio, 1997

Rhein, Stefanie. »Musikpublikum und Musikpublikumsforschung« in
Patrick Glogner und Patrick S. Föhl [Hrsg.]. *Das Kulturpublikum.* S.
153-193
Wiesbaden: Verlag für Sozialwissenschaften, 2010

Sarakacianis, Romy. *Das klassische Konzertwesen im Wandel –
Erlebnisorientierung als Erfolgsfaktor für Konzertbetriebe.*
Lüneburg: Magisterarbeit, 2008

Schäke, Mirco und Axel Krohn. »Convenience-Orientierung am Theater«
in *Handbuch Kulturmanagement.* Loseblattsammlung. 21. Ergänzungs-
lieferung. Kapitel E 2.10.
Berlin: Raabe, 2002

Schauer, Anke. *Das Orchester 2.0 – Potenziale der Online-Kommunikation für deutsche Kulturorchester.*
Lüneburg: Magisterarbeit, 2010

Schmidt-Ott, Thomas. *Orchesterkrise und Orchestermarketing: Untersuchungen zur ›turnaround‹-spezifischen Relevanz US-amerikanischer Marketingstrategien im deutschen Orchesterbetrieb.*
Frankfurt am Main: Peter Lang, 1998

Schmidt-Ott, Thomas. »Den Hintern mit Subventionen vergolden ... – Audience Development als Kulturmanagementdisziplin im Orchester« in Klaus Siebenhaar [Hrsg.]. *Audience Development.* S. 67-92
Berlin: B&S Siebenhaar, 2009

Schneidewind, Petra und Martin Tröndle. *Selbstmanagement im Kulturbetrieb.*
Bielefeld: transcript, 2003

Schulenburg, Sophie. »Die Rolle der Besucher und anderer Kunden für Kulturbetriebe am besonderen Beispiel des Theaters« in Andrea Hausmann und Sabrina Helm [Hrsg.]. *Kundenorientierung im Kulturbetrieb.* S. 31-49
Wiesbaden: Verlag für Sozialwissenschaften, 2006

Schugk, Michael. *Betriebswirtschaftliches Management öffentlicher Theater und Kulturorchester.*
Wiesbaden: Deutscher Universitätsverlag, 1996

Schulze, Gerhard. *Die Erlebnisgesellschaft.*
Frankfurt am Main: Campus, 1992

Seitz, Susanne. *Betrachtung von Markt- und Positionierungspotentialen Deutscher Kulturorchester. Entwicklung eines Untersuchungskonzeptes in Analogie zur US-amerikanischen Studie ›Classical Music Consumer Segmentation Study‹.*
Lüneburg: Magisterarbeit, 2007

Siebenhaar, Klaus [Hrsg.]. *Audience Development.*
Berlin: B&S Siebenhaar, 2009

Sievers, Heinrich. »Braunschweig« in Ludwig Finscher [Hrsg.]. *Musik in Geschichte und Gegenwart.* 2. überarbeitete Auflage. Sachteil Band 2, Sp. 129-135
Kassel: Bärenreiter, 1995

Sievers, Norbert [Hrsg.]. *Publikum. Macht. Kultur.*
Essen: Klartext, 2006

Shostack, G. Lynn. »Service Positioning through Structural Change« in
Journal of Marketing. Vol. 51 Nr. 1, S. 34-43
Chicago: American Marketing Association, 1987

Solf, Günter. *Theatersubventionierung. Möglichkeiten einer Legitimation aus
wirtschaftstheoretischer Sicht.*
Bergisch-Gladbach: Eul, 1993

Stahlberg, Dagmar und Dieter Frey. »Das Elaboration-Likelihood-Modell
von Petty und Cacioppo« in Dieter Frey und Martin Irle [Hrsg.]. *Theorien der Sozialpsychologie.*
S. 327-359
Bern: Hans Huber, 1993

Sting, Wolfgang. »Die Rolle der Kunst in der kulturellen Bildung« in Bir-
git Mandel [Hrsg.]. *Audience Development, Kulturmanagement, Kulturelle
Bildung.* S.112-122
München: Kopaed, 2008

Szirota, Herbert. *Strategische Existenzsicherung öffentlicher Kulturbetriebe.*
Wiesbaden: Deutscher Universitätsverlag, 1999

Tröndle, Martin. »Man muss das Konzert verändern, um es zu erhalten«
in Birgit Mandel [Hrsg.]. *Audience Development, Kulturmanagement,
Kulturelle Bildung.* S.133-143
München: Kopaed, 2008

Tröndle, Martin [Hrsg.]. *Das Konzert – Neue Aufführungskonzepte für eine
klassische Form.*
Bielefeld: transcript, 2009

Urlocker, Michael. *A CEO's Guide to the Benefits of Disruption.*
Mississaqua: The Dispution Group, 2006

Wagner, Bernd [Hrsg.]. *Jahrbuch für Kulturpolitik 2005.* Band 5. Thema:
Kulturpublikum.
Essen: Klartext, 2005

Wahl-Zieger, Erika. *Theater und Orchester zwischen Marktkräften und
Marktkorrektur.*
Göttingen: Vandenhoeck & Ruprecht, 1978

Walker-Kuhne, Donna. »Audience Development in the United States« in Klaus Siebenhaar [Hrsg.]. *Audience Development*. S. 37-48
Berlin: B&S Siebenhaar, 2009

Walter, Michael. *Die Oper ist ein Irrenhaus.*
Stuttgart: Metzler, 1997

Wiechert, Bernd. »Göttingen« in Ludwig Finscher [Hrsg.]. *Musik in Geschichte und Gegenwart*. 2. überarbeitete Auflage. Sachteil Band 3, Sp. 1552-1559
Kassel: Bärenreiter, 1995

Wolf, Willi. *Statistik für Kulturmanager.*
Hagen: FernUniversität, 1994

Worth, Leila T. und Diane M. Mackie. »Cognitive mediation of positive affect in persuasion« in *Social Cognition* Nr. 5, S. 76-94
New York: Guilford Press, 1987

Ziegler, Ralph Philipp. » ›... but there's potential good news‹: Sinfonieorchester in den USA als Impulsgeber im internationalen Orchestermanagement« in Steffen Höhne [Hrsg.]. *Amerika, Du hast es besser? Kulturpolitik und Kulturförderung in kontrastiver Perspektive.*
Leipzig: Leipziger Universitätsverlag, 2005

Der Fragebogen

LEUPHANA
UNIVERSITÄT LÜNEBURG

Lehrstuhl für Marketing und Technologiemanagement
Scharnhorststraße 1 · 21335 Lüneburg
Telefon 04131 / 677-2121 · Telefax 04131 / 677-2126
mut@leuphana.de

Liebe Konzertbesucherin, lieber Konzertbesucher,

die niedersächsischen Sinfonieorchester führen gemeinsam mit der Leuphana Universität Lüneburg eine Umfrage durch. Wir sind dabei auf Ihre Hilfe und Meinung angewiesen. Nehmen Sie diesen Fragebogen bitte nach dem Konzert mit nach Hause und füllen ihn dort in Ruhe aus. Obwohl er auf den ersten Blick sehr lang aussieht, geht es doch recht schnell - Sie werden es ja sehen.

Die Befragung wird zur Zeit bei allen niedersächsischen Orchestern durchgeführt und soll in der nächsten Spielzeit auf alle deutschen Orchester ausgeweitet werden. Die Ergebnisse helfen uns allen: dem Orchester, damit es Ihren Wünschen besser gerecht werden kann; der Politik, damit diese erkennt, welche Rolle das Konzertleben in Deutschland spielt; und schließlich Ihnen, weil die erhobenen Daten dazu verwendet werden sollen, die Orchesterlandschaft für die Zukunft zu sichern und Ihnen damit ein reiches Konzertleben anbieten zu können.

Bitte unterstützen Sie uns bei diesem Anliegen!

Die Fragebögen werden zentral für alle Orchester maschinell und natürlich streng anonym ausgewertet. Rückschlüsse auf Ihre Person sind niemandem möglich. Es werden weder Namen noch Anschriften abgefragt.

Füllen Sie den Fragebogen bitte möglichst in den nächsten Tagen aus und schicken Sie ihn mit dem Rückumschlag an die Universität Lüneburg. Porto brauchen Sie dafür nicht zu bezahlen.

Bei den meisten Fragen sind Mehrfachantworten möglich, auch wenn es nicht ausdrücklich dabei steht. Wenn Sie ein Kreuz ändern möchten, füllen Sie das falsche Feld komplett aus und setzen Sie anderes Kreuz. Sind Sie bei einer Frage unsicher oder möchten Sie diese nicht beantworten, lassen Sie sie einfach aus. Der Fragebogen ist trotzdem für uns sehr hilfreich.

Wir danken sehr herzlich für Ihre Unterstützung!

Prof. Dr. Ursula Weisenfeld   Andreas Heinen (Projektleiter)

F741U0P3PL0V0

Zu kulturellen Aktivitäten zählen der Besuch von Konzerten, Ballett oder Theater, von Museen oder Galerien, das Hören von Musikaufnahmen zu Hause und eigene kreative Aktivitäten wie das Spielen eines Instruments, Singen in einem Chor, Malen oder Zeichen.

Wie interessiert sind Sie an solchen kulturellen Aktivitäten? Bitte bewerten Sie auf der neben stehenden Skala.

überhaupt nicht ☐ ☐ ☐ ☐ ☐ ☐   sehr interessiert

Welche Rolle spielen diese kulturellen Aktivitäten in Ihrem Leben?

☐ gar keine Rolle   ☐ kleine Rolle   ☐ große Rolle

Besuchen Sie gerne folgende Einrichtungen oder Veranstaltungen?

Museen oder Galerien	gar nicht	☐☐☐☐☐☐☐☐☐☐	sehr gerne
Jazzkonzerte	gar nicht	☐☐☐☐☐☐☐☐☐☐	sehr gerne
Theater (Schauspiel)	gar nicht	☐☐☐☐☐☐☐☐☐☐	sehr gerne
Musicals	gar nicht	☐☐☐☐☐☐☐☐☐☐	sehr gerne
Opernaufführungen	gar nicht	☐☐☐☐☐☐☐☐☐☐	sehr gerne
Ballettaufführungen	gar nicht	☐☐☐☐☐☐☐☐☐☐	sehr gerne
klassische Konzerte	gar nicht	☐☐☐☐☐☐☐☐☐☐	sehr gerne

Welche der folgenden kulturellen Angebote - mit Ausnahme von Schulaufführungen und -ausstellungen - haben Sie in den letzten 12 Monaten besucht? Bitte markieren Sie alle zutreffenden Antworten.

☐ Museum oder Galerie   ☐ Jazzkonzert   ☐ Theaterstück
☐ Musical   ☐ Opernaufführung   ☐ Ballettaufführung
☐ klassisches Konzert

Wie viele klassische Konzerte haben Sie in den letzten 12 Monaten in etwa besucht?

Bitte überlegen Sie, wann Sie das letzte Mal in einem klassischen Konzert waren. Wie war der Titel der Veranstaltung oder der Name des Künstlers? Was für eine Art von Konzert war es (Sinfoniekonzert, Kammerkonzert, Chorkonzert, Orgelkonzert, etc.)?

Wie oft (ungefähr) haben Sie in den letzten 12 Monaten insgesamt eine kulturelle Veranstaltung besucht?

Waren Sie schon einmal oder sind Sie zur Zeit für eine kulturelle Einrichtung ehrenamtlich tätig, z.B. in einem Förderverein oder in Form von aktiver Mithilfe bei Veranstaltungen?

☐ ja, ich bin derzeit aktiv   ☐ ja, ich war in der Vergangenheit aktiv   ☐ nein

Wenn ja, um was für eine ehrenamtliche Tätigkeit handelt es sich?

Würden Sie gerne häufiger Aufführungen von Konzerten, Balletten oder Theaterstücken besuchen als Sie es jetzt tun?

☐ ja   ☐ eher ja   ☐ eher nein
☐ nein

Wenn ja, was hält Sie ab?

Bitte geben Sie für jede der folgenden Behauptungen an, inwieweit Sie ihr zustimmen.

Ich suche immer nach Informationen über kulturelle Aktivitäten für meine Freunde und mich.
stimme überhaupt nicht zu ☐ ☐ ☐ ☐ ☐ ☐ stimme sehr zu

Ich organisiere gerne kulturelle Aktivitäten für meine Freunde und mich.
stimme überhaupt nicht zu ☐ ☐ ☐ ☐ ☐ ☐ stimme sehr zu

Ich besuche eher kulturelle Aktivitäten, wenn mich jemand dazu einlädt.
stimme überhaupt nicht zu ☐ ☐ ☐ ☐ ☐ ☐ stimme sehr zu

Welche der folgenden Aussagen beschreibt am besten die Rolle, die Sie im Entscheidungsprozess, ob Karten für eine Veranstaltung gekauft werden sollen oder nicht, einnehmen?

☐ Ich bin hauptsächlicher Entscheidungsträger.

☐ Jemand anderes entscheidet gewöhnlich und ich schließe mich an.

☐ Ich beteilige mich an einer gemeinsamen Entscheidung.

Wie weit im voraus planen Sie *normalerweise* Ihre Freizeitaktivitäten wie z.B. den Besuch eines Konzertes oder einer Theateraufführung?

☐ am Tag der Veranstaltung

☐ einige Tage bis eine Woche vor der Veranstaltung

☐ ein bis zwei Wochen vor der Veranstaltung

☐ einige Wochen vor der Veranstaltung

☐ einen Monat oder länger davor

☐ unterschiedlich

Wie kaufen Sie am liebsten Ihre Karten? Bitte kreuzen Sie nur eine Antwort an.

☐ an der Abendkasse

☐ an der normalen Kartenkasse

☐ an anderen Vorverkaufsstellen

☐ per Telefon

☐ per schriftlicher Bestellung / Fax

☐ im Internet

Haben Sie schon einmal Karten für eine Veranstaltung im Internet gekauft?

☐ ja   ☐ nein

Neigen Sie dazu, Abonnements für kulturelle Veranstaltungen abzuschließen?

gar nicht ☐☐☐☐☐☐☐☐☐ sehr

Wann ist für Sie der beste Zeitpunkt, um eine Aufführung zu besuchen?

☐ unter der Woche abends
☐ am Sonntagvormittag

☐ am Wochenende abends
☐ anderer Zeitpunkt (bitte in das nachfolgende Feld eintragen)

☐ am Wochenende nachmittags
☐ egal wann

Wie sehr beeinflussen folgende Faktoren Ihre Entscheidung, eine kulturelle Veranstaltung zu besuchen?

Wissen, dass man gute Plätze bekommt	gar nicht	☐☐☐☐☐☐☐☐☐☐	sehr
Möglichkeit, Karten an der Abendkasse zu bekommen	gar nicht	☐☐☐☐☐☐☐☐☐☐	sehr
Tag und Uhrzeit der Veranstaltung	gar nicht	☐☐☐☐☐☐☐☐☐☐	sehr
Kombitickets mit öffentlichen Verkehrsmitteln	gar nicht	☐☐☐☐☐☐☐☐☐☐	sehr
Gute Parkmöglichkeit vor Ort	gar nicht	☐☐☐☐☐☐☐☐☐☐	sehr
Sorge um die persönliche Sicherheit	gar nicht	☐☐☐☐☐☐☐☐☐☐	sehr
Ob der Partner gehen möchte oder nicht	gar nicht	☐☐☐☐☐☐☐☐☐☐	sehr
Ob es eine Aktivität für die ganze Familie ist	gar nicht	☐☐☐☐☐☐☐☐☐☐	sehr
Ob ein Freund / Bekannter Sie einlädt mitzukommen	gar nicht	☐☐☐☐☐☐☐☐☐☐	sehr
Möglichkeit, vor oder nach der Veranstaltung essen zu gehen	gar nicht	☐☐☐☐☐☐☐☐☐☐	sehr
Ein bestimmter Anlass, den es zu feiern gilt	gar nicht	☐☐☐☐☐☐☐☐☐☐	sehr
Bestimmte Werke, die auf dem Programm stehen	gar nicht	☐☐☐☐☐☐☐☐☐☐	sehr
Wahrscheinlichkeit einer qualitativ hochwertigen Aufführung	gar nicht	☐☐☐☐☐☐☐☐☐☐	sehr
Gastkünstler oder Solisten	gar nicht	☐☐☐☐☐☐☐☐☐☐	sehr
Kartenpreise	gar nicht	☐☐☐☐☐☐☐☐☐☐	sehr
Möglichkeit, Karten umzutauschen oder zurückzugeben	gar nicht	☐☐☐☐☐☐☐☐☐☐	sehr

Bitte geben Sie für folgende Konzerttypen an, ob und mit welcher Häufigkeit Sie diese in den letzten 12 Monaten besucht haben:

	nicht	einmal	mehrmals	noch nie
Pop-Konzert von einem Sinfonieorchester	☐	☐	☐	☐
Klassisches Konzert von einem Sinfonieorchester	☐	☐	☐	☐
Konzert mit Kammermusik	☐	☐	☐	☐
Klavierabend	☐	☐	☐	☐
Liederabend	☐	☐	☐	☐
Orgelkonzert	☐	☐	☐	☐
sonstiger Soloabend eines Sängers oder Instrumentalisten	☐	☐	☐	☐
Oratorienkonzert (Chor und Orchester)	☐	☐	☐	☐
Konzert eines Chores oder einer Vokalgruppe (ohne Orchester)	☐	☐	☐	☐
Klassisches Konzert eines Laienorchesters	☐	☐	☐	☐
Spezielle Aufführungen an Feiertagen	☐	☐	☐	☐
Kinder- oder Familienkonzerte	☐	☐	☐	☐

An welchen der nachfolgend genannten Veranstaltungsorten haben Sie in den letzten 12 Monaten ein klassisches Konzert gehört?

☐ Kirche ☐ Schule oder Sporthalle ☐ Konzerthaus / Stadthalle
☐ Theater / Opernhaus ☐ Freiluftkonzert ☐ privates Wohnhaus

Wieviel wissen Sie über klassische Musik? ☐ nicht viel ☐ etwas ☐ sehr viel

Wie sehr wären Sie daran interessiert, mehr über klassische Musik zu erfahren? ☐ gar nicht ☐ etwas ☐ sehr

Haben Sie Familienmitglieder oder enge Freunde, die klassische Konzerte besuchen? ☐ ja ☐ nein

193

[Fortsetzung]

In welchem Verhältnis steht Ihr Interesse an klassischer Musik zu Ihrem Interesse an anderen kulturellen Angeboten?

Mögen Sie Jazz lieber als klassische Musik?	☐ ja	☐ unentschieden	☐ nein
Mögen Sie Theater (Schauspiel) lieber als klassische Musik?	☐ ja	☐ unentschieden	☐ nein
Mögen Sie Musicals lieber als klassische Musik?	☐ ja	☐ unentschieden	☐ nein
Mögen Sie Oper lieber als klassische Konzerte?	☐ ja	☐ unentschieden	☐ nein
Mögen Sie Ballett lieber als klassische Konzerte?	☐ ja	☐ unentschieden	☐ nein
Mögen Sie Popularmusik lieber als klassische Musik?	☐ ja	☐ unentschieden	☐ nein

Als welchen der nachfolgenden Hörertypen würden Sie sich bezeichnen? Bitte kreuzen Sie nur eine Antwort an.
☐ kritischer Hörer   ☐ genussvoller Hörer   ☐ Nebenbeihörer

Haben Sie einen oder mehrere Lieblingskomponisten? Bitte nennen Sie nicht mehr als drei Komponisten.

Haben Sie ein Lieblingsstück der klassischen Musik? Können Sie es uns bitte nennen?

Inwiefern würden folgende Begebenheiten Ihre Entscheidung, Sinfoniekonzerte häufiger als momentan zu besuchen, positiv beeinflussen? Wenn ...

... Sie häufiger eingeladen würden	gar nicht	☐	☐	☐	☐	☐	☐	sehr
... Karten weniger kosten würden	gar nicht	☐	☐	☐	☐	☐	☐	sehr
... es mehr Möglichkeiten gäbe, soziale Kontakte zu pflegen	gar nicht	☐	☐	☐	☐	☐	☐	sehr
... das Orchester bekanntere Stücke spielen würde	gar nicht	☐	☐	☐	☐	☐	☐	sehr
... Sie am Tag des Konzertes Karten zum halben Preis bekommen würden	gar nicht	☐	☐	☐	☐	☐	☐	sehr
... Sie eine Mitfahrgelegenheit im Auto hätten	gar nicht	☐	☐	☐	☐	☐	☐	sehr
... die Konzerte nicht so lange dauern würden	gar nicht	☐	☐	☐	☐	☐	☐	sehr
... es immer Tickets an der Abendkasse gäbe	gar nicht	☐	☐	☐	☐	☐	☐	sehr
... die Qualität der Aufführungen besser wäre	gar nicht	☐	☐	☐	☐	☐	☐	sehr
... Konzerte an für Sie zeitlich günstigeren Terminen stattfinden würden	gar nicht	☐	☐	☐	☐	☐	☐	sehr
... man Karten schnell und einfach online kaufen könnte	gar nicht	☐	☐	☐	☐	☐	☐	sehr
... Sie Ihre Tickets immer problemlos umtauschen könnten	gar nicht	☐	☐	☐	☐	☐	☐	sehr
... der Dirigent mehr mit dem Publikum sprechen würde	gar nicht	☐	☐	☐	☐	☐	☐	sehr

Wie oft hören Sie klassische Musik ...

... im Radio?

☐ noch nie ☐ mehrmals im Jahr ☐ mehrmals im Monat

☐ mehrmals pro Woche ☐ täglich

... auf CD, Kassette oder sonstige Aufnahmen?

☐ noch nie ☐ mehrmals im Jahr ☐ mehrmals im Monat

☐ mehrmals pro Woche ☐ täglich

... über das Internet?

☐ noch nie ☐ mehrmals im Jahr ☐ mehrmals im Monat

☐ mehrmals pro Woche ☐ täglich

... im Fernsehen oder auf Video/DVD?

☐ noch nie ☐ mehrmals im Jahr ☐ mehrmals im Monat

☐ mehrmals pro Woche ☐ täglich

Wo hören Sie im Radio oder von Tonträgern klassische Musik?

☐ zu Hause ☐ im Auto ☐ bei der Arbeit

Wie viele Tonträger (CDs, Schallplatten, Kassetten oder Videos / DVDs) mit klassischer Musik besitzen Sie ungefähr?

Wie viele Tonträger mit klassischer Musik haben Sie in den letzten 12 Monaten ungefähr gekauft?

Haben Sie schon einmal ein MP3-File aus dem Internet geladen?

☐ nein, noch nie ☐ ja, schon einmal ☐ ja, schon mehrfach

☐ ja, schon oft

Im folgenden Abschnitt geht es konkret um das Konzert, bei dem Sie diesen Fragebogen erhalten haben.
Wie sind Sie auf das Konzert aufmerksam geworden? Mehrfachnennungen sind möglich.

☐ Zeitung ☐ Plakat ☐ Monatsleporello
☐ Jahresübersicht ☐ Rundfunk ☐ Internet
☐ Freunde / Bekannte ☐ Familie ☐ Abonnement

Wie haben Sie Ihre Karte erworben?

☐ Abendkasse ☐ Theaterkasse ☐ sonstige Vorverkaufsstelle
☐ Internet ☐ Abonnement ☐ geschenkt bekommen

F741U0P8PL0V0

Wie sind Sie zum Konzert gekommen?
☐ zu Fuß   ☐ mit dem Fahrrad   ☐ selbst mit dem Auto
☐ von jemandem mitgenommen   ☐ Bus / Straßenbahn / Bahn   ☐ Taxi
☐ sonstiges

Von wo sind Sie zum Konzert aufgebrochen?   ☐ von zuhause   ☐ von der   ☐ sonstiges
                                                                        Arbeitsstelle

Wie lange (in Minuten) haben Sie etwa gebraucht, um zum Konzert zu kommen?

Wie weit (in Kilometern) wohnen Sie von dem Veranstaltungsort entfernt? Es genügt eine grobe Schätzung. Wenn Sie Tourist sind, geben Sie bitte die geschätzte Entfernung zu Ihrer Unterkunft an.

Haben Sie die Gastronomie genutzt? (Mehrfachantworten möglich)
☐ ja, vor dem Konzert   ☐ ja, in der Pause   ☐ ja, nach dem Konzert
☐ nein

Mit wem haben Sie das Konzert besucht? (Mehrfachantworten möglich)
☐ alleine   ☐ mit Freunden / Bekannten   ☐ mit meinem Partner
☐ mit anderen Familienangehörigen

Wie hat Ihnen das Konzert gefallen? Bitte bewerten Sie die nachfolgenden Punkte mit "sehr schlecht" bis "sehr gut".

Konzerterlebnis insgesamt	sehr schlecht	☐	☐	☐	☐	☐	☐	sehr gut	☐ weiß nicht
Service beim Kartenkauf	sehr schlecht	☐	☐	☐	☐	☐	☐	sehr gut	☐ weiß nicht
Werbung für das Konzert	sehr schlecht	☐	☐	☐	☐	☐	☐	sehr gut	☐ weiß nicht
Parkplatzsituation	sehr schlecht	☐	☐	☐	☐	☐	☐	sehr gut	☐ weiß nicht
Erreichbarkeit mit öffentlichen Verkehrsmitteln	sehr schlecht	☐	☐	☐	☐	☐	☐	sehr gut	☐ weiß nicht
Freundlichkeit des Einlasspersonals	sehr schlecht	☐	☐	☐	☐	☐	☐	sehr gut	☐ weiß nicht
Freundlichkeit des Garderobenpersonals	sehr schlecht	☐	☐	☐	☐	☐	☐	sehr gut	☐ weiß nicht
Freundlichkeit der Gastronomie	sehr schlecht	☐	☐	☐	☐	☐	☐	sehr gut	☐ weiß nicht
Preis-Leistungsverhältnis in der Gastronomie	sehr schlecht	☐	☐	☐	☐	☐	☐	sehr gut	☐ weiß nicht
Ambiente des Foyers	sehr schlecht	☐	☐	☐	☐	☐	☐	sehr gut	☐ weiß nicht
Ambiente des Saals	sehr schlecht	☐	☐	☐	☐	☐	☐	sehr gut	☐ weiß nicht
Anzahl der Toiletten	sehr schlecht	☐	☐	☐	☐	☐	☐	sehr gut	☐ weiß nicht
Sauberkeit der Toiletten	sehr schlecht	☐	☐	☐	☐	☐	☐	sehr gut	☐ weiß nicht
Solist	sehr schlecht	☐	☐	☐	☐	☐	☐	sehr gut	☐ weiß nicht
Dirigent	sehr schlecht	☐	☐	☐	☐	☐	☐	sehr gut	☐ weiß nicht
Orchester	sehr schlecht	☐	☐	☐	☐	☐	☐	sehr gut	☐ weiß nicht
musikalische Qualität insgesamt	sehr schlecht	☐	☐	☐	☐	☐	☐	sehr gut	☐ weiß nicht
Zusammenstellung des Programms	sehr schlecht	☐	☐	☐	☐	☐	☐	sehr gut	☐ weiß nicht
Programmheft	sehr schlecht	☐	☐	☐	☐	☐	☐	sehr gut	☐ weiß nicht
Preis-Leistungs-Verhältnis insgesamt	sehr schlecht	☐	☐	☐	☐	☐	☐	sehr gut	☐ weiß nicht

Würden Sie das Konzert weiterempfehlen?   ☐ ja   ☐ nein   ☐ weiß nicht

Zum Abschluss noch ein paar Fragen zu Ihrer Person:

Geschlecht ☐ weiblich ☐ männlich

In welchem Jahr sind Sie geboren?

Wie viele Personen, einschließlich Ihnen, allen anderen Erwachsenen und allen Kindern leben in Ihrem Haushalt?

Gibt es Kinder in Ihrem Haushalt? ☐ ja ☐ nein

Wenn ja, wie alt sind die Kinder?
☐ 0 bis 5 Jahre ☐ 6 bis 12 Jahre ☐ 13 bis 18 Jahre
☐ über 18 Jahre

Welches ist Ihr höchster Bildungsabschluss?
☐ kein Schulabschluss ☐ Hauptschule / Volksschule ☐ Realschule
☐ Abitur oder Fachabitur ☐ abgeschlossene Berufsausbildung ☐ abgeschlossenes Studium

Bitte geben Sie Ihr Beschäftigungsverhältnis an.
☐ angestellt in Vollzeit ☐ angestellt in Teilzeit ☐ Arbeiterin / Arbeiter
☐ verbeamtet ☐ selbstständig / freiberuflich ☐ Schülerin / Schüler
☐ Auszubildender ☐ Studentin / Student ☐ arbeitssuchend
☐ Hausfrau / Hausmann ☐ Rentnerin / Rentner ☐ Pensionärin / Pensionär

Welche Staatsangehörigkeit haben Sie?

Wie hoch ist das monatliche Netto-Einkommen Ihres Haushalts?
☐ unter 500 € ☐ 500 € bis unter 1.000 € ☐ 1.000 € bis unter 1.500 €
☐ 1.500 € bis unter 2.250 € ☐ 2.250 € bis unter 3.000 € ☐ 3.000 € bis unter 3.750 €
☐ 3.750 € bis unter 4.500 € ☐ 4.500 € bis unter 5.500 € ☐ 5.500 € bis unter 10.000 €
☐ 10.000 € bis unter 20.000 € ☐ über 20.000 €

Bitte nennen Sie Ihre Postleitzahl.

Herzlichen Dank für Ihre Teilnahme!

Leuphana Universtät Lüneburg
Lehrstuhl Marketing und Technologiemanagement

Markieren Sie so: ☐ ☒ ☐ ☐ ☐ Bitte verwenden Sie einen Kugelschreiber oder nicht zu starken Filzstift. Dieser Fragebogen wird maschinell erfasst.
Korrektur: ☐ ■ ☐ ☒ ☐ Bitte beachten Sie im Interesse einer optimalen Datenerfassung die links gegebenen Hinweise beim Ausfüllen.

Nachcodierung

☐ Göttingen · 24. April 2009 · 19:45 Uhr
☐ Oldenburg · 26. April 2009 · 11:15 Uhr
☐ Oldenburg · 27. April 2009 · 19:30 Uhr
☐ Oldenburg · 28. April 2009 · 19:30 Uhr
☐ Lüneburg · 10. Mai 2009 · 19:00 Uhr
☐ Braunschweig · 10. Mai 2009 · 11:00 Uhr
☐ Braunschweig · 11. Mai 2009 · 20:00 Uhr
☐ Osnabrück · 10. Mai 2009 · 11:00 Uhr
☐ Osnabrück · 11. Mai 2009 · 20:00 Uhr
☐ Hannover (NDR) · 14. Mai 2009 · 20:00 Uhr
☐ Hannover (NDR) · 15. Mai 2009 · 20:00 Uhr
☐ Hannover (Staatsorchester) · 18. Mai 2009 · 19:30 Uhr
☐ Hannover (Staatsorchester) · 17. Mai 2009 · 17:00 Uhr

Wie viele klassische Konzerte haben Sie in den letzten 12 Monaten in etwa besucht?

10er ☐ ☐ ☐ ☐ ☐ ☐ ☐ ☐ ☐ ☐
1er ☐ ☐ ☐ ☐ ☐ ☐ ☐ ☐ ☐ ☐
x0 x1 x2 x3 x4 x5 x6 x7 x8 x9

Wie oft haben Sie in den letzten 12 Monaten insgesamt eine kulturelle Veranstaltung besucht?

10er ☐ ☐ ☐ ☐ ☐ ☐ ☐ ☐ ☐ ☐
1er ☐ ☐ ☐ ☐ ☐ ☐ ☐ ☐ ☐ ☐
x0 x1 x2 x3 x4 x5 x6 x7 x8 x9

Lieblingskomponist

☐ Bach	☐ Beethoven	☐ Brahms
☐ Dvorak	☐ Händel	☐ Haydn
☐ Mahler	☐ Mendelssohn	☐ Mozart
☐ Puccini	☐ Strauss	☐ Schubert
☐ Schumann	☐ Tschaikowski	☐ Verdi
☐ Vivaldi	☐ Wagner	☐ 1
☐ 2	☐ 3	☐ 4
☐ 5	☐ 6	☐ 7
☐ 8	☐ 9	☐ 10
☐ 11	☐ 12	☐ 13
☐ 14	☐ 15	☐ 16
☐ 17	☐ 18	☐ 19
☐ 20	☐ 21	☐ 22
☐ 23	☐ 24	☐ 25
☐ 26	☐ 27	☐ 28
☐ 29	☐ 30	☐ sonstige

Nachcodierung [Fortsetzung]

Wie viele Tonträger mit klassischer Musik besitzen Sie ungefähr?

10000er ☐☐☐☐☐☐☐☐☐☐
1000er ☐☐☐☐☐☐☐☐☐☐
100er ☐☐☐☐☐☐☐☐☐☐
10er ☐☐☐☐☐☐☐☐☐☐
1er ☐☐☐☐☐☐☐☐☐☐
x0 x1 x2 x3 x4 x5 x6 x7 x8 x9

Wie viele Tonträger mit klassischer Musik haben Sie in den letzten 12 Monaten gekauft?

100er ☐☐☐☐☐☐☐☐☐☐
10er ☐☐☐☐☐☐☐☐☐☐
1er ☐☐☐☐☐☐☐☐☐☐
x0 x1 x2 x3 x4 x5 x6 x7 x8 x9

Wie lange (in Minuten) haben Sie gebraucht, um zum Konzert zu kommen?

100er ☐☐☐☐☐☐☐☐☐☐
10er ☐☐☐☐☐☐☐☐☐☐
1er ☐☐☐☐☐☐☐☐☐☐
x0 x1 x2 x3 x4 x5 x6 x7 x8 x9

Wie weit (in Kilometern) wohnen Sie von dem Veranstaltungsort entfernt?

100er ☐☐☐☐☐☐☐☐☐☐
10er ☐☐☐☐☐☐☐☐☐☐
1er ☐☐☐☐☐☐☐☐☐☐
x0 x1 x2 x3 x4 x5 x6 x7 x8 x9

Geburtsjahr

1000er ☐☐☐☐☐☐☐☐☐☐
100er ☐☐☐☐☐☐☐☐☐☐
10er ☐☐☐☐☐☐☐☐☐☐
1er ☐☐☐☐☐☐☐☐☐☐
x0 x1 x2 x3 x4 x5 x6 x7 x8 x9

Anzahl der Personen im Haushalt

10er ☐☐☐☐☐☐☐☐☐☐
1er ☐☐☐☐☐☐☐☐☐☐
x0 x1 x2 x3 x4 x5 x6 x7 x8 x9

Deutsch? ☐ ja ☐ nein
Ländercode

100er ☐☐☐☐☐☐☐☐☐☐
10er ☐☐☐☐☐☐☐☐☐☐
1er ☐☐☐☐☐☐☐☐☐☐
x0 x1 x2 x3 x4 x5 x6 x7 x8 x9

Postleitzahl

10000er ☐☐☐☐☐☐☐☐☐☐
1000er ☐☐☐☐☐☐☐☐☐☐
100er ☐☐☐☐☐☐☐☐☐☐
10er ☐☐☐☐☐☐☐☐☐☐
1er ☐☐☐☐☐☐☐☐☐☐
x0 x1 x2 x3 x4 x5 x6 x7 x8 x9

Abbildungsverzeichnis

Abbildung 1:	Orchesterstandorte in Niedersachsen	29
Abbildung 2:	Blueprint für Theater und Orchester	38
Abbildung 3:	Interesse an kulturellen Veranstaltungen nach Sparten	43
Abbildung 4:	Würden Sie gerne häufiger Aufführungen von Konzerten, Balletten oder Theaterstücken besuchen, als Sie es jetzt tun?	46
Abbildung 5:	Barrieren der Kulturnutzung	47
Abbildung 6:	Alterspyramide	51
Abbildung 7:	Vorausplanung von Kulturbesuchen	52
Abbildung 8:	Polaritätsprofil Motivation (Mittelwerte)	55
Abbildung 9:	Motivatoren für den Konzertbesuch	59
Abbildung 10:	Verkehrsmittel zum Konzertbesuch	60
Abbildung 11:	Qualitätsbewertung durch die Besucher	61
Abbildung 12:	Ablauf der Korrespondenzanalyse	64
Abbildung 13:	Korrespondenzanalyse zwischen Orchestern und Komponisten	66
Abbildung 14:	Fehlerkoeffizient der Clusteranalyse	89
Abbildung 15:	Anteile der definierten Cluster an der Gesamtstichprobe	90
Abbildung 16:	Korrespondenzanalyse über Hörertypen, bevorzugte Kunstgattungen und musikalisches Wissen nach Besuchertypen	101
Abbildung 17:	Korrespondenzanalyse über Bildungsgrad, Geschlecht und Berufstätigkeit nach Besuchertypen	103
Abbildung 18:	An Interactive Theory of Music Preference	110
Abbildung 19:	Einfluss auf musikalische Präferenz	114

Abbildung 20: Erwerb von musikalischen Präferenzen   115

Abbildung 21: Das Elaboration Likelihood Model   117

Abbildung 22: Audience Development   130

Abbildung 23: Stakeholder von Orchestern   141

Abbildung 24: Disruptive Innovation   145

Tabellenverzeichnis

Tabelle 1: Orchester in Niedersachsen   28

Tabelle 2: Befragungsplan   34

Tabelle 3: Einzugsgebiet der untersuchten Orchester in den USA   36

Tabelle 4: Einzugsgebiet der untersuchten Orchester in Niedersachsen 37

Tabelle 5: Anzahl der Konzert- und Kulturveranstaltungsbesuche   41

Tabelle 6: Einzugsgebiete der niedersächsischen Orchester
            in Perzentilen   44

Tabelle 7: Barrieren für häufigere Kulturnutzung nach Orchestern   49

Tabelle 8: Durchschnittsalter und Median nach Orchestern   50

Tabelle 9: Informationsquellen für den Konzertbesuch
            nach Orchestern   53

Tabelle 10: Besuch von Konzertformaten in den letzten zwölf Monaten 56

Tabelle 11: Publikumspräferenzen nach Orten   68

Tabelle 12: Zusammenhang gespieltes Repertoire und Präferenzen   70

Tabelle 13: Korrelationen zwischen den Cluster-Variablen   87

Tabelle 14: Soziodemographische Daten nach Clustern   91

Tabelle 15: Konzert- und Kulturbesuche, Tonträgerbesitz und
            -erwerb sowie Anfahrt nach Clustern   95

Tabelle 16: Motivatoren für einen häufigeren Konzertbesuch
            nach Clustern   97

Tabelle 17: Bewertung des Konzerterlebnisses   100

Tabelle 18: Interesse an Kultur nach Besuchergruppen   102

Tabelle 19: Übersicht der Musikpräferenzen nach Alter in 2009   106

Tabelle 20: Bewertung der musikalischen Qualität   150

Abkürzungsverzeichnis

ARD	Arbeitsgemeinschaft der öffentlich-rechtlichen Rundfunkanstalten in der Bundesrepublik Deutschland
Art.	Artikel
BRD	Bundesrepublik Deutschland
CD	Compact Disc
DDR	Deutsche Demokratische Republik
DOV	Deutsche Orchestervereinigung (Gewerkschaft)
DVD	Digital Versatile Disc
ELM	Elaboration Likelihood Modell
GEMA	Gesellschaft für musikalische Aufführungs- und mechanische Vervielfältigungsrechte
GMD	Generalmusikdirektor (künstlerischer Leiter / Chefdirigent)
GVL	Gesellschaft zur Verwertung von Leistungsschutzrechten
HTV	Haustarifvertrag
IQ	Intelligenzquotient
km	Kilometer
LAO	League of American Orchestras
Min	Minuten
MRT	Magnetresonanztomographie
Mugge	Musikalisches Gelegenheitsgeschäft
NC-Skala	Need-for-Cognition-Skala
NDR	Norddeutscher Rundfunk
NEA	National Endowment of Art
ÖPNV	Öffentlicher Personennahverkehr

PISA	Programe for International Student Assessment
S-O-R	Stimulus-Organismus-Reaktion
TfN	Theater für Niedersachsen (Hildesheim)
TVK	Tarifvertrag für Kulturorchester
UNESCO	United Nations Educational, Scientific and Cultural Organization
USA	United States of America

VS Forschung | VS Research
Neu im Programm Soziologie

Ina Findeisen
Hürdenlauf zur Exzellenz
Karrierestufen junger Wissenschaft-
lerinnen und Wissenschaftler
2011. 309 S. Br. EUR 39,95
ISBN 978-3-531-17919-3

David Glowsky
Globale Partnerwahl
Soziale Ungleichheit als Motor
transnationaler Heiratsentscheidungen
2011. 246 S. Br. EUR 39,95
ISBN 978-3-531-17672-7

Grit Höppner
Alt und schön
Geschlecht und Körperbilder
im Kontext neoliberaler Gesellschaften
2011. 130 S. Br. EUR 29,95
ISBN 978-3-531-17905-6

Andrea Lengerer
Partnerlosigkeit in Deutschland
Entwicklung und soziale Unterschiede
2011. 252 S. Br. EUR 29,95
ISBN 978-3-531-17792-2

Markus Ottersbach /
Claus-Ulrich Prölß (Hrsg.)
**Flüchtlingsschutz als globale
und lokale Herausforderung**
2011. 195 S. (Beiträge zur Regional-
und Migrationsforschung) Br. EUR 39,95
ISBN 978-3-531-17395-5

Tobias Schröder / Jana Huck /
Gerhard de Haan
Transfer sozialer Innovationen
Eine zukunftsorientierte Fallstudie zur
nachhaltigen Siedlungsentwicklung
2011. 199 S. Br. EUR 34,95
ISBN 978-3-531-18139-4

Anke Wahl
Die Sprache des Geldes
Finanzmarktengagement
zwischen Klassenlage und Lebensstil
2011. 198 S. r. EUR 34,95
ISBN 978-3-531-18206-3

Tobias Wiß
**Der Wandel der
Alterssicherung in Deutschland**
Die Rolle der Sozialpartner
2011. 300 S. Br. EUR 39,95
ISBN 978-3-531-18211-7

Printed by Publishers' Graphics LLC
BT20130321.12.05.153